Robert Maxeiner

Von Menschen, Hunden und Wölfen

Essays, Satiren und Reflexionen

Robert Maxeiner

Von Menschen, Hunden und Wölfen

Essays, Satiren und Reflexionen

Bibliografische Information der Deutschen Bibliothek:
Die Deutsche Bibliothek verzeichnet diese Publikation in der
Deutschen Nationalbibliografie; detaillierte bibliografische
Daten sind im Internet unter *http://dnb.ddb.de* abrufbar.

Impressum

© 2021 Robert Maxeiner
Satz, Layout und Umschlaggestaltung:
     Keysselitz Deutschland GmbH, München
Umschlagabbildung:
     Robert Maxeiner
Herstellung und Verlag:
     BoD - Books on Demand, Norderstedt
ISBN 978-3-7534-4862-6

MIX
Papier aus verantwortungsvollen Quellen
Paper from responsible sources
FSC® C105338

Inhalt

Mein Markt – An Stelle eines Vorworts

Ich biedere mich ihm nicht mehr an, habe ihn abgeschrieben – den Markt. Was ich Verlagen in der Vergangenheit schickte, gefiel ihnen zwar angeblich, es passte aber nicht in ihr Programm, wie sie mir in ihrem Antwortbrief, bestehend aus Textbausteinen, lapidar bekundeten.

Ich habe keine Lust, ihnen oder sonst irgendwem eine Vita zu konstruieren, die irgendwelchen Zeitgeistkriterien standhält und mich als einen erfolgreichen Menschen, selbstverständlich gemessen an Verkaufszahlen, darstellt. Auch möchte ich meine Arbeiten nicht so verfassen, dass mit dem ersten Satz klar wird, an welche Klientel ich mich ranschmeiße, die sich dann im Folgenden bestätigt fühlt, dass sie auf der richtigen Seite steht, indem ich auf der richtigen stehe und sie auf meiner beziehungsweise ich auf ihrer. Ich könnte als Macho für Machos schreiben, als Hetero für Heteros, als Schwuler für Schwule, als Konservativer für Konservative oder als Linker für Linke. Hauptsache, ich stehe auf der aus ihrer Sicht richtigen Seite.

Ich gestehe, ich habe überhaupt keinen Markt. Ab und zu organisiere ich eine Lesung, oder noch seltener werde ich zu einer solchen eingeladen. Die Kritik ist zumeist positiv. Aber der Ehrlichkeit halber sollte ich sagen, dass die meisten Menschen voreingenommen für mich oder mein Werk sind, weil sie mich persönlich kennen.

Vor einigen Jahren habe ich angefangen, Glossen zu schreiben. Dies gefiel mir zunehmend, weil Glossen meiner Art von Humor entsprechen. (Manchmal befürchtete ich schon, er sei mir verloren gegangen, mit dem Mainstream fortgeschwommen.) Trotzdem war es zum Verfassen von Essays noch ein großer Schritt. Ich will jetzt nicht kokettieren, aber zuerst traute ich mich nicht. Mir fehlte die richtige akademische Bildung, so wollte ich mir einreden, die mich befähigen würde, kulturelle und gesellschaftliche, auch politische Zusammenhänge differenziert zu betrachten. Anders gesagt, mir mangelt es an fundierter Schulbildung. Wie so oft hatte ich mir selbst ein Bein gestellt: Arbeiterkind, Schulversager, Spätzünder! Dies musste genügen, um mich als Schuster zu betrachten, der gefälligst bei seinen Leisten bleiben sollte. Differenzierung ist eine Frage der Einstellung und des Nachdenkens, nicht der Herkunft oder der akademischen Klasse.

Hätte ich mich irgendwann vor Jahren dem Markt mit der Vita eines Aufsteigers angeboten und mich dazu den sich anbiedernden Gesetzen dessen unterworfen, hätten sie mich schon genommen, die Verlagsunternehmer, möglichst das Risiko des Aufstiegs beziehungsweise der Auflagenkosten mir und meinem zu erwartenden Durchhaltevermögen und meinem Fleiß, womöglich auch meiner Eitelkeit überlassend. Nicht gerade vom Tellerwäscher, aber vom ehemaligen Heimerzieher mit großer Klappe hätte publikumsbeschimpfend etwas aus mir werden können, zumindest in einer linksalternativen Szene.

Ich wünschte mir damals Popularität. Aber unergründlich fürchtete ich von Anfang an die individuelle Verformung durch Erfolg und die damit verbundene Erwartungshaltung. Erfolg übertüncht die in der Kindheit erfahrenen Demütigungen und Kränkungen, entweder die der freiwilligen Angepasstheit oder die, welche auf die Verweigerungshaltung des Kindes mit Druck und Abwertung reagiert. Es waren nicht nur tatsächliche Schläge, die mich als Kind in meiner empfindlichen Würde trafen, und sie waren mindestens ebenso schmerzhaft und haben mich fürs Leben geprägt.

Nicht nur aufgrund persönlicher Erfahrung, sondern auch, weil ich Literatur zuerst lesend in mich aufnahm, prägten mich Früchte des Zorns, die ich in den sechziger und siebziger Jahren nicht eigens aufheben musste. Sie wuchsen in mir und um mich herum wie Pilze nach einem Spätsommerregen.

Natürlich ahnte ich meine Verführbarkeit. Wer den Aufstieg vollbracht hat, schaut nicht nur auf die anderen, sondern auf die eigene Vergangenheit mit falscher Leichtigkeit des Seins herab. Die Flucht in die Innerlichkeit half über die Jugendjahre hinweg, aber der zunehmende Klassenkampf von oben erstarkte nach der 68-er Dämpfung wieder, und es wurde mir auf ethische Weise mulmig im Elfenbeinturm. Außerdem hätte meine Haltung im Brotberuf als Supervisor in sozialen Einrichtungen eine solche Verleugnungsleistung des Alltäglichen und Realen gar nicht zugelassen.

Diverse Anläufe in Verlagen, welche sich selbst als seriöse betrachteten oder es womöglich in einer Nachkriegsvergangenheit einmal gewesen waren, scheiterten. »Es tut uns leid, Ihnen mitteilen zu müssen, dass Ihr Text nicht in unser Verlagsprogramm passt.« Zu meiner eigenen Rechtfertigung kann ich sagen, dass meine diesbezüglichen Anläufe weder als besonders originell noch als draufgängerisch bezeichnet werden können, wobei wir wieder am Anfang wären.

Mittlerweile ziehe ich Verlage, die nicht verleugnen, ihr Geschäft ausschließlich mit mir zu machen und von daher kein Risiko eingehen, vor. Wir müssen uns gegenseitig nichts vormachen darüber, ob das Buch Leserinnen und Leser findet und ob der Markt, dieses anonyme Etwas, gerade auf meine schriftstellerische Arbeit gewartet hat oder eben nicht, wo sich gerade der Zeitgeist tummelt, auf den unbedingt einzugehen sei, will heißen, sich ihm zu unterwerfen, oder ob meine Vita zu glatt oder zu kraus oder ob ich zu alt, viel zu alt für einen Newcomer oder noch immer zu jung für eine in der Stille gereifte, literarische Blüte bin.

Die Texte in diesem Buch sind zumeist aufgrund von Alltagserfahrungen entstanden. Manchmal unterbrach ich meine Zeitungslektüre, weil mir ein bestimmter Blick auf eine Sache fehlte, eine Minderheit in ihrer Lage und Sichtweise nicht, falsch oder unzureichend vertreten schien. Manchmal fehlt mir in diesen Beiträgen die individuelle Sicht, ein anderes Mal war sie unreflektiert versteckt in einer sachlichen Recherche. Und immer wieder geht es mir darum, das Denken in Kästchen und Kategorien zu durchbrechen. Die Gedanken sind auch frei darin, die sprichwörtlichen Äpfel und Birnen zusammen zu betrachten, verbunden mit der Frage, wer sie erntet, wenn dies denn geschieht, ob sie gespritzt wurden und wenn ja, womit, wem sie gehören, wer sie verkauft, woher sie kommen, warum sie womöglich über so weite Wege, gegebenenfalls über weite Umwege transportiert werden mussten, wer am Geschäft mit welchen Summen beteiligt ist. Und es geht nicht nur um Äpfel und Birnen, sondern auch um anderes Obst, überhaupt um Lebensmittel, auch um solche, die nicht gegessen werden, sondern sich in Cremes, in Waschmitteln oder im Tank befinden, oder um die riesigen Haufen, die normativ falsch aussehen, denn es macht einen Unterschied, ob eine Gurke krumm oder gerade ist, selbst wenn sie gleich schmeckt. Oder es geht um Verpackungen, um jede Menge Plastikmüll, um Abfallberge, die gar nicht aus Abfall bestehen, und um Menschen, die sich davon nehmen und wegen Diebstahl und Hausfriedensbruch verknackt werden. Es geht um Gift in Lebensmitteln und um Menschen, die kaufen und essen müssen, was andere nicht haben wollen, auch um die, welche Ekliges essen, sich so prostituieren, dass sich echte Prostituierte dagegen wehren würden, mit ihnen verglichen zu werden, um des Erfolges willen – die Selbsterfindung als Markt- und Markenprodukt. Das ist doch allzu häufig zum Kotzen.

Alles ist Politik, und es lässt sich zwar kaum noch überblicken, aber nicht grundsätzlich verleugnen, wie, wo und bei welchen Gelegenheiten Globalisierung wie wirkt.

Ich wollte dieses Büchlein schon abschließen, als sich das Corona-Virus in der Welt verbreitete, und ich konnte das, was dann geschah und noch immer geschieht, nur nachdenkend und schreibend, oft mit Zorn im Bauch, bewältigen.

Inzwischen bin ich zum Pharisäer geworden mit der Behauptung, mich möglichst von diesem nur auf Profit ausgerichteten Markt und den ausgetretenen Spuren eines diesbezüglichen Erfolgs ferngehalten zu haben, und dies auch weiterhin zu tun gedenke.

Der Zweifel, der Selbstzweifel und die Widersprüche im Subjekt

Das Selbst empfindet oder versteht sich als unser innerer, seelischer Kern. Es ist nicht nötig, dessen Existenz an dieser Stelle wissenschaftlich zu beweisen, denn eine weitere Beschäftigung mit dem Selbst macht nur durch Reflexion einen Sinn, also sich selbst verstehen zu wollen – ganz subjektiv. Sicher ließe sich auch ein nüchterner, sachlicher Text über das Selbst verfassen, aber ich bin der Überzeugung, dieser ließe sich nur mithilfe einer Introspektion verstehen, also einem Hineinhorchen und Hineinfühlen in sich selbst.

Ein Zweifel am eigenen Selbst ist immer mit Empfindlichkeiten und Zerbrechlichkeiten verbunden, als stocherte das Ich im weichen, womöglich verwundeten Fleisch der Seele. Vom Erkennen des Selbst ist es oft nur noch ein kleiner Schritt bis zum Selbstzweifel. Aber wenn ich mich selbst nicht erkenne, besser gesagt, immer wieder um Verständnis ringe, begreife ich auch die Welt nicht, die Zusammenhänge, Ursachen und Wirkungen außer mir.

Ein Gedanke dazwischen: Die Religion hat sich in ihren Dogmen und Lehrsätzen im Lauf der Geschichte mit jeder neuen wissenschaftlichen Erkenntnis immer wieder korrigieren müssen. Als Darwin seine Theorie über die Entstehung der Arten vorstellte, wurde diese von Religions-, namentlich von Kirchenvertretern, heftig bestritten. Heute wissen auch religiöse Menschen, dass Gott die Erde nicht im wörtlichen Sinn in sieben Tagen erschaffen hat und dass Menschen und Affen gemeinsame Vorfahren haben.

Ähnlich verhält es sich mit der Globalisierung. Noch vor wenigen Jahren sprach man salopp davon, dass es uns im Westen nicht interessieren könne, wenn in China ein Sack Reis umfalle. Dies hat sich mittlerweile gründlich geändert. Die Erde ist nicht nur in ihren ökonomischen Wechselwirkungen kleiner geworden. Trotzdem halten Geschäftemacher und in ihrem Gefolge die von Geschäften Abhängigen – und dies sind letztendlich mehr oder weniger wir alle – an der merkwürdigen Theorie fest, es könne, je nach Geschäftsgrundlage, nur Gewinner geben. Dies zeigt sich besonders bei Handelsabkommen: Möglicherweise machen beide Partner damit gute Geschäfte, dafür bezahlen aber die nicht am Geschäft Beteiligten um so höhere Preise beziehungsweise leiden unter den Einbußen. Aber genau so ist es ja gewollt, wenngleich dies beim Geschäftsabschluss verschwiegen wird. Es geht immer nicht nur für die einen, sondern auch gegen die anderen, die nicht am Geschäft beteiligt sind. Zumeist handelt es sich dabei um ärmere Länder außerhalb des Geschäftsbereichs – auffallend oft afrikanische –, weshalb im Inland zumeist wenig gegen diese Machenschaften protestiert wird, da es ja angeblich um den eigenen Vorteil geht, nämlich die Hoffnung, auch als einfacher Bürger am Geschäft der Großen mit zu profitieren. Aber in Zeiten knapper Ressourcen werden die kapitalen Risiken der Dealer an den Staat oder an den ärmeren Teil der eigenen Bevölkerung weitergereicht, indem diese die Gewinne garantieren, welche in Staaten irgendwo weit weg nicht gelingen können. Diese Ausbeutungs- und Herrschaftspraxis – Kapitalisten im Verein mit Herrschenden – hat schon oft in der Geschichte zu Aufständen geführt, die zumeist brutal niedergeschlagen wurden oder in selteneren Fällen einen Regimewechsel zur Folge hatten.

Im Sinne von Herrschenden und Unternehmenden – je ausgehöhlter ein demokratisches System, umso schwerer sind diese voneinander zu unterscheiden – erscheinen Selbstzweifel grundsätzlich, schon gar nicht in diesem Kontext, angebracht. Folglich werden diese, falls sie doch einmal ausbrechen sollten, ohne große Überlegung, nach unten weitergereicht. Der Arme soll sich fragen, warum er so neidisch auf die Reichen sei beziehungsweise eine Gier auf Waren entwickelt, die er sich nicht leisten kann. Eigentlich handelt es sich, aus der Distanz betrachtet, um einen billigen Taschenspielertrick, der somit leicht zu durchschauen wäre. Aber als Betroffener – mehr oder weniger sind wir dies wiederum alle in unterschiedlichen sozialen Zusammenhängen – glaube ich, mich im Glashaus zu befinden und folglich nicht mit Steinen werfen zu dürfen.

Als Sohn eines Arbeiters habe ich diese Zusammenhänge in meinen ersten Gymnasialjahren, wenn nicht durchschaut, so doch irgendwo geahnt und subtil zu spüren bekommen, obwohl oder gerade weil es damals geradezu als Frevel galt, über Klassen oder Schichten zu sprechen. Dies nützte mir aber nichts, da mir, nicht nur aus persönlichen, sondern auch aus Gründen meiner sozialen Herkunft, das Selbstbewusstsein fehlte, mich aus diesem Teufelskreis herauszuwinden. Ich erlebte mich von Anfang an als Fehlbesetzung.

Es geht mir nicht darum, den Grund für meine angebliche oder tatsächliche Faulheit von mir wegzuschieben, sondern die untrennbaren Zusammenhänge zwischen dem Individuellen und dem Klassenbezogenen differenziert zu betrachten. Da ich dies in Form einer Selbstreflexion tue, laufe ich immer wieder Gefahr, dass mir meine psychische Abwehr in Form von Verleugnungen, Verdrängungen und Rationalisierungen einen Strich durch die Rechnung macht. Aber was bleibt mir anderes übrig? Die Jahre auf der Coach haben mir geholfen, mich selbst zu erkennen, und nicht nur dies, sondern weiter zu zweifeln, sowohl an mir, als auch an dem, was um mich herum und mit mir geschieht. Dazu gehört auch, mich beispielsweise mit meiner Gier oder meinem Neid auseinanderzusetzen.

Aber ich lebe nicht als Eremit in der Wüste. Auf die Fleischtöpfe habe ich es auch nicht abgesehen, eine Fleischmahlzeit pro Woche genügt mir dicke. Und die darf dann auch ein wenig mehr kosten. Und sofort, während ich dies aufschreibe, überfällt mich der Gedanke, ich könnte missverstanden werden. Als predigte ich all denen, die zu McDingens laufen, oder als würde ich Menschen, die sich verschuldet haben, anklagen, sie seien selbst schuld an ihrer Lage. Dieser Reflex scheint früh anerzogen beziehungsweise tief verinnerlicht, dass, sobald ich dieses Konsum- und Herrschaftssystem infrage stelle, der innere Staatsanwalt mir entweder entgegenhält, ich sei ein Heuchler. Weil ich selbst Nutznießer dieses Systems bin beziehungsweise gut reden habe, weil ich nicht mit Nahrungsmitteln knausern muss. Oder aber beim Gedanken an jegliche Alternative mich an die Unmöglichkeit der Umsetzung gemahnen beziehungsweise dieses Wirtschafts- und Kapitalsystem grundsätzlich infrage stellen muss.

Das bringt mich zu der Frage: Was ist Politik heute? Welche Möglichkeiten nutzt sie beziehungsweise hat sie faktisch, Einfluss zu nehmen? Weitermachen wie bisher und kleine, positive Veränderungen durchsetzen oder zum großen, alternativen Wurf ausholen? (Am Beispiel der Grünen lässt sich dies gut erforschen.) Zurück zur Armut oder dem prekären Leben: Dieses beginnt oft schon vor der Geburt. Babys werden zum Beispiel medikamenten-, alkohol-, nikotin- oder heroinabhängig, falsch- oder unterernährt geboren. Das globale Wirtschaftssystem macht Menschen systematisch arm. Und wenn sie sich entsprechend ihrer Armut oder mangelnden Bildung verhalten, zeigen die anderen mit dem Finger auf sie und behaupten, sie trügen die alleinige Verantwortung für ihre miserable Lage.

Ein sozialer Aufstieg befreit mich vom meiner misslichen, existenziellen Lage, aber dies ist nicht gleichbedeutend mit einer Selbsterkenntnis. Leider schaut der soziale Aufsteiger allzu oft auf die Nichtaufgestiegenen herab und beurteilt deren Schicksal extra hart. Und wenn er nicht weiter aufsteigen kann oder gar wieder absteigen muss, wählt er AfD, als ginge es ausschließlich gegen die Eliten, an deren faule Sprüche er selbst so lange geglaubt hat, solange sie sich angeblich für ihn selbst bewahrheiteten. Weil er sich so sehr vor der Selbstreflexion oder gar den Selbstzweifeln fürchtet und damit auch die Zweifel an den herrschenden Zuständen meidet, muss er sich zwanghaft selbst in die Tasche lügen. Andernfalls würde er nicht nach unten treten, sondern seinen Frust bei den Verursachern seiner tatsächlichen oder gefühlten Misere ablassen. Aber die da oben sitzen gar zu fest im Sattel, was wiederum, falls man diese Erkenntnis zulässt, das Aushalten von Ohnmachtsgefühlen zur Folge hätte. Aber gerade dies, sich selbst als ohnmächtig, zumindest als hilflos zu erkennen, braucht ein stabiles Selbstbewusstsein.

Ich spreche nicht davon, in dieser Ohnmacht zu verharren oder sich gar resignierend mit ihr abzufinden. Mir geht es um die Selbsterkenntnis und die Erkenntnis gesellschaftlicher und politischer Zustände. Diese Erkenntnis setzt Gefühle frei, zum Beispiel solche des Zorns, der Wut, auch des Mitleids, der Liebe zum Nächsten, der Zusammengehörigkeit. Ich befasse mich deshalb ausführlicher mit diesen emotionalen Zusammenhängen, weil Gefühle nicht einfach an die Oberfläche des Bewusstseins treten. Zuerst einmal sind sie verkapselt, vermischt und vermengt, selten in reiner Form erkennbar. Möglicherweise werden sie erneut verdrängt, weil sie Schuldgefühle auslösen oder mit dem Selbstbild nicht vereinbar sind. Ein Mensch, der sich sein Leben lang als sanft erlebt hat, wird zuerst einmal einen Schreck bekommen, wenn ihm plötzlich der Zorn hochkommt. Manche haben sich zumeist selbst im Verdacht, etwas angestellt zu haben, das ihnen solche Gefühle bereitet, andere neigen eher dazu, die Ursachen bei anderen zu suchen oder sie unreflektiert affektiv zu entladen. Manche, die sich oft als wütend erleben, sind erstaunt über sich selbst, wenn sie mit einem Mal ihr Mitgefühl entdecken. Zumeist sind Wut und Zorn unmittelbare Folge von Gefühlen der Hilflosigkeit und Ohnmacht. Auf Pegida-Demonstrationen lässt sich beobachten, dass die Wut auch dazu dient, das Ohnmachtsgefühl, das nicht ins Bewusstsein dringen soll, weil es Scham auslöst, wieder zu unterdrücken.

Das grundsätzliche Phänomen: Der reflektierende Mensch erkennt (wieder), dass es diese Selbsterkenntnis tatsächlich gibt, denn womöglich dachte er bisher, er sei das, wofür ihn andere halten, oder das, was er sich selbst definiert habe, zu sein. Denn es wird ihm ständig suggeriert, er könne sich tatsächlich, und dies immer wieder, neu, nämlich selbst erfinden.

Natürlich darf ich an dieser Stelle nicht verleugnen, dass Selbsterkenntnis heftige seelische Schmerzen bereiten kann. Zudem spielt die Angst eine große Rolle, indem die Zweifel zu Selbstzweifeln werden und diese zum Beispiel in eine Depression münden können. Diese Ängste kann ich natürlich nicht wegreden, sonst würde ich sie nicht ernst nehmen. Auch Erklärungen helfen wenig. Eine Erfahrung, die mir selbst immer wieder geholfen hat: Wenn ich Zugang zu meinen Gefühlen habe, namentlich zu den aggressiven, muss ich sie nicht erneut herunterschlucken, und sie können in meiner Seele kein Eigenleben führen.

Ich unterscheide zwischen Affekten und Gefühlen. Mit einer blinden Wut, einer, deren Ursachen und mögliche Auswirkungen ich nicht kenne, sollte ich nicht auf die Straße gehen. Eher sollte ich mich fragen, woher sie kommt, was sie verursacht hat, wodurch sie so heftig geworden ist. Andererseits nutzt es nichts, zu warten, bis sie wieder verraucht ist, denn wenn ich sie und ihre Ursachen erkenne, kann sie mir wieder Triebfeder für mein Handeln sein. Dann hält mich die Wut nicht mehr gefangen, sondern ich bin wütend.

Erneuter Exkurs: Der Fußballkommerz versucht, Affekte und Gefühle gleichermaßen und undifferenziert zu kanalisieren, als sei der Mensch eine Maschine, die man deckeln oder bei passenden Gelegenheiten an- oder abstellen kann. Dies ist ein gefährliches Spiel mit dem Feuer. Schiedsrichter gebärden sich wie Dompteure, die glauben, Verhalten lenken und steuern zu können. Je mehr sie sich in diese, ihre Rolle hineinsteigern, umso mehr füttern sie ihren Größenwahn. Zum anderen werden sie von ihren Vorgesetzten gebrieft, für ihr Verhalten auf- und abgeurteilt – oft liegen zwischen Recht und Unrecht nur eine Fußspitze oder ein anderes Körperteil – und wechseln so – typisch für ein mächtiges und autoritäres System – von Tätern zu Opfern und umgekehrt. Heute bist du als Schiedsrichter, Spieler oder Fan der größte Held, morgen der größte Depp. Affekte werden ab- und wieder aufgeladen. Fußball wird zum eigentlichen Leben, der Rest erscheint wie eine inszenierte Filmhandlung.

Zweifel, Selbstzweifel gar, sind offenbar anspruchsvoll. Aber womöglich muss etwas durch uns hindurchgehen, geistig und seelisch durchgearbeitet werden, sonst prallt es an einem äußeren, seelischen Panzer ab. Sowohl das Selbst- als auch das Mitgefühl sind dahin oder entwickeln sich erst gar nicht. Ich könnte Dutzende von Beispielen aus meiner beruflichen Praxis als Supervisor erzählen, wo Krippen- und Vorschulkinder ob der immer wieder reglementierten Möglichkeiten an Zuwendung von Anfang an Schwierigkeiten haben, ein Urvertrauen beziehungsweise ein Selbstgefühl zu entwickeln. Ich nenne dies absichtlich nicht

Selbstwert, denn dieser ist in einer Leistungsgesellschaft tückisch, denn er wertet auf, wenn die Leistung erbracht wird (werden kann), und wertet entsprechend ab beziehungsweise entzieht den bestätigenden Konsum, wenn Leistung entsprechend nicht erbracht wird (werden kann).

Gestern (26. 2. 2020) las ich in der Zeitung in einem Interview mit dem Generalsekretär der CDU, dieser gestehe dem zu wählenden Vorsitzenden seiner Partei zu, vor allem in der Einarbeitungszeit, Fehler machen zu dürfen. Auch er selber würde Fehler machen. Solche, fast schon weise zu nennenden Worte, fallen aber erst, nachdem seine Partei auf ganzer Linie – der Gipfel war die Wahl des Ministerpräsidenten von Thüringen mithilfe der AfD – versagt hat. Der Herr Generalsekretär definiert, wer wann und in welchem Zusammenhang Fehler machen darf. Und dann sagt er es uns. Es handelt sich, wenn es denn jemals Selbsterkenntnis war, um die Botschaft an uns Wählerinnen und Wähler oder in diesem Fall Zeitungsleser*innen. Parteien, die sich immer und grundsätzlich, egal welche Politik sie machen, in der Mehrheit und in der Mitte sehen, glauben, die Definitionsmacht – quasi als natürliches Recht – innezuhaben, und nicht nur dies, sie sagen uns auch, ob, wann und wem gegenüber wir so denken und handeln dürfen. Entweder wollen sie nicht nur unser Selbst, sondern auch unser Ich ersetzen, als hätten wir gar keins, nie gehabt. Oder sie wollen schamlos in unser Selbst eindringen und ihm suggerieren, was es zu denken, zu glauben, welche Werte es zu vertreten habe. Indem sie es nicht auf körperliche Weise gewalttätig tun und ihre Worte allenfalls einen empfehlenden Charakter haben, glauben sie, seriös im Recht zu sein. Aber da es angeblich keine Alternative zum Mehrwert gibt, kommen solche Worte einem Befehl gleich, besser noch, einer natürlichen Konsequenz oder einem Naturgesetz.

Als Gegenteil des Zweifels, quasi das Gute zum Bösen, fungiert der Wohlstand. Ja, das ist schon ein merkwürdiges Gegensatzpaar, aber den Gutmenschen haben wir ja schon hinter uns. Er sei böse, wurde uns nicht so direkt gesagt, aber deutlich vermittelt, denn er hindere am Konsum und verhindere die freie Ausbreitung des Wohlstandes. Diese Lehre des freien Marktes, die diesen Namen noch nie verdient hat, sich aber als solche seit gefühlten Ewigkeiten hält, handelt ständig gegenteilig zu ihrem Mantra. Sobald nämlich die globalen Spieler von Emporkömmlingen, wie zum Beispiel Menschen, die ihren Strom selber produzieren, am Gewinner-nimmt-alles-Spiel gehindert werden, werden Subventionen gestrichen, anders eingesetzt. Oder es gibt Steuererleichterungen für diejenigen, die ohnehin kaum welche bezahlen. So wird der allzu frei fließende Markt zugunsten derjenigen gesteuert, die ihn beherrschen. Umverteilung als vorsichtig regelnder Ausgleich wurde über Jahrzehnte als die schlimmste Sünde der Marktwirtschaft angeprangert und verdammt.

Die Vermeidung des Zweifels begünstigt also ein politisches und wirtschaftliches System, das sozialen und umweltmäßigen Kahlschlag zur Folge hat. Das Bild von einer Heuschreckenplage, welche alles auffrisst, ist treffend gewählt. Die Zeiten sind düster. Je künstlicher die Intelligenz als solche definiert wird, umso weniger wird das Selbst sich als solches erkennen. Eine Maschine zweifelt nicht, schon gar nicht an sich selbst, auch wenn sie sich oder gerade weil sie sich in Zukunft selber reparieren können wird. Der intelligente Mensch, welcher meint, sie beherrschen zu können, indem er sie füttert, wird bald nicht mehr wissen, womit er sie füttern soll. Er versucht schon jetzt, so etwas wie eine Maschinenethik zu konstruieren. Maschinen haben natürlich keine Ethik, weil sie nicht reflektieren können. Sie mögen zwar »Ich« formulieren können, aber sie sind natürlich nicht »Ich« und auch nicht selbst. Wenn dieses aber zunehmend als hinderlich angesehen wird, ausgehend vom Zweifel an sich selbst und den gegebenen Zuständen, wird der Mensch nicht etwas programmieren können wollen, was er für sich selbst ablehnt oder gar nicht mehr erkennt. Auch wenn etwas bei allem guten Willen Vergleichbares in Form von Technik hergestellt würde, trüge es doch nur diesen Namen.

Zurzeit wird heftig darüber debattiert, eine entgleiste, vulgäre Sprache wieder in weniger affektgeladene, abgerüstete Formen zurückzuführen. Sicher, Sprache wird als Herrschaftsmittel benutzt, soll Hoheiten der Meinung erzeugen. Aber auch bei einer abgerüsteten Sprache wird sich nicht automatisch ein Sachverhalt ändern. Der Wolf kann noch so viel Kreide fressen, er bleibt ein Wolf, und er will die Geißlein fressen. Und er wird dies tun, wenn er nicht daran gehindert wird. Der Wolf hat weder Selbsterkenntnis noch Selbstzweifel. Der Mensch muss sich also als Mensch, also menschlich erkennen. Mit menschlich ist in diesem Fall nicht nur human gemeint, sondern es geht auch um die Reflexion destruktiver Impulse. Wenn der Generalsekretär meint, auch Fehler machen zu dürfen, handelt er ja ausschließlich im Sinne seiner verinnerlichten Denkweise und der seiner Partei. Wer glaubt, im Wissen darüber zu sein, wann es sich um einen Fehler handelt, und wer ihn sich bei welcher Gelegenheit leisten darf und wann eben nicht, der wird wieder den Zweifel, in diesem Fall finde ich es gar das Verzweifeln an einer Sache, vermeiden.

Man spricht von Reformstau, tatsächlich handelt es sich um einen Affektstau. Mir soll als Wähler nichts anderes übrigbleiben, als projektiv davon auszugehen, dass es gar keine Alternativen gibt, sondern ich darauf vertrauen soll, dass diejenigen, die es bisher gerichtet haben, dies auch in Zukunft tun (und dabei Fehler machen dürfen, was auch immer damit gemeint sei). Deshalb handelt eine Partei zumindest schlau, also wie ein Wolf, der Kreide frisst, indem sie sich alternativ nennt, ohne dies zu sein. Aber nicht nur sie wird man an ihren Taten erkennen, wenn es zu spät sein wird. An diesem Beispiel lässt sich ablesen, dass kein Widerspruch darin besteht, dass jemand schlau handelt, dabei strohdumm agiert. Ein anderes Handeln erfordert zu erst einmal den Zweifel an den gegebenen Zuständen. Verbesserung meint dagegen, einen Zustand aufrecht zu erhalten und gegebenenfalls andere (technische) Mittel einzusetzen. So nennen sich zum Beispiel Reformer oder Erneuerer (Macron in Frankreich, Merz in Deutschland) gerade solche Leute, welche die gegebenen Zustände aufrecht erhalten wollen oder sich die Erhaltung des Wohlstandes von denen finanzieren lassen, die am wenigsten haben. Sie schämen sich nicht, dies als liberal zu bezeichnen.

Während ich noch an diesem Essay arbeite, erreicht mich die Nachricht, dass Erdogan die vor Kriegen in die Türkei geflüchteten Menschen nicht mehr aufhält und nach Europa, in diesem Fall nach Griechenland, weiterziehen lässt. Dort an der Grenze werden sie von griechischem Militär und der von der EU beauftragten Söldnertruppe Frontex mit Waffengewalt am Übertritt gehindert oder, wenn sie es auf die andere Seite geschafft haben, wieder zurückgebracht. Das Titelfoto auf der heutigen Ausgabe der Frankfurter Rundschau (03.03.2020) zeigt eine Familie mit vier Kindern, die irgendwo verzweifelt in einem Schilf verharren.

Soll ich einen Aufruf starten, in dem ich bekunde, diese Familie in mein Haus aufzunehmen, bis ihr Status geklärt oder sie eine feste Bleibe gefunden haben? Nach kurzer Überlegung: Ich traue mich nicht, kann mich nicht zu diesem Schritt überwinden, obwohl ich seit dem Tod meiner Frau das Haus allein bewohne. Unter anderen Lebensumständen könnte ich der Vater dieser Kinder sein. Ich würde alles tun, um sie in Sicherheit zu bringen, für ein Dach über ihrem Kopf zu sorgen und etwas zu essen für sie zu finden, vor allem, ihr Leben zu schützen. Die drei ältesten der Kinder sind Jungs. Ich bin mit drei Brüdern aufgewachsen. Ich könnte auch eines dieser verzweifelten Kinder sein, die sich ängstlich an Mutter oder Vater klammern und in eine ungewisse Zukunft blicken. Unser Reichtum in Europa ist deren Armut. Mit europäischen Waffen, auch mit deutschen, werden in den Herkunftsländern der Flüchtlinge Kriege geführt. Diese Menschen werden ihrer Würde beraubt, sie werden bedroht, beleidigt und erniedrigt. Es gibt keine Vorsorge für sie in diesem Land, es werden keine Fußballspiele unterbrochen, um sich ihres Schicksals anzunehmen, keine Epizentren eingerichtet. Sie müssen dort draußen in der Kälte campieren und warten, bis auf sogenannter diplomatischer Ebene die nächsten Schritte ausgeschachert sind. Es wird um Zuständigkeiten gehen, um Verteilung, vor allem um Geld, während die Humanität mit giftigem Speichel im Munde geführt wird.

Ich möge auch abwarten und den Mund halten, denn ich verweigere es ja, meine Wohnung mit ihnen zu teilen oder ihnen mein gespartes Geld zu geben, das ich, wenn auch indirekt, auf ihrem Rücken erwirtschaftet habe. Und ich soll keine Vergleiche ziehen, die nach kapitalistischen Gesichtspunkten nicht zusammengehören. Wie der Müll getrennt wird, soll ich meine Gedanken und in der Folge meine Argumente trennen. Meine Involviertheit in das große, globalisierte Problem soll mich schweigen und abwarten, den sprichwörtlichen Ball flach halten lassen. Steilvorlagen stehen nur den Mächtigen zu, die ihn in diplomatische Worthülsen packen, die nicht den Menschen helfen, sondern der eigenen Rechtfertigung.

Ich möchte aufhören, Zeitung zu lesen, meine Gedanken zu vergiften. Dies nützt natürlich nichts, weil das Gift sich längst seit

Jahren in meinem Geist und meiner Seele eingenistet hat. Wenn ich mir dessen nicht bewusst bleibe, wird es ein gefährliches Eigenleben in mir führen. Ich werde anfangen, ignorant und borniert daherzureden, weil ich es nicht genauer wissen wollte und mir erlauben werde, falsche, zumindest undifferenzierte Schlüsse zu ziehen. Wie Europa sich abschottet, würde ich mich verschließen, meine Gedanken in Scheinwelten hausen zu lassen.

Ich bin gut informiert, fähig, Zusammenhänge, Ursachen und Wirkungen zu verstehen. Aber ich bin hilflos, angesichts dieser Situation. Nein, auch meine gefühlte Hilflosigkeit ist nichts weiter als Heuchelei. Ich kann nicht anders, als mit dem Zweifel an mir und an diesen Zuständen weiter zu leben.

Der Halloh

Es sind die Reste eines alten Hutewaldes, der diesen merkwürdigen Namen trägt. Er liegt nicht weit weg von einem kleinen Dorf im Kellerwald. Es ist ein ähnliches Dorf wie das meiner Kindheit: alte Bauernhäuser, Höfe mit dem Mist vor der Haustür, am Rand einige Neubauten. Das Dorf meiner Kindheit gleicht allerdings heute nicht mehr im Entferntesten diesem Bild. Autobahnauffahrt, großes Möbelhaus im Industriegebiet, Supermarkt.

Ich komme mehrmals im Jahr hierher, um den Halloh zu besuchen, nicht das Dorf. Wenn das Wetter trocken ist, lege ich mich zwischen die Wurzeln einer alten Buche, lehne mich an deren Stamm, und es dauert nur wenige Minuten, und ich bin eingeschlafen. Es ist immer derselbe Baum. Im letzten Jahr ist einer seiner tragenden Äste abgebrochen. Es machte mich traurig, hatte ich doch in meinem Bewusstsein verankert, dieser Wald stünde über der Zeit, zumindest der schnelllebigen, und auch über dem Schicksal. Es war ein beruhigendes Gefühl, an seinem Stamm einzuschlummern in dem Bewusstsein, dass er noch lange da ist, wenn ich schon längst tot sein werde und sich kein Mensch mehr an mich erinnert.

Menschen bekriegen sich, sind auf der Flucht, haben kein Dach über dem Kopf, harren in einem ungewissen Schicksal aus. Ich muss mir dies vergegenwärtigen, spüre es geradezu als meine Pflicht, mich dem auszusetzen, mich in einer Weise zu engagieren. Hier im Halloh geht es mir so, als würde das Schicksal, meines und in Verbindung mit diesem das anderer Menschen, für kurze Zeit innehalten.

Ich bin allein mit mir und den einzelnen Bäumen. Wenn ich ankomme in dem kleinen Wald, finde ich es sentimental, fast etwas albern, meine Hände an den Stamm einer der alten Buchen zu legen und mich beruhigen oder trösten zu lassen. Mit Esoterikern habe ich nichts am Hut. Aber nach wenigen Minuten schwinden meine Bedenken. Manchmal weine ich etwas vor mich hin, ohne einen bestimmten Grund dafür nennen zu können. Die Verhärtungen der Seele beginnen allmählich, elastisch und weich zu werden.

Zu manchen der Bäume verspüre ich so etwas wie eine persönliche Beziehung. Ich habe öfters darüber geschrieben, auch über Menschen, die in einen hohlen Baum gekrochen sind, um sich dort sich selber zu vergewissern, ohne jemals vorher einen solchen Baum gesehen zu haben. Hier im Halloh gibt es mehrere solcher hohlen Bäume. Meine Fiktion wurde von der Realität eingeholt und nicht umgekehrt. Wenn ich länger nicht dort war, vermisse ich die Bäume im Halloh.

Als ich zwölf Jahre alt war, zogen wir von meinem Heimatdorf weg. Als die Entscheidung klar war, ging ich zu der verwachsenen Eiche am Zwetscheberg und schwor mir, nie wieder eine andere Heimat zu haben als diese.

Seither bin ich viel gereist, habe auch Orte gefunden, an denen ich mich gerne hätte verwurzeln können, bin aber meinem kindlichen Schwur treu geblieben. Im Halloh bin ich nicht verwurzelt, aber seine Bäume trösten mich in meiner Fremdheit, manchmal ist es auch eine Verzweiflung in dieser Welt. Ich lasse dort keinen seelischen Müll zurück, aber ich glaube, mich und die Verheerungen in dieser Welt etwas leichter ertragen zu können. Ich spüre eine tiefe Dankbarkeit, dass ich dort sein kann. Die Natur ist nicht friedlich. Es gibt Regen, Stürme, Dürren, es gibt Borkenkäfer und Leben zersetzende Pilze. Aber die Grenzen zwischen Leben und Tod sind durchlässig. Wir Menschen haben diesem natürlichen Kreislauf den Kampf angesagt. Wir versuchen, den Tod zu bannen, und bauen deshalb Mauern zwischen ihm und unserem Leben. Aber diese Mauern können logischerweise – Logos ist der Ort des Lebens und Todes – nicht halten. Und wenn sie einbrechen, dringt der Tod wie eine Flutwelle herein und greift berserkerhaft um sich.

Der Halloh ist nicht friedlich, aber er wiegt mich wie ein Kind in einer sachte sich pendelnden Schaukel. Manchmal hocke ich mich bei Regen an eine trockene Stelle und höre zu. Dieses sanfte Tröpfeln an einem Sommervormittag ist wie eine Meditation. Es ist deshalb ein Vergleich, weil ich nicht nur innen bin, transzendent, sondern zugleich außen, ganz im Hier bei den Tropfen, die auf das frische Laub und das der letzten Jahre plätschern.

Selbsterkenntnis über das Vermischte

Ich liebe das Vermischte, das vermeintlich Inkonsequente, das Ungeradelinige. Mein Über-Ich hingegen fordert das Unvermischte, das Reine. Aber das reine Herz gibt es nicht umsonst, sondern nur zum Preis der Kleinheit. Daraus ließe sich schließen, das Vermischte sei eine Form von Reife. Aber stellen wir diese schnelle Deutung vorläufig zurück!

Wenn ich Farben miteinander mische, entstehen neue Farben, das Spektrum vergrößert sich also. Bezogen auf das Denken eröffnen sich mehr Möglichkeiten, erweitern sich Denkräume. Da es für eine mathematische Aufgabe jedoch immer nur eine Lösung gibt, könnte vermischtes Denken hinderlich sein, weil nicht zielführend. Das Vermischen hilft möglicherweise dem Künstler, zum Beispiel Malern, weil sie mehr Farben zur Verfügung haben, oder Schriftstellern, weil der Fantasie weniger Grenzen gesetzt sind. Möglicherweise hilft es doch auch dem Mathematiker, weil er einfach mehr Denkmöglichkeiten hat, damit nicht infrage kommende Lösungsansätze mit größerer Sicherheit ausschließen kann.

Das Reine wird von Religion und Moral in Anspruch genommen. Biographien sind ebenfalls geprägt vom Unvermischten. Das Kind erwartet auf seine Frage ein klares Ja oder Nein, nicht ein Sowohl-als-auch. Etwas ist hell oder dunkel, schön oder hässlich, spitz oder stumpf, falsch oder richtig, hart oder weich, rund oder eckig, gut oder böse. Dieses kindliche Bedürfnis nach Unterscheidung mag Erwachsene dazu verführen, den Kleinen, deren Herz so rein ist, möglichst eindeutige moralische Kategorien mit auf den Weg zu geben, sie im Sinne bestimmter Anschauungen zu prägen. Anschauungen: Ich schaue nicht nur etwas an, ich schaue es von einer ganz bestimmten Seite oder Stelle aus an. Der Animismus, die Grundlage aller Religion, würde einfach sagen: Weil es so ist. Der böse ist eben ein böser, der gute ein guter Geist. Und so wie Gott die Menschen lehrt, was gut und böse ist, so lehren Erwachsene Kinder.

Andererseits matschen Kinder gerne in Pfützen, mengen Lehm und Sand mit Wasser zusammen, vermischen mit größter Freude Fingerfarben, lassen Gemüse, Fleisch und Kartoffeln nicht getrennt auf dem Teller und schmieren sich Gelee auf Wurstbrote.

Diese Geister müssen (wieder) geschieden werden. Aus den geschiedenen Geistern entstehen, wenn ich es nicht bei der Differenzierung und daraus folgernd bei der Meinungsbildung belasse, Ideale, aus den Idealen Ideologien, aus den Ideologien eine Einteilung in Freund und Feind, der Feind wird bekämpft, es herrscht Krieg.

Ich, der Erwachsene, versuche die geschiedenen Geister in mir zu erkennen, obwohl ich Angst vor ihnen habe. Diese Angst kann mich dazu bringen, die Geister nicht erkennen, sondern austreiben zu wollen, und schon beginnt der verhängnisvolle Kreislauf von vorne. Damit mir dies nicht geschieht, muss ich den Namen der Angst herausfinden, wie primitive Stämme den Namen des Gottes ihrer Feinde erfahren wollten. Aber mir geht es nicht darum, ihn zu eliminieren, das Erkennen genügt mir. Je mehr die Angst abnimmt, umso weniger hindert sie beim Denken, Forschen, Fühlen, was in seinem Ursprung eins ist. Der Rationalist wird nicht einverstanden sein, denkt er doch in Kognitionen, der Romantiker ebenso wenig, legt er doch großen Wert auf das Gefühl. Sie sind Bekenner; Erkenntnis erlange ich, wenn ich mische, wenn ich mir zugestehe, beides zu sein.

Wissenschaftler früherer Zeiten träumten von der reinen Lehre, manche von ihnen tun es noch immer. Aber hätte Howard

Carter bei der Hebung des Grabes von Tutanchamun Wissenschaftler anderer Disziplinen (Geologen, Chemiker, Mediziner, Ethnologen, Statiker, Religionsforscher u.a.) hinzugezogen, wäre der Erkenntnisgewinn um ein Vielfaches größer gewesen.

Wenn ich mich als Weiser in eine Höhle zurückziehe oder als Philosoph mein Leben im stillen Kämmerlein verbringe, gesteht mir die Gesellschaft diese Haltung zu, solange ich Steuern zahle. Sobald ich im gesellschaftlichen, gar im politischen Leben mitmischen (da haben wir es wieder, das Mischen) will, wird es gefährlich. Ich werde keinem Lager, keiner Partei, zugehörig sein, somit schnell als Chaot, Anarchist, gar Kommunist diffamiert. (In anderen Systemen haben die Antipoden andere Namen.) Stellen Sie sich doch mal einen Politiker vor, der das Mantra des Wachstums nicht betet. Ich beziehe die Linke durchaus mit ein. Sie nennt es Wohlstand für alle.

Den Namen zu kennen bedeutet Befreiung. Die Gedanken sind frei, nicht nur im politischen, auch im persönlichen Sinn. Ich kann denken, so weit, so tief, wohin ich will, auch verrückt, denn ich handle nicht aufgrund eines Zwangs. Dieses Denken und Fühlen bezieht Zögern, Zaudern und Zweifeln – Hamlet gilt uns ja als moderner Mensch – mit ein. Wobei es kein Zufall ist, dass Hamlet als literarische Figur geschaffen wurde, denn als Manager, Kanzler oder Konzernchef würde er es nicht weit bringen. Eben dieser trennt scharf, indem er tagsüber mit den Wölfen eines kruden Ausbeuterkapitalimus heult und sich abends im Theater mit humanistischer Bildung erbauen lässt. Wir wollen uns aber nicht in einen neuen Dualismus zwischen Prozess und Ergebnis verflechten. Wer lange nachdenkt, ausführlich und zögernd, kann durchaus eine Entscheidung treffen. Im Gegenteil, er ringt sie sich ab, es handelt sich um seine eigene; nicht abgekupfert, dem Zeitgeist gehorchend, der Erwartung anderer entsprechend.

Die Ambivalenz mischt immer mit. Es hilft nicht, sie zu leugnen. Was will sie also? Wohin und -her pendelt sie? Wie heißen ihre Pole? Was kann oder mag sie nicht vermischen?

Ich selbst bin es, der sich schließlich entscheidet: dafür oder dagegen, vielleicht auch sowohl als auch. Ich selbst. Spitzfindig gesagt sind das Ich und das Selbst an der Entscheidung beteiligt. Manchmal bin ich verwundert, wie fremd sie mir doch sind, ein anderes Mal wie nah, dann wieder wie sehr sie sich voneinander unterscheiden.

Wir fürchten die Mischwesen, zum Beispiel den Minotaurus, wir lieben sie wie das Einhorn, wir billigen ihnen Herrschaft zu, etwa dem Greif, sie geben uns Rätsel auf wie die Sphinx. In jedem Fall regen sie unsere Fantasie an und verfolgen uns nicht selten in Albträumen. Das Zwielicht übt eine zuweilen gruselige Faszination auf uns aus, während die blaue Stunde erwärmende Geheimnisse birgt.

Sogar das Recht, fast schon Synonym für das Eindeutige, trägt die Gefahr des Ungerechten in sich, des Parteiischen, des Manipulierbaren. Ergo: Nicht unlogisch ist irren menschlich. Das Unmenschliche ist somit menschlich, will sagen, gehört zum Menschen.

Ich möchte gerne weintrinkender Antialkoholiker sein, fühlender Denker, denkender Fühler. Nein, ich möchte Rumpelstilzchen sein, dessen Namen niemand je erfahren wird. Nein, ich möchte nichts von allem sein oder gar nichts, am besten namenlos, damit keiner meinen Namen, nein, von Missbrauch kann nicht die Rede sein, ich meine, damit keiner meinen Namen missversteht.

Jetzt ist es nicht mehr weit bis Dada oder Nonsens, Anarchie oder Buddhismus, aber ich misstraue den vorschnellen Bedeutungen, Ying-Yang als modischer Sticker. Ich neige zur Skepsis gegenüber korrekten Formulierungen, den Chiffren, die keine sein wollen.

Mein Name sei Gantenbein. Schade, schon vergeben, dann eben Hugenduff oder Maier.

Auf dem Kopf

Manchmal glaube ich, an dieser Welt verzweifeln zu müssen. Es geht nicht in erster Linie um den zukünftigen amerikanischen Präsidenten Trump oder um den Zulauf zur AfD, sondern um die Menschen, die sich diesen Rattenfängern anschließen. Nein, ich möchte jetzt nichts Politisches schreiben, wenngleich alles politisch ist oder entsprechende Folgen hat. Der Mensch ist ein soziales Wesen, aber ich möchte nicht mehr dazu gehören. Ich habe eine unbändige Freude am Leben, aber ich habe keine Lust mehr zu arbeiten, immerzu die Scherben des Geschirrs aufzukehren, das andere zerschlagen haben; grob, mutwillig oder, wie meist, die Folgen ihres Handelns verleugnend. Ja, meine Haltung ist arrogant, pharisäerhaft, unsozial. Ich werde mich bessern, aber zurzeit habe ich die Faxen dick. Für mich ist Dünnhäutigkeit kein Schimpfwort. Ich sehe nicht ein, etwas in mir abzuwürgen, was sich entfalten will. Manchmal ist mir nach hellsichtigem Nonsens zumute. Wenn ich schon in den politischen Verhältnissen und deren Folgen gefangen bin, möchte ich mir die innere Freiheit nehmen, hin und her und kreuz und quer zu denken, die Sachverhalte auf den Kopf zu stellen. Wenn ich dies versuche, kommt es mir vor, als stünde sie bereits auf dem Kopf, die Welt, meine ich.

Wesentliches Element ist die Sprache, besser gesagt, ihr Gebrauch. Wenn etwas bezeichnet wird, vorgibt zu sein, trifft genau das Gegenteil zu. Etwas ist gerade nicht neutral, umweltfreundlich, gerecht, die Wahrheit, sondern das Gegenteil. Überhaupt alles, was bewertet wird, bevor es beschrieben oder wahrgenommen wurde, erscheint mir falsch. Indem etwas so manipuliert wird, dass es das angekündigte Ergebnis zeigt, soll es den Naturzustand erklären. Alles wird benutzt: die Sprache, die Natur, der Mensch. Wenn es seinen Nutzen verloren hat, wird es entsorgt oder in etwas anderes recycelt, das wieder benutzt werden kann. Menschen, die alt oder krank sind, bekommen Aufmerksamkeit als Kunden ihrer Kassen und weil die Pharmaindustrie von ihnen lebt. Wenn keine Waren verkauft werden, dann Dienste, unsere ganze Gesellschaft besteht aus Verkäufern und Kunden, Dienstleistern und Dienstnehmern. Und was wir brauchen oder benötigen, bestimmen nicht wir, sondern Gutachter in Diensten von Lobbyisten, und diese in denen ihrer Konzerne.

Ach, ich wollte doch gar nichts Politisches schreiben. Ich wollte an einen warmen Regen an einem Vormittag in einem alten Wald denken. Ich wollte, es möge sich so anfühlen, als bliebe die Zeit stehen. Nicht für immer, das wäre ja eine schreckliche Vorstellung, sondern nur für eine kleine Weile. Die Menschen meiner Umgebung empfinden ähnlich. Der Krankenstand ist hoch, die Gesunden reiben sich auf bis an die Grenzen ihrer Erschöpfung. Sie reagieren nicht wie sonst, ihr Ich-Ideal ist ständig gefährdet. Und alle denken daran, irgendwann hinzuschmeißen. Unsere Gesellschaft ist längst gespalten. Es gibt Arme und Reiche, Kranke und Gesunde, Ausbeuter und Ausgebeutete, Gut- und Böswillige. Und viele wollen nicht mehr mitmachen oder wenigstens dann mal weg sein oder mal ausgelassen werden. Auch für diese Haltung gibt es längst Konzerne, die passenden Versicherungsschutz, Dienstleistung, Kleidung, Software anbieten.

(2015)

Mein Ich als Hochstapler

Auch wenn dieser Text einen autobiografischen Ausgangspunkt hat, will ich auf etwas Gesellschaftspolitisches hinaus. Somit wird die Erkenntnis soziologischer und gesellschaftspolitischer Zusammenhänge zugleich zu einer Intellektualisierung, also eine Ich-Abwehr derselben.

Wenn in meiner Kindheit Männer auf der Straße zusammenstanden, meist an Samstagnachmittagen oder Sonntagen, denn sonst war keine Zeit zum lockeren Plaudern, und zum Stammtisch wäre mein Vater nie gegangen, beobachtete ihn meine Mutter genau und kritisierte ihn später abfällig als Angeber, wenn er in dieser Runde das Wort führte und dabei schräg einen Fuß nach außen stellte. Unterstützt wurde diese Geste zumeist noch dadurch, dass er eine Zigarette lässig in der Rechten hielt. Ich stimmte ihr als Kind innerlich zu, weil ich ohnehin zumeist auf ihrer Seite stand, aber ich fand ihre Bemerkung auch übertrieben. Dass sie etwas Herablassendes hatte, wäre mir damals niemals in den Sinn gekommen. Heute beschäftigt mich dieser Gedanke, auch weil ich mich innerlich in ähnlichen Situationen an meines Vaters Stelle sehe.

Mutter war als stolzes Bauernmädchen aufgewachsen. Es gibt ein Foto ihres Vaters beim Pflügen mit einem großen belgischen Kaltblüter. Die meisten Leute im Dorf waren ärmer, denn sie hatten kein Pferd und pflügten mit Kühen, oder sie besaßen nur Ziegen, die zum Weiden auf magere Wiesen gebracht wurden oder sich mit dem Gras an Wegrändern zufriedengeben mussten. Mutter sprach oft selbst von ihrem Bauernstolz. Vater war damals Arbeiter bei Buderus, drei Schichten, Früh-, Spät- und Nachschicht. Und wenn die Wirtschaft Anfang der Sechzigerjahre brummte und die Öfen die ganze Woche geheizt blieben, kam am Sonntagmorgen noch eine Sonderschicht dazu. Arbeiter hatten auch ihren Stolz, aber der äußerte sich anders. Und Frauen und Männer hatten ohnehin einen jeweils eigenen. Dazu passte, dass Männer ihren schon mal demonstrierten (und den Fuß demonstrativ nach außen stellten), während Frauen ihn eher mit bescheidenen Worten und nicht in der Öffentlichkeit zeigten. Übrigens habe ich diese Geste bei meinem Vater nicht mehr beobachtet, als er später in anderer Stellung und Position arbeitete.

Mutter war nicht selbstbewusst. Sie ist zu keinem Zeitpunkt ihres Lebens einer Lohnarbeit nachgegangen. Innerhalb ihres Terrains agierte sie sicher und souverän. Dazu gehörte natürlich auch die Erziehung von uns Kindern. Sobald sie aber das ihr zugeschriebene Aktionsfeld verließ, wurde sie zurückhaltend, in Gesellschaft verunsichert, wobei sie versuchte, sich dies nicht anmerken zu lassen.

Ich selbst verstand nicht, dass dieses Quasi-Erbe auf mir lastete. Ich hatte auch noch als Erwachsener oft das Gefühl, in eine Gesellschaft oder eine Institution nicht hinzugehören. Ich gab vor, nicht mitreden zu können, weil mir das Sach- oder Fachwissen oder die eine oder andere Erfahrung fehlten. Tatsächlich speiste sich mein Gefühl aus dem merkwürdigen Eindruck, nicht dazuzugehören. Als Individualist fühlte ich mich oft als Außenseiter, aber dies begründet meine damalige Zurückhaltung nur ansatzweise. Auch eine gewisse Arroganz und dieser falsche Stolz, auch durch Unsicherheit verursacht, trugen dazu bei. Mit Schwäche durfte ich dies jedoch nicht in Verbindung bringen, da hörten die Selbstkritik und auch die Selbstreflexion auf.

Ich kam mir oft wie ein Hochstapler vor. Selbst in Beziehungen ging es mir so, dass ich mir innerlich vorwarf, es nicht wirklich ernst zu meinen. Sicher ging es dabei auch um Bindungsängste oder um die Befürchtung, durch den Einfluss der geliebten Person mich selbst oder meinen wahren Kern zu verlieren.

Heute frage ich mich, warum denn dieser etwas indifferent definierte Kern oder dieser Herkunftsstolz so eine Rolle spielten. Neben der Familie war die Dorfgemeinschaft prägende Instanz. Aber weder das (ehemalige) Arbeiterkind noch der Junge vom Dorf ließen sich mit meinem Hang zum Individualismus vereinbaren. Dieser galt als etwas für bessere Leute, wie ein bestimmtes Benehmen, hauptsächlich Manieren, bestimmte Kleidung, Ausdrucksweise, Verhalten in Gesellschaft oder gar bei offiziellen Anlässen. Mutter nannte nicht diese Leute oder die Schicht, der sie angehörten, sondern die Männer aus dem Dorf, die angeblich so sein wollten wie diese, abfällig Huchsacher (die in hohem Bogen pinkeln). Mutters Wortwahl war ansonsten eher höflich und korrekt, aber wenn es um derlei Zusammenhänge ging, war auch schon mal von Dreckärschen oder -säcken die Rede.

Die Herkunftsschicht drang nachhaltig und bis tief in die seelischen Poren. Auch wenn ich im Nachzug der 68er gründlich lernte, die politischen Gegebenheiten und Zusammenhänge infrage zu stellen, blieb ich ein von diesen geprägten.

Damit schlitterte ich in eine merkwürdige Ambivalenz, einerseits aufzubegehren und in den zumindest inneren Widerstand zu gehen, mich politisch links zu positionieren, andererseits meine Rolle in dieser noch immer Klassengesellschaft anzunehmen.

Vater sagte immer, wenn er seine Arbeit verlieren würde, würde er jede Arbeit, und sei sie noch so niedrig, annehmen, um seine Familie zu ernähren. Als Beispiel nannte er die Müllabfuhr. Ich wusste schon damals, dass gerade die Leute von der Müllabfuhr ihren Stolz hatten, und dass es viel demütigendere Arbeiten gab, vor allem und gerade deswegen schlechter bezahlte. Mutters

Wahlspruch lautete immer: »Tue recht und scheue niemanden.«
Mir gefiel dieser Spruch, obwohl ich nicht genau verstand, was
oder wen sie genau damit meinte, denn sie hielt sich scheu genau
von den Gelegenheiten fern, wo sie ihn hätte umsetzen können.
Wenn, dann bot der Arbeitsplatz dazu die Gelegenheit. An den
Stammtischen brauchte es keinen Mut, da es keine Folgen nach
sich zog.

Wer nämlich keine Arbeit hatte, der ging nicht etwa zur Demo
oder zur Parteizentrale, er schämte sich viel zu sehr für seine
Arbeitslosigkeit und zog sich zurück. Wer arm war, hatte ohnehin verspielt. Das war auch damals schon so. Und diejenigen im
Dorf, die ein bisschen mehr hatten, schauten auf diese herab
oder redeten schlecht über sie. Auch wenn meine Eltern persönlich Scham bei einem sogenannten sozialen Abstieg empfunden
hätten, nach unten zu treten galt für sie als moralisches Tabu.
Interessant in diesem Zusammenhang: Die Sprache der Macht
nennt es einen sozialen Abstieg, obwohl es sich nicht um Soziales, sondern um Existenzielles handelt. Heute nennen sich diese
Netzwerke auch soziale, obwohl sie alles andere sind, nur das
nicht: sozial. Und Bewohner von sogenannten sozialen Brennpunkten wurden als Asoziale beschimpft, während diejenigen,
mit krimineller Energie ausgestattet, die diese Bezeichnung verdient hätten, allzu oft in den Vorstandsetagen saßen und dort
noch immer sitzen. Und Brennpunkte gibt es in Autokonzernen
oder im südamerikanischen und philippinischen Dschungel, der
ganz real abgebrannt wird. Auch bei gülleverseuchten Feldern
und Gift in Getreidefeldern sollte man von Brennpunkten sprechen. Und Autobahnen werden zunehmend zu permanenten
Brennpunkten. Und sozial schwach sind nicht die Armen, sondern betrügende Konzernbosse und steuerhinterziehende Fuß-
ballverbandsgrößen.

Damals herrschte noch eine gewisse kapitalistische Vorsicht, denn der Ostblock schaute zu und hätte mit dem Finger und dem hämischen Ausdruck des Abscheus auf die Ausbeutungsformen der Konzerne, die Bedingungen der Kurzarbeit, die Machenschaften der Jobcenter oder auf den Stadionbau mit Sklavenarbeit in Katar gezeigt. Inzwischen nähern sich die Systeme nach dem Motto, Kapitalisten aller Länder vereinigt euch, immer mehr einander an.

Heute lässt sich bedenkenlos der monetäre Erfolg zum einzig verbliebenen erklären. Reiche Menschen glauben nicht nur, recht zu haben, also im juristischen Sinn auf der richtigen Seite zu stehen, sondern proklamieren zugleich für sich, das einzig Richtige zu wissen und zu tun, auch wenn sie noch so fadenscheinig, manchmal auch doof argumentieren. Der Erfolg gibt ihnen recht. Und damit noch nicht genug, diffamieren sie Menschen, die Gutes tun oder es versuchen als Gutmenschen, denen ethisch-moralisch nicht zu trauen sei, weil sie nicht auf Seiten des Erfolgs stehen.

Je weiter unten, umso mehr war es mit Prostitution verbunden, einen Job zu bekommen. Und wer heute Arbeit sucht und zum Jobcenter geht, der muss sich durchschaubar machen, nackt, muss alles angeben, was sie oder er besitzt, und sich dadurch in einer Gesellschaft, die sich fast ausschließlich über Geldwerte definiert, zutiefst beschämen und demütigen lassen. Er wird so lang als sozial schwach abtituliert, bis er sich schwach, elend und schlecht fühlt. Er muss nicht nur alles angeben, er muss es auch abgeben, um Stütze zu bekommen, denn er braucht aktuell Geld zum Leben. Dies bedeutet natürlich, dass er sich noch abhängiger macht, denn nun ist auch die Altersvorsorge weg, und die Demütigungen der Armut werden nie aufhören. Um sich vor diesem Dominoeffekt und der damit verbundenen Schmach zu bewahren, leben Menschen im Deutschland des 21. Jahrhunderts lieber unter katastrophalen Bedingungen, hungern eher, als sich auf diese Weise den letzten Tropfen Selbstbewusstsein und Stolz rauben zu lassen, wie Christian Baron in »Ein Mann seiner Klasse« eindrücklich beschreibt.

Geistig behinderte Menschen arbeiten in einer Werkstatt. Sie bekommen keinen Lohn für ihre Arbeit, sondern eine Art Taschengeld, das ihnen ohnehin zusteht, um ihre Existenz sichern zu können. Aber sie sind froh, zu arbeiten und wie alle anderen als normale Arbeitnehmer*innen zu gelten. Dies geschieht in einer Zeit, in der immer mehr Maschinen eingesetzt werden, um die Arbeitskraft von Menschen zu ersetzen, weil dies viel billiger ist. Das Märchen von der Vollbeschäftigung wird jedoch weitererzählt, als handelte es sich um ein Doku-Drama. Die Politik, welche für diese Vollbeschäftigung sorgen soll, wird immer erpressbarer durch die Großkonzerne, welche mal kurzerhand Tausende Arbeitsplätze streichen. In ihrer Hilflosigkeit geben Verantwortliche diesen Druck in Form von Kurzarbeit, Mini-Jobs, Zeitarbeitsfirmen, Ein-Euro-Jobs u.a. weiter. Die Konzerne werden darüber in ihrem Einfluss so stark, dass es ihnen immer wieder gelingt, Gewerkschaftsarbeit auszuhebeln oder deren Vertreter auf unterschiedlichste Weise zu korrumpieren. Folgt darauf statt einer von Arbeitgeberseite angezettelten Neiddebatte eine von Arbeitnehmern verbreitete Erpressungsdebatte? Geiz musste erst mal vollmundig als tollste Geilheit verkauft werden, bevor sich vorsichtige Stimmchen regten, welche in ausgewogenen Worten die Gier als aber gar nicht so nett bezeichneten. Der Gegenwind kündete ihnen erst mal, welch verschrobene Moralisten von vorgestern sie seien, bevor namhafte Psychologie- und Soziologiefachleute bestätigten, wie tief verwurzelt die Gier im Menschen sei. Nun ja, dachten sich die Ausbeuter, wenn es genctisch bedingt ist, können wir ja gar nicht anders, und machen weiter. Daraufhin musste der gute, alte Anstand aus der Mottenkiste des Sagbaren hervorgeholt werden. Ich bin mir sicher, Anstand ist von Anstehen abgeleitet. Und wer (hinten) anstehen muss, wissen wir inzwischen zur Genüge.

Merken Sie es auch, wie ich mich echauffiere, mich in diese hochstapelnde Sprache hineinsteigere? Hielte ich dagegen den Ball flach, würden noch weniger meine Texte lesen, die ohnehin nicht in der Marktlücke, sondern in einer Nische des Marktes platziert sind. Der Markt beziehungsweise die Big Brothers hinter diesem Markt regeln es schon, welche Beiträge sich durchsetzen oder verbreitet werden. Falls ich dies durchschaue, verleihen mir die Werbepsychologen des Marktes, welche zugleich auch als Wahlanalyseexperten und Marktforscher gelten, das Etikett »Verschwörungs-theoretiker«, aber erst dann, wenn ich so populär wäre, dass der Markt mich nicht mehr ignorieren könnte.

Das merkwürdige Phänomen, das sich bei näherem Betrachten als gar nicht so merkwürdig erweist, ist die Tatsache, dass sich in nur seltenen Fällen die affektive Entladung gegen die Verursacher von Elend und Ausbeutung richten. Diese haben für solche Gelegenheiten immer die Trumpfkarte einer Neid- oder Missgunst-Debatte im Ärmel. Sie wirkt zumeist ob ihrer Beschämung. Sie behauptet unterschwellig, dass Geld adele und dass, wer Ausbeutung anprangert, doch eigentlich dazu gehören will, zu denen da oben. Und diese Beschämung wirkt, auch wenn sie nur das berühmte eine Körnchen Wahrheit enthält, und wenn selbst das nicht, verletzt sie den Standesstolz – dies allemal. Damals in der Schule dachte ich oft, wenn nicht ein abgestürzter Überflieger, dann sei ich ein Hochstapler, der sich erdreistet, die Fehler für seinen Misserfolg nicht ausschließlich, mit Stumpf und Stiel, bei sich selber zu suchen.

Die Kumpanei zwischen Faschismus und Kapitalismus lässt sich in diesen Zusammenhängen kaum noch verbergen. Besonders empfänglich sind diejenigen, die es früh gelernt haben, nach unten zu treten. Sie geben vor, das Establishment zu hassen. Aber ihr Affekt zielt immer auf diejenigen, die anders sind und andere Konsequenzen ziehen, Linke und Grüne, und auf diejenigen, die sie unter sich sehen, Arbeitslose oder Flüchtlinge. Gegenüber Punks und Muslimen ist der Hass besonders groß, weil diese für beides stehen. Möglicherweise spüren sie auch noch eine untergründige Ähnlichkeit, von der Herkunft oder der radikalen Haltung her betrachtet. Es geht ihnen nicht um das Establishment als solches, sondern sie wollen es sein, die bestimmen und definieren, wer dazugehört und wer nicht. Selbstverständlich nennen sie es anders. In einem diagnostischen Sinn sind sie Gegenabhängige eines antidemokratischen Systems. Die Kumpanei mit den Kapitalisten endet, wenn die Faschisten das Völkische dem Profit vorziehen oder die Kapitalisten beim Geldscheffeln nicht von den rechten Fanatikern gestört werden wollen.

Es geht nicht nur um Klassenkampf, auf den wir wieder zurückgeworfen werden, auch weil die Mächtigen ihn von oben nicht nur angesagt, sondern zu erheblichen Teilen umgesetzt haben. Es geht auch darum, das selbstbewusste, politische Wort zu ergreifen. Dies mutet immer wieder als Größenwahn, Prahlerei oder Hochstapelei an, weil ich, wenn ich es ergreife, differenzieren, das heißt auch, weit ausholen muss, um nicht Aspekte aus einer von falscher Ökonomie geprägten Sachlichkeit zu riskieren, die auf eben diesem Feld leicht widerlegt werden können. In meiner Differenzierung riskiere ich, entweder missverstanden zu werden oder die Zuhörer*innen zu verlieren, weil ich zu weit ausholen muss und deshalb zu lang rede (oder zu ausführlich schreibe). Schließlich maße ich mir an, etwas besser zu wissen als

Generationen von Wissenschaftlern, Fachleuten und Unternehmern vor mir. Und ich bin einer von ihnen, weiß, schon älter und dieser angeblich so verderbten Gesellschaft entsprossen. Und schließlich bestätigt sich die Welt so, wie sie geworden ist, entweder weil sie schon immer so gewesen oder weil wir niemals so wohlhabend gewesen seien wie heute.

Deshalb schöpfe ich Hoffnung, weil die Jungen das Wort ergreifen, denen man nicht vorwerfen kann, sie hätten diesen Turm zu Babel mitgebaut. Aber man wirft ihnen bereits vor, sie wohnten darin und würden davon profitieren. Aber zum Glück lassen sie sich weder davon unterkriegen noch ablenken. Ich will mich ihnen anschließen und sie in ihrem Kampf unterstützen.

Der projektive Egoismus der Deutschen

Warum erregt ein Herr Sarrazin mit seinen fragwürdigen Thesen und seinen verschwurbelten Ansichten eigentlich so viel Aufmerksamkeit? Es gibt jede Menge anderer Schreiberlinge seines ursprünglichen Popularitätsgrads, die kaum Beachtung finden. Warum werden ausgerechnet die Fußballer der Deutschen Nationalmannschaft mit dem Silbernen Lorbeerblatt durch den Bundespräsidenten geehrt? Andere Sportler in anderen Sportarten sind zwar weniger populär, aber doch bestimmt genauso ehrwürdig. Warum sind Franzosen eigentlich Teil einer Nation, während wir Deutschen ein Volk sind?

Ich bin ein Anhänger des Grundgesetzes, aber dass wir ein Volk sein sollen, hat mich schon immer gestört, wegen des abgeleiteten Adjektivs »völkisch« und dessen nationalsozialistischer Verdorbenheit. Was ist das eigentlich, ein Volk? In der Ethnologie wird der Begriff wegen seiner anrüchigen Vergangenheit und seiner fragwürdigen Definition nicht mehr verwendet. Die Gleichsetzung von Ethnie und Volk ist doch Blödsinn. Auf jede Einwanderung folgte eine neue: Langschädelige, Kurzschädelige, Breitschädelige, Kelten, Germanen, Slawen. Vielleicht ist ein Migrant, sagen wir aus Algerien, im ethnischen Sinn »deutschstämmiger« als ich oder Herr Sarrazin.

Und die Kultur? Sie ist eine so Gewordene und ständig sich Verändernde. Verblödende Vorabendserien, die Bildzeitung (so leid es mir tut) oder der Tag der Moscheen gehören genauso zur deutschen Kultur wie Goethe und Lessing. (Denken wir an die Ringparabel!)

Und die Werte? Sie verändern sich auch dauernd. Ist Disziplin ein speziell deutscher Wert? Oder Kampfgeist? Toleranz? Raffgier?

Die deutsche Sprache? Sie verändert sich auch dauernd, hört sich an manchen Stellen amerikanischer als amerikanisch an, wird ständig in politisch korrekte Worthülsen gequält. Achten Sie mal darauf, wie oft in einer Nachrichtensendung »wo«, eine Bestimmung des Ortes, falsch benutzt wird.

Das Deutsche über das Grundgesetz hinaus ist kaum fest-noch viel weniger auszuhalten, nicht nur, weil es durch ständige Veränderung immer wieder entweicht. Diese gespürten und erlebbaren Veränderungen lassen sich eher reflektieren als festlegen. Sie lösen Verunsicherungen aus. Ein einzelner Mensch kann diese überwinden, indem er sich auf seine persönlichen Wurzeln oder persönlichen Einstellungen beruft. Die Wurzeln eines Volkes sind fragwürdig: Sind sie zum Beispiel christlich? Ja, sind sie. Aber sie sind auch barbarisch? Sind sie demokratisch? Ja, sind sie. Sie sind aber auch von Diktatur und Leibeigenschaft geprägt.

Wir erfinden uns und das Deutsche jeden Tag neu oder lassen es uns erfinden. Darüber entbrennt ein erbitterter Kampf um Definitionen, Meinungshoheiten, Mehrheiten, Mehrwerten. Den zuletzt genannten Begriff verstehe ich so, dass der ideelle Wert und der Marktwert möglichst gleichgesetzt werden. Je besser Sarrazins Buch sich verkauft, desto glaubwürdiger erscheinen folgerichtig seine Behauptungen.

Über poetische und andere Wahrheiten

Der Definition von Vernunft im neoliberalen Alltag liegt nicht eine Philosophie oder eine wissenschaftliche Erkenntnis zugrunde, sondern eine hierarchische Glaubensvorstellung, dass nämlich Verstand und Gefühl nicht einander ergänzen könnten und dem Erstgenannten die Vormachtstellung einzuräumen sei, indem der Mann seit alters her, genauer gesagt, seit den Erfindungen des Neolithikums über der Frau stünde, oder umgekehrt, weil sich dies so ergeben habe, die männliche, oder besser gesagt, patriarchalisch geprägte Ratio dadurch der Vorzug zu geben sei. Gesagt wird dies natürlich nicht.

Der kriegerisch geprägte Mann denkt nicht ergänzend, sondern ausschließend. Es kann für ihn nur einen Sieger geben, und indem dies so sei, folgerichtig zumindest einen Verlierer. Oder eben eine Verliererin. Der merkantile Grundsatz, beide könnten Gewinner sein, also vom Geschäft Vorteile haben, trifft in der Regel nicht zu. Denn auch wenn der Käufer mit der Ware, der Verkäufer mit dem Preis einverstanden sind, muss es keinen Vorteil für den Produzenten der Ware beziehungsweise der oder den Personen haben, welche die Ware tatsächlich hergestellt haben. Selbst wenn alle bisher Genannten durch den Gewinn, der durch ihre Anzahl natürlich kleiner wird, Vorteile haben sollten, werden womöglich die Vorbesitzer des Rohmaterials, aus dem das Produkt hergestellt wurde, benachteiligt. Oder die Menschen, die zum jeweiligen Staatsgebilde gehören, auf dessen Boden es geborgen wurde, sind am Verkauf der Ware nicht beteiligt. Kurzum: Es gibt niemals nur Gewinner. Je höher der Gewinn der einen, desto größer der Verlust der anderen. Wir sprechen von einem Faktum. Die gegenteilige Behauptung ist auch, wenn auch nur als solche, ein Fakt. Ansonsten handelt es sich nur dann um eine Lüge, wenn sich der Sprecher seiner Behauptung oder ihrer Folgen bewusst ist, und diese somit billigend in Kauf nimmt. Dies öffnen Verleugnung und Verdrängung Tür und Tor. Ansonsten handelt es sich um einen Irrglauben, wobei dem Verbreiter dieses Irrglaubens die Verantwortung für sein undifferenziertes Handeln, ob bewusst oder unbewusst, nicht abzusprechen ist.

Als der Mann noch Jäger war – in gewisser Weise ist er dies heute noch immer, nicht nur genetisch bedingt –, musste er sich neben anderen Eigenschaften auch auf seine Intuition verlassen. Möglicherweise haben Frauen und Männer in diesen archaischen Zeiten in Gruppen und mit verteilten Aufgaben gejagt. Nicht allein Körperkraft, Zielgenauigkeit oder die Wahl oder technische Fertigung der Waffen entschieden über den Jagderfolg, sondern das Wissen über die Beute, möglicherweise die Einfühlung in diese. Auch, was wir heute Nachhaltigkeit nennen, damals ein schamanistischer Ritus, spielte eine bedeutende Rolle, sonst hätte man womöglich die ganze Herde ausgerottet, obwohl man nur wenige Tiere zum Nahrungsbedarf brauchte. Jedenfalls arbeiteten Frauen und Männer mit Gefühl und Verstand zusammen. Selbst wenn meine These nicht stimmt, und die Frauen »nur« sammelten, entstand aus Gejagtem und Gesammeltem eine Mahlzeit mit dem Nötigen, das der Körper brauchte.

Der Tauschhandel ist neben der Arbeitsteilung in der Entwicklung der Menschheit schon früh nachweisbar. Um diese geistige Entwicklung zu bewerkstelligen, muss der Mensch satt sein, denn mit leerem Magen lässt sich schwer denken (mit zu vollem allerdings auch nicht) oder verhandeln. Wenn es um unmittelbare Nahrungsbeschaffung geht, sinkt alles andere an Bedeutung und Wert. Aber allmählich lernte der Mensch, Vorräte anzulegen; eine wichtige Voraussetzung für den Tauschhandel. Der Schritt von den gebräuchlichen Dingen hin zu symbolischen, also Kauri-Muscheln oder Metallblättchen, später Geldmünzen, ist noch ein sehr weiter, aber er ist eingeleitet.

Das Gewinner-Verlierer-Prinzip entstand erst, nachdem die Menschen das Jäger- und Sammlerleben aufgegeben hatten und als Hirten durch das Land zogen oder sesshaft wurden und Städte bauten. Denn nun wurde es eng. Grund und Boden wurden zum Besitz. Nicht mehr wilde Tiere waren die Nahrungskonkurrenten der Jäger, sondern die Menschen untereinander wetteiferten um Pfründe und Besitz. Voraussetzung für Sesshaftigkeit waren neue, technische Errungenschaften, vor allem die Kultivierung von Getreide und die Verarbeitung von Metall haben diese Entwicklung beschleunigt. Bis heute wird Fortschritt mit der Entwicklung technischer Möglichkeiten gleichgesetzt. Diese neue Technik der Metallverarbeitung bot auch die Möglichkeit, Kriege in größerem Ausmaß zu führen. Der Mann als Erfinder und Krieger hatte somit den Kampf der Geschlechter, den er selbst ob seiner Seins- und Denkweise heraufbeschworen hatte, endgültig gewonnen. Mit dieser Macht, nicht mehr nur zu regieren, sondern zu herr-schen, verfügte er auch über die Stellung der Götter als Projek-tion, zugunsten der männlichen selbstverständlich.

Nun war also die Macht nicht nur geschieden, sondern auch hierarchisiert. In einem Reich konnte es nur einen Herrscher geben. Selbst eine kleine Gruppe konnte sich nicht lange an der Macht halten, weil die Protagonisten einander misstrauten, intri-gierten, was bald zum offenen oder meist versteckten Kampf füh-ren musste. Dies hinterließ prägende Spuren im Denken. Auf eine geradezu fanatische Weise frönte es eindimensionaler Vorstellun-gen. Wer nicht Freund war, musste Feind sein. Wer nicht die eine Wahrheit glaubte, musste ein Lügner sein. Wer dem Verstand folgte, durfte dem Gefühl nicht nachgeben. Indem Erzeuger die

Macht hatten, wurden die Gebärenden zum Gefäß herabgestuft. Der Sohn der jungfräulichen Mutter, von einem Gott gezeugt, war erwachsen geworden und hatte das Zepter übernommen. (In den Vorzeiten war die Mutter selbst Göttin gewesen.) Jäger zu sein war nicht mehr Existenzsicherung, sondern Freizeitbeschäftigung Privilegierter. Es war nicht mehr nötig, sich bei der Jagd auf sein Gefühl, seine Intuition, seine Erfahrung zu verlassen oder gar dem Opfer Respekt zu zollen, es genügte, sich auf das Glück des Tüchtigen und seine technischen Mittel zu verlassen, die schon bald mehr als nur Hilfe und Handhabung bedeuteten, und sich das Wild durch Bedienstete zutreiben zu lassen. Der Jagderfolg wurde zur Erhebung des Jägers erklärt. Rückwirkend deshalb, weil ein Misserfolg den Launen der Götter zugeschoben wurde. Auch mochte der Hersteller der Waffen als der Schuldige herhalten. Daran hat sich bis heute wenig geändert. Nicht der Konzernchef wandert aufgrund von Abgasmanipulationen ins Gefängnis, sondern der Ingenieur, dem die verruchte Tat nachgewiesen werden kann.

Indem es nur einen Herrscher geben konnte, durfte es, jedenfalls im eigenen Herrschaftsbereich, auch nur einen Gott geben. Spätestens ab diesem Zeitpunkt konnte ein Krieg auch aus ideologischen Gründen angezettelt und damit vertuscht werden, dass das wahre Motiv für diesen schlicht und primitiv die Aneignung des Besitzes des jeweiligen Gegners war. Machte sich der Herrscher die fortgeschrittene Theologie zunutze, oder war es umgekehrt, und die Theologen richteten sich nach den weltlichen Vorgaben des Herrschers? Wenn Gott allwissend, allgegenwärtig und allmächtig ist, kann es nur einen geben, denn eine Dualität unter Göttern würde wider diese Allmacht sprechen. Allenfalls können sie als Halb-, Unter-, oder Nebengötter, jedenfalls vorerst, weiter existieren. So trägt der Monotheismus nicht zufällig, sondern eher im vollen Bewusstsein einer Hierarchisierung zum Beweis der Allmacht die Züge des Absolutismus und der Monokausalität in sich.

Eindimensionale Sichtweisen schränken das Denken ein. Aber wenn ein Ding doch schwarz ist, sollte man einwenden, kann es nicht weiß sein. Dies ist ein Fakt. Aber die wenigsten Dinge sind rein schwarz oder weiß. Meistens lassen sich bei genauerem Hinsehen Grautöne unterschiedlicher Stärke erkennen. Beobachtung und Wahrnehmung lassen sich somit nicht in eine rein rationale Erklärung pressen. Sicher, der herrschaftliche Jäger braucht dies nicht zu wissen oder so zu denken. Die anderen an der Jagd Beteiligten tragen womöglich zum Erfolg bei, auch wenn sie nicht weiter denken, denn ein Spezialist hat längst vorher ausgekundschaftet, wo das Wild steht. Dies bestätigt scheinbar oder vorerst den Erfolg dieser eingeschränkten oder zumindest aufgeteilten Denkweise vom Ergebnis her.

Von dort aus ist es nicht mehr weit bis zur Beantwortung der Frage in Orwell's *1984*. Der Herrscher oder der in Diensten des Herrschers stehende bestimmt und befiehlt, wie viele Finger seine Hand habe. Er kann sogar die Antwort des Beherrschten abwarten, um sie hinterher in jedem Fall als eine falsche zu brandmarken.

Die Macht ist zur Herrschaft geworden, nicht nur, weil sie ungeteilt, sondern auch dauerhaft geworden war, später sogar vererblich. Zu Anfang war die Macht geteilt, nicht aufgrund von Wahl, sondern aufgrund von Zuständigkeit. Wenn es einen Gott oder eine Göttin gab, die für das Leben zuständig war, konnte sie oder er nicht zugleich Totengöttin oder Totengott sein. Selbiges galt für Fruchtbarkeit und Unfruchtbarkeit, Land und Meer, Himmel und Hölle, oben und unten, nah und fern. Bei dieser natürlichen Dualität der Götter, die nicht nur mit Gewalt, sondern auch mit Klugheit, Schlauheit, Durchtriebenheit, Humor und Argumentationslust betrieben wurde, handelt es sich auch um eine Vorform des Debattierens, die später Einzug in die Foren der Demokratie nahm. Der Zeitpunkt der Aussaat wurde nicht mehr nur von Priestern und Sternenkundlern berechnet, war nicht mehr allein rituelle Handlung, sondern Ergebnis einer Diskussion unter Fachleuten und Gleichberechtigten. Dies geschah im Bewusstsein, dass Macht teilbar bleiben und nicht von Dauer sein durfte. Indem Machterhaltung zum Selbstzweck wird und an die erste Stelle tritt, verleugnet sie den (zumindest primären) Dienst an der Sache. Der absolutistische Herrscher muss sich selbst zum ersten Diener des Staates erklären, weil genau dies eine Lüge ist. Er mag zwar der Erste sein, aber er beutet den Staat viel mehr aus, als dass er ihm dient. Zudem ahnt er, da eine absolute Macht göttlich ist, sie daher niemals menschlich sein kann. (Aus diesem Grund galten die Pharaonen des alten Ägypten als lebende Götter.) Deshalb muss sich der alleinige Herrscher immer misstrauisch, womöglich auch ängstlich umsehen, ob ihn nicht jemand meucheln will. Er beschäftigt ein Heer von Zuträgern und Spitzeln, Leibwachen und einen überdimensionalen Polizei- und Militärapparat. Da er einsam an der Spitze regiert, vertraut er niemandem wirklich und muss sich Gefolgschaft immer wieder neu erkaufen. In den ersten Jahren erscheinen Diktaturen hin und wieder ökonomischer als Demokratien, welche sich die geteilte Macht und deren Kontrolle viel kosten lassen müssen, auf Dauer ist die Diktatur, ob ihres Kontrollwahns bezüglich Machterhalt wesentlich teurer. Und auch die Diktatur des Proletariats ist eine Diktatur, zumal es bei den bisherigen dilettantischen Versuchen erst gar nicht zu einer des Proletariats kam, weil es vorher eine von Partei und deren Funktionären geworden war.

Lange gingen Forscher davon aus, dass es immer nur eine Menschenart auf der Erde gegeben habe, und diese eine sich aus der anderen, also der vorherigen entwickelt habe, obwohl es doch zig Antilopen- oder Raubtierarten gibt und etliche Menschenaffenarten, unsere nächsten Verwandten. Möglicherweise ist dieses Denken der Tatsache geschuldet, dass nur Homo sapiens sapiens als einzige Menschenart übriggeblieben ist. Hat es unser Denken und Fühlen geprägt, dass wir Menschen schon immer und von Anfang an einzigartig seien (im wahrsten Sinn des Wortes)? Jedenfalls spricht nach neuester Forschung einiges dafür, dass mehrere Menschenarten zugleich auf der Erde lebten und der heutige Mensch sich aus einer oder mehreren entwickelt hat. Als sicher gilt, dass Homo sapiens sapiens und Homo sapiens neanderthalensis über einen längeren Zeitraum gemeinsam auf der Erde lebten, sich begegnet sind und sich miteinander gepaart haben, da wir heutigen Menschen Gene von Neandertalern in uns tragen. Weil sich der Neandertaler nach längerer Forschung als ein Sapiens herausgestellt hat, wurde der ursprüngliche Sapiens zum doppelt Weisen erklärt. Dies ist natürlich eine vermessene, wenn nicht naive Projektion, man könnte auch sagen ein Denkfehler. Denn es wird sich erst noch herausstellen, ob dieser moderne Mensch wirklich weise ist, und sei es auch nur in einfacher Hinsicht, denn womöglich wird er sich selbst ausgerottet haben, bevor er den Beweis erbringen kann.

Diese Bezeichnung scheint rational geprägt, da dieser Mensch doch all diese technischen Errungenschaften in erdgeschichtlich so kurzer Zeit erfunden hat. Da das emotionale Denken seit Jahrhunderten trivialisiert (»aus dem hohlen Bauch heraus«), wenn nicht gar unterdrückt wird, schafft es sich einen affektiven Ausgang. In diesem Fall ist es überheblich, indem es sich selbst auch noch eine doppelte Weisheit unterstellt. Dies sind nicht nur

Wortspielereien oder -klaubereien. Es ist Teil eines Herrschafts-programms seit neusteinzeitlichen Epochen.

Die angeblich favorisierte Ratio lässt sich dabei immer wieder bluffen. Sapiens sapiens, die Doppelweisheit, wird als Fakt ver-standen, als Ich-Leistung. Tatsächlich hat das Ich in diesem Fall gar nichts zu bestimmen, sondern das Über-Ich will es, dass der Mensch weise sei, bestärkt ihn in seiner Eitelkeit, und lässt das Es machen. Der sprichwörtliche Cerberus wird von der Kette gelas-sen, wenn die Rechnung nicht aufgeht. Oder dieser reißt sich sel-ber los und wirbelt die Weisheiten und hauptsächlich die Unweisheiten durcheinander. Aber es gibt ja noch die Herrschaft, die im Nachhinein ergebnisorientiert die Historie bestimmt; also wer denn nun die edlen Krieger und wer die schändlichen Terro-risten gewesen seien.

Aber gerade als Mann tue ich gut daran, mich nicht zu lange bei den Ereignissen, vor allem den kriegerischen aufzuhalten und mich stattdessen mit dem Denken zu beschäftigen. Der Mensch kann sich von seiner Intuition leiten lassen, von seinen Gefühlen, von seiner Erkenntnis, seiner Logik, er kann raten, sich raten las-sen, erraten und so das Rätsel lösen. Er kann spitzfindig, listig, nachgiebig, mitleidig, um nur einige Beispiele zu nennen, nicht nur handeln, sondern auch denken. Selbstverständlich sollte er erst denken und dann handeln. Er sondiert Gefühle, rationale Erkenntnisse oder auch ethisch-moralische Vorstellungen. Nicht selten hat er dabei Zweifel oder fürchtet, in dem Brei so unter-schiedlicher Impulse wie in einem Sumpf zu versacken. Keine sehr angenehme Vorstellung! Nicht selten verleitet es ihn dazu, dem reinen, klaren Gedanken (gemeint ist nicht die Erkenntnis) zu folgen. Aber so ist die Welt nicht, weder rein, noch klar, und in ihr die Natur; selbst durch »Bereinigung« durch den Menschen bleibt eine verwickelte, diffizile Mixtur aus Unterschiedlichem.

Das Denken selber bleibt vieldimensional und auch sein Ergebnis, weshalb sich Fachleute unterschiedlicher Richtungen, nicht selten eindimensionale Denker, zusammensetzen und in Ergänzung, also im Team, möglichst nachvollziehbare und brauchbare Lösungen erarbeiten. Das Risiko vieldeutigen Denkens sind Zweifel, mögliche Unvereinbarkeiten, somit uneindeutige Kompromissbildungen, Langwierigkeit, mögliche Rückschritte. Die Welt ist leider komplizierter, als wir sie uns, bezogen auf ihre (vermeintliche) Beherrschung, vorstellen wollen.

Das Faktum ist, die Wahrheit spricht. Nehmen wir als Beispiel Stuttgart 21. Es sollte für die Beteiligten ein gutes Geschäft werden. Von diesem zu erzielenden Ergebnis aus wurde rückwärts gedacht. Hätte nun jemand so etwas vermeintlich Triviales befunden wie, »ich hab da kein so gutes Gefühl«, wäre dies immerhin ein Zweifel und ein Ausgangspunkt für mögliche weitere Forschungen gewesen. Der Machtvolle denkt machtvoll (weiter): »Sie/er hat da kein so gutes Gefühl. Folglich lehnt sie/er das Projekt von vornherein ab.« Aber sie/er ist gar nicht auf Herrschaft oder Meinungshoheit aus, hat nur gewisse Zweifel angemeldet oder noch nicht mal das. Vielleicht hat sie/er nur schlecht geträumt. Warum nicht? Möglicherweise denkt er, sie/er käme ihm auf die Schliche seines eigentlichen Grundes, diesen Bahnhof bauen zu wollen (»habe wieder so eine Ahnung«), um des Geschäfts willen. Deshalb fordert er Sachlichkeit ein und betont die Sachlichkeit seines angeblichen Ziels, Kunden effizienter von hier nach da bringen zu wollen.

Effizienz – allein schon über die Bedeutung des Wortes ließe sich manches spekulieren. Früher brauchte man sie und es (dieses Wort) nicht, weshalb es modern und zeitgeistlich klingt. Was jemand denn meint, wenn er davon spricht, bleibt klar unklar, suggeriert aber inhaltlich-sachliches Schwergewicht. Angeblich geht es um Kriterien für die Qualität eines Schätzers, um Wirtschaftlichkeit, Kosten-Nutzen-Relation oder um rationellen Umgang mit knappen Ressourcen, um das Verhältnis zwischen Nutzenergie und energetischem Aufwand. Das hört sich sehr spannend an, vor allem zuerst einmal vielsagend, einige Zeit später jedoch nach viel heißer Luft, vor allem in der Argumentation damit. Und wirft Fragen auf: Welches sind die Kriterien für Qualität? In welchen Diensten steht der Schätzer, und welche (möglicherweise verschwiegenen) Ziele verfolgt er? Wie wird die Kosten-Nutzen-Relation erarbeitet? Welche Kriterien werden dabei gewichtet, welche nicht, welche bleiben ganz außen vor, zu schweigen von denen, die nicht erkannt werden? Warum erfolgt der Umgang mit knappen Ressourcen nur rationell? Wie definiert sich diese Rationalität?

Denke ich über Nutzenergie und energetischem Aufwand nach, möchte ich über die Sache, von heute aus betrachtet, lächeln, wenn sie nicht so ernst wäre. Wie Wirtschaftlichkeit definiert bzw. gemessen wird, ist Glaubenssache oder mehr noch die von Einflüssen. Damit wären wir bei der so beschworenen Meinungshoheit. Das Erlangenwollen dieser ist ein Denkfehler, weil es die Machtebene, also die Hoheit, der Ausbreitung des Denkens selbst vorzieht. Dem Machtkampf, dem Kampf um die Hoheit, wird der Auseinandersetzung von Gedanken im Inneren und Äußeren, die Gefühle und deren Reflexion selbstverständlich mit einbeziehet, der Vorrang gegeben. Dies verhindert die Ausbreitung von Informationen, oder umgekehrt wird Nichtinformation zum Machtfaktor und Information deshalb vermieden oder, wenn sie denn nachgereicht wird, bezüglich ihrer Sachlichkeit angezweifelt.

Am Beispiel von Stuttgart 21 lässt sich dies erkennen, indem die Beschaffenheit des Boden- und Gesteinsmaterials oder die

Anhäufung von Wasser, die eigentlich ganz am Anfang der Forschung hätten stehen sollen, gerade, wenn es um den Bau von Tunneln geht, vernachlässigt wurden. Man kann zu Recht von Schlamperei und Versagen sprechen. Aber wurde hier wirklich etwas verschlampt, also aus Nichtachtungsgründen unterlassen? Immerhin ist der Vorsatz ein anderer, nämlich ein gutes Geschäft zu machen, was nicht gleichbedeutend damit ist, dass Menschen schneller von hier nach dort kommen. (Sollte von den Machern dementiert werden, dass es ihnen in erster Linie um ein Geschäft ging, ändert dies nichts an den von ihnen bis zum jetzigen Zeitpunkt produzierten Fakten.) Das eine wurde mit dem anderen vertauscht. Banken geben auch vor, ihre Geschäfte in erster Linie für ihre Kunden, statt für sich selbst zu machen. Es ist eben nicht gleichbedeutend, genauso wenig, wie eben nicht alle Wege nach Rom führten, schon im Altertum nicht, (zum Glück für Nicht-Römer), obwohl sich das Sprichwort argumentativ mit einigen Kniffen belegen ließe.

Übrigens kann das Wort Meinungshoheit seine Herkunft aus dem Machtbereich kaum verleugnen. Meinung befasst sich mit der Auseinandersetzung bezüglich der Sache, Hoheit ist eine Vokabel der Macht und ihres Gebrauchs. Das Wort setzt sich also aus zwei Begriffen zusammen, die nicht kompatibel sind.

In der aktuellen Bedeutung zeigen sich wenig Unterschiede zwischen Versagen und Schlamperei. Jemanden als Versager zu beschimpfen meint etwa, er verweigere eine Leistung, weil er nicht willens ist. Dabei wird offengelassen, ob er tatsächlich nicht will oder aber nicht kann oder vorgibt, nicht zu können, weil ihm zum Beispiel die Anstrengung zu groß sei. Etwas versagen, es also (bewusst) nicht oder anders zu sagen, meint aber, er verweigert die Leistung oder die Zusammenarbeit. Dafür kann es neben der Schlamperei unterschiedliche Gründe geben, vor allem auch solche, sich zu verweigern, weil es um andere Ziele, Standpunkte oder Einstellungen geht. Obwohl es nicht nachweisbar ist (wenn auch offensichtlich), dass Stuttgart 21 a priori aus geschäftlichen Gründen gebaut werden soll, und Informationen bewusst unterlassen beziehungsweise Fakten nicht eruiert wurden, zugleich dieser Vorwurf, unausgesprochen oder nicht, bestehen bleibt, bildet die Bezeichnung, die Verantwortlichen hätten versagt, eine Kompromissbildung (gegen die ein Klagender nicht juristisch vorgehen kann bzw. kaum Aussicht auf Erfolg hat). Durch diese Wortwahl, Schlamperei und Versagen, werden die Fakten in ihrer ethischen Bewertung abgeschwächt. Ein unterschlagenes Flaschenpfand wird als Verbrechen dargestellt, während millionenfacher Betrug in der Autoindustrie als ein Missverständnis oder eine simple Fehlleistung hingestellt werden. Politiker der AfD nutzen diese Lücke geschickt, indem sie rassistisch pöbeln und damit eine Botschaft an ihre Anhänger aussenden, die diese verstehen und Taten folgen lassen. Sobald eine Kritik laut wird, geben sie vor, nicht richtig verstanden worden zu sein. Da das breite Feld, sich auszudrücken, Sprache kreativ zu verwenden, auch um Fakten ganz unterschiedlicher Art differenziert zu beschreiben, dem eindimensionalen Ziel abträglich ist, wird auf Korrektheit ihrer Benutzung und Einhegung zum Zwecke der Justiziabilität gepocht. Weiterhin trägt populistisches Getue auf der einen und Pöbelei auf der anderen Seite dazu bei, die alte, patriarchalische Herrschaft auch durch Sprachgebrauch wiederherzustellen, indem die differenzierende Argumentation kaltgestellt wird. Deshalb tut sich in diesen kreativen Zwischenräumen wenig. Wenn doch, weiß der Markt durch Nichtbeachtung Abhilfe zu schaffen. Eine Schriftstellerin oder ein Schriftsteller in der DDR wurden zumindest in einer Weise ernst genommen, indem ihr Werk von staatstragenden Gremien beurteilt – und möglicherweise verboten – wurde. Hier und heute verschlingt es der Markt als Abfallprodukt, es findet nicht die geringste Beachtung, weil es keine Quote verspricht oder der Inhalt nicht mit der gängigen Marktphilosophie konform geht.

Das Beispiel zeigt, dass Wesentliches, auch Notwendiges erst gar nicht bedacht wird, um genau diese, Bedenken nämlich, zu vermeiden und weiterhin ungestört Geschäfte machen zu können, sodass es zum Handeln aufgrund von Denkergebnissen erst gar nicht kommt. Es herrscht permanenter Reformstau auf ethischer, politischer, ökonomischer, existentieller Ebene. Deshalb wird auf Griechenland eine Reformnotwendigkeit projiziert, beziehungsweise die so definierte Reform besteht darin, Staatseigentum zu Schnäppchenpreisen an andere europäische Firmen, vor allem deutsche, beispielsweise Fraport, zu verhökern. Die vielsagende, bedeutungsschwere Vokabel *Reform* wird transformiert in eine Form (ohne *Re*) primitiver Ausbeutungspraxis.

Stuttgart 21 beutet in seiner ganzen Ausrichtung – der Strategie, Fakten zu schaffen – demokratische Grundsätze auf rigorose Weise zu seinen Gunsten aus, sodass man nicht mehr von einem Versagen gegenüber, sondern von einem Verrat an der Demokratie selber sprechen kann. In solchen Fällen wie dem des Ex-Ministerpräsidenten Mappus ist einer Staatsanwaltschaft Mut zu wünschen, um eine folgerichtige, juristisch plausible Anklage zu erheben. Ein Herr Zumwinkel, der seinerzeit die Post um etliche Millionen betrogen hat, kam mit einer Bewährungsstrafe davon. Schon damals war abzusehen, dass dieses sehr milde Urteil Folgen haben würde. An Stuttgart 21 oder einen Abgasbetrugsskandal in diesem Umfang hat damals außer den Betrügern selbst niemand gedacht. Nach diesem Stuttgart-21-Skandal, der sich immer weiter zuspitzt, wurde in Baden-Württemberg eine grüne Landesregierung gewählt, aber diese konnte weder die Fakten rückgängig machen noch beschlossene Entscheidungen zurücknehmen. Nicht wie die Revolution, die ihre Kinder frisst, droht die Demokratie von betrügerischen Konzernen gefressen zu werden, wenn sie, das heißt die Bürger im Rechtsstaat, sich nicht wehren.

Die Denkfehler in der etablierten Ökonomie und Geldpolitik können als solche schwer erkannt werden, von ihnen selbst jedoch gar nicht, da es sich in den Köpfen der Ökonomen und Geldscheffler um eine Grundeinstellung handelt, die wie ein Naturgesetz behandelt wird. Sie infrage zu stellen würde heißen, die Grundfesten des Wirtschaftens ganz neu zu denken und dadurch zu erschüttern, und dies will man natürlich unter allen Umständen vermeiden. Selbst wenn das Geschäft letzten Endes in naher oder ferner Zukunft aufginge – die Massen strömen zur Elbphilharmonie –, ist der verursachte Schaden an der Natur und bezüglich verbrauchter und verschwendeter Ressourcen immens hoch. Dazu kommt, dass für Bürger das Projekt, das sie durch Steuern, bleiben wir beim Beispiel der Elbphilharmonie, wesentlich mitfinanziert haben, es aber nicht nutzen, zum toten Kapital wird. Warum sollte dies nur für Unternehmer und Reiche ein Argument sein und nicht auch für andere Leute? Und über kulturelle Vorlieben lässt sich bekanntlich streiten, selbst wenn es um das Werk Richard Wagners ginge. Viele Menschen werden die Elbphilharmonie niemals betreten, weil sie sich ein Ticket gar nicht leisten können. Mit Stuttgart 21 wird es ähnlich sein. Für den einfachen Verkehr wird der neue Bahnhof ungeeigneter sein als der alte. Und vor allem wird das demokratische Gleichgewicht, auch sozialer Frieden genannt, unnötig ins Wanken gebracht. Aber die Menschen vergessen, sie werden geradezu zur Verdrängung genötigt. Im Falle Stuttgart 21 wurden Leute, die gegen das Projekt demonstriert haben, mit Wasserwerfern aus nächster Nähe regelrecht beschossen und schwer verletzt – letzten Endes aus Gründen der Gewinnmaximierung.

Die so geschaffene Realität mit allen vermeintlichen Bedingungen und Notwendigkeiten sei die eigentliche und einzige. Nicht falsch, aber undifferenziert gedacht. Würde ich sagen »falsch«, müsste ich mich in der Folge auf die Dualität zwischen »falsch« und »richtig« einlassen. Tatsächlich gibt es aber vieles mehr: vermutlich, eventuell, vorläufig, in diesem oder einem anderen Zusammenhang, bezüglich dieses oder jenes Sachverhalts, diesen eingeschlossen oder ausgesetzt, herausgenommen, an anderer Stelle wieder eingefügt, anders zusammen gedacht? Selbst etwas zu vermuten oder gar zu erraten gilt schon in der Sprache der Wissenschaft und ihrer Sponsoren aus der Geschäftswelt als unseriös, vor allem als unsachlich. Wer gar Visionen hat (oder entwickeln will), sollte nach Meinung eines verstorbenen Bundeskanzlers zum Arzt gehen. Erkläre ich jegliche Aufgabe zu einer der Mathematik, gibt es nur eine Lösung. Diese ist nicht zuerst von der Mathematik geprägt, sondern von der Aufgabenstellung, welche nur die mathematische und damit auch deren Lösung anerkennen will, (obwohl es andere gäbe). Selbst die Mathematik ist in ihrer Entstehung und Ausprägung von mythischen Vorstellungen bestimmt. Warum sollten sonst Menschen glauben, die Zahl 13 bringe Pech? Sie ist nicht teilbar, aber warum sollte sie deshalb das Schicksal beeinflussen? Hieraus ist nicht die Schlussfolgerung zu ziehen, der Aberglaube sei Unsinn oder längst überwunden, sondern es gilt, diesen auf Ursachen und Folgen hin zu ergründen. Magisches Denken gibt es überall. Auf dem Markt herrschen angeblich nur Fakten. Allein schon diese Behauptung halte ich für eine Form magischen Denkens.

Es wird immer so lange gewartet beziehungsweise die Reformen hinausgeschoben, bis die Katastrophe kurz bevorsteht. Dann verbietet es sich natürlich, sich Zeit zum Denken zu nehmen, weil ja schnellstens gehandelt werden muss. Auch bei künstlich hergestellten Katastrophen wie Bankenkrisen wurde so verfahren. Es ist anzunehmen, dass auf diese Weise das gründliche Nachdenken geradezu vermieden wird, um nur ja nicht etwas Grundsätzliches auch nur infrage zu stellen.

Wenn ich jedoch nichts infrage stelle, weil ich befürchten muss, damit gleich das Ganze zu gefährden, werde ich zum Getriebenen des Agierens und unterdrücke das Denken selbst. Lösungsorientiert versteht sich als geradlinig und effizient, aber man muss es sich als engen Kanal vorstellen, der alle Alternativen rechts und links außer Acht lässt. Letzten Endes besteht kein Unterschied mehr zwischen einem lösungsorientierten und einem ergebnisorientierten Ansatz. Die AfD kann sich auf diesem Brachland in der selben engstirnigen Weise etwas für sie Passendes heraussuchen, und dies als das Eigentliche, das Richtige oder Unverfälschte propagieren. Auf diese Weise gehen die herkömmlichen Parteien in die Falle, die sie einmal selbst in ihrer Engstirnigkeit gebaut haben. Diese betrifft natürlich auch den oben schon erwähnten, sogenannt korrekten Umgang mit Sprache, als dürfe man wie beim Hickelhäuschen nicht auf die Ritzen treten, aus der Fülle von Namen und Bezeichnungen nur einen, den vermeintlich wahren, also korrekten, herauswählen. Simsalabim, Märchenstunde im Bundestag, magisches Denken lässt grüßen! Und die AfD suhlt sich in ihrer inkorrekten Ausdrucksweise, und wenn ihre Vertreter es mal wieder maßlos übertrieben haben, siehe oben, geben sie schnell vor, nicht verstanden worden zu sein. Zumeist haben sie keine Vorstellung von der Sache und wissen nichts darüber, zum Beispiel über das Klima. Also behaupten sie einfach, es gäbe keinen menschlichen Einfluss auf dieses. Wenn es um Fakten geht, sprechen sie über Wahrheiten.

Wenn es darum geht, die Wahrheit zu sagen, lügen sie die Fakten weg.

»Der hat ja keine Ahnung.« Mit diesem Satz ist etwas anderes gemeint, als er in seiner heutigen Bedeutung aussagt, nämlich, jemand sei uninformiert oder verstünde nichts von der Sache. Ahnungen hat er womöglich auch nicht, weil er diesen nicht weiter nachgeht, ihnen nicht vertraut, sie ablehnt, seine Ratio den Gefühlen vorzieht und angeblich nur mit Fakten operiert? Ahnungen in Bezug auf mögliche Fakten sind zu unterscheiden von den Fakten selber, und sie sind selbstverständlich nicht justiziabel. Deshalb muss man sie jedoch nicht ablehnen, denn die Welt besteht aus unterschiedlichen Stoffen und das Denken auch. Es ist auf Ahnungen, Intuitionen und spontane Einfälle angewiesen, denn sie weisen den Weg zu verborgenen Fakten. Der Konjunktiv ist eine eigene Größe, er muss nicht der Diener des Indikativs oder seine Vorform sein. Das menschliche Denken ist nicht nur auf das von Kommissaren oder Detektiven reduziert, obwohl das Fernsehprogramm dies zu suggerieren scheint. Es geht nicht ausschließlich darum, Möglichkeiten durchzuspielen, um schließlich zum finalen Fakt vorzudringen (nämlich, wer den Mord begangen hat). In der Vergangenheit könnte es ganz anders gewesen sein, und in Zukunft ist es anders möglich. Im Denken des Menschen war die Erde einmal eine Scheibe, auch weil er sie sich als Kugel nicht vorstellen konnte. Es fehlte ihm nicht an Fantasie, sondern an Faktenwissen (zum Beispiel über Erdanziehung), welche diese motivieren. Der Rationalist und der Fromme leugnen die Realität so lange, bis es nicht mehr anders geht, weil sie sich verbieten, ihre Fantasie zu gebrauchen oder ihren Ahnungen keinen Raum lassen. Der mit dem Rationalisten im Bunde stehende (eitle) Patriarch denkt so lange terrazentriert, bis die Fakten als Übermacht daherkommen, weil er es gewohnt ist, sich der Macht zu ergeben, aber Fakten, die ihm nicht den Kram passen, wegzurationalisieren.

Freud setzte in seiner Theorie zwischen Bewusstsein und Unbewusstem das Vorbewusste. Man kann es auch als Gedankenspiel bezeichnen. Dieses findet manchmal in Form von Selbstgesprächen statt. Die Ahnung beschäftigt sich nicht nur mit möglichen faktischen, sondern auch aufgrund dieser mit ethisch-moralischen Ursachen und Folgen. Wenn ich dies tue, könnte das passieren. Folglich lasse ich es womöglich besser. Wenn die EU billige Produkte auf den afrikanischen Markt wirft und dabei genug Kapital im Hintergrund hat, falls die Geschäfte nicht gleich so gut laufen, wie sie dies erwarten, wird der einheimische Markt, welcher die eigenen Produkte nun teurer herstellen muss und kaum Kapital in der Hinterhand hat, um Durststrecken zu überstehen, gewaltig unter Druck gesetzt. Zuerst gehen die Kleinbauern pleite. Die Geschichte endet für diejenigen tragisch, die gar nicht als Partner in das Geschäft einbezogen sind. Die Macher bei der EU hätten sich dies vorher denken können. Möglicherweise wollten sie es genau so haben, um es später zu verleugnen, wenn die Folgen absehbar sind. Oder sie haben das weitreichendere Überlegen von vornherein verdrängt, weil es ihnen um nichts als das Geschäft ging. Aber sie sind ja nicht fantasielos. Sie denken sich eine andere Geschichte aus und erzählen sie, diejenige vom Erfolg der EU, von den zumeist wenigen, die auch in Afrika durch ihre Interventionen wohlhabend geworden sind, und von der Entwicklungshilfe, welche den auch durch die EU und ihrer Machenschaften verarmten (dies erzählen sie nicht) Kleinbauern mit finanziellen Hilfen unterstützt haben. Es gibt viele Geschichten zu erzählen. Im Mittelalter gab es eine ganze Zunft von Sängern, welche das Lied des Herrschers zu seiner Lobpreisung gesungen haben. Die Narren, und nur sie, durften den Spiegel hinhalten. Aber wenn sie manch peinlichen Fakten zu nahe kamen, wurden sie gefeuert. Der US-amerikanische Präsident Trump glaubt immer noch, er sei in seiner Erzählung Richard Löwenherz, beziehungsweise meint, wenn er alle seine Widersacher feuert, würde nicht herauskommen, dass er John ist, der missratene Bruder, der das Volk auspresst und nur in die eigene Tasche wirtschaftet. Robin Hood wird womöglich wegen Geheimnisverrats gesucht und muss sich in irgendeiner Botschaft verstecken, weil der Wald, in dem er Unterschlupf suchen wollte, längst abgeholzt wurde, weil sich darunter Braunkohle, Gas- oder Ölvorkommen befanden. Wenn es so viele Geschichten zu erzählen gibt, dann könnte doch auch diese erzählt werden: wie es gewesen sein mag, aus welchen Gründen, und wie es in Zukunft anders gedacht und dann auch anders gemacht werden könnte. Neben justiziablen Beweisen dürfen auch andere belegbare Fakten verwendet werden. Und die sprichwörtlichen Äpfel werden natürlich in Gedanken mit den Birnen und anderem Obst in einen gedanklichen Topf geworfen werden. Auch von anderen Erdachtes und Erfundenes darf verwendet werden. Im Denken können auch die wissenschaftlichen oder fachlichen Grenzen aufgehoben werden, ein Mathematiker darf aus Gedichten seine Lehre ziehen, ein Ökonom beschäftigt sich mit Mythen, eine Psychoanalytikerin mit Religionsgeschichte. Das Bild ist, um es mit Max Frisch zu sagen, noch nicht Bildnis geworden.

Es gibt viele Bilder, oder wir sehen in ein und demselben Bild manch Unterschiedliches. Menschen leihen sich im Museum keine Audio-Guides mehr, die ihnen sagen, wie sie was zu verstehen und einzuordnen haben, sondern sie lassen selber ihre Fantasie spielen. Faktische Zusammenhänge, die ihnen wichtig erscheinen, können sie später nachforschen. Sie nehmen sich Zeit und gehen ein zweites Mal in dieselbe Ausstellung und lassen sich inspirieren, was sie nun, nachdem sie so viel mehr wissen und nachgedacht haben, Neues entdecken oder ob sich das Erdachte bestätigt. Möglicherweise gibt es auch Parallelwelten zu erkennen. Für das Denken und Empfinden sind sie in keiner Weise schädlich. In diesem Zusammenhang sei erwähnt, dass im Internet und leider auch in manchen Presseorganen Information und Meinung kaum voneinander getrennt sind, sodass es immer schwerer fällt, sich einen eigenen Standpunkt zu bilden. Das Denken selber wird zunehmend träge und kommt aus der Übung, weil alles und jedes schon zumeist einseitig vorgedacht und bewertet wurde.

War van Gogh verrückt oder wurde er es, weil er die Stämme von Bäumen violett sah oder ein Haus als windschiefe Hütte malte? Selbstverständlich nicht. Mörike oder Goethe waren weit davon entfernt, an Wahrnehmungsstörungen zu leiden, indem der Frühling sein blaues Band und beispielsweise kein grünes flattern ließ. Van Gogh wurde nicht verstanden, und er fühlte dies als empfindsamer Mensch auch und litt heftig darunter. Goethe war wohl Pragmatiker genug, oder er war es nach seiner Sturm- und Drangzeit geworden, weshalb er sich leichter verständlich machen konnte. Dies hätte van Gogh vermutlich nicht gewollt, beziehungsweise er hoffte verzweifelt, Menschen würden seine Seinsweise und seine Empfindungen aus seinem Werk herauslesen und ihn damit verstehen. Er hat zu Lebzeiten nicht ein einziges Bild verkauft. Aber dem die Intuition und das poetische Denken unterdrückenden Homo sapiens muss erst erklärt werden, was wahre oder gute Kunst ist. Pech gehabt, van Gogh – kein gutes Geschäftsmodell! Goethe, der spätere Geheimrat, hatte weniger Skrupel bezüglich der Konvention. Der junge Werther hatte den Freitod gesucht, ein Großteil poetische Energie floss ins Werk und für die Libido gab es auch noch Platz und Muse. Den

Faust schrieb Goethe erst, als er populär genug war, seine Anhänger nicht mitnehmen zu müssen. Er konnte sich ganz seiner Intuition anvertrauen, denn wenn ihm die Massen nicht folgten, die Kritiker würden es schon tun, wenn sie etwas auf sich hielten. Thomas Mann tauchte einige Zeit ab, indem er sich als unpolitischen Poeten darzustellen versuchte. Dies musste schiefgehen. Zu seinem und unserem Glück hat er diese Phase überwunden. Kafka versuchte möglicherweise, ins Private zu fliehen, aber da dies nicht gelingen konnte, ist seine politisch geprägte Poesie um so schärfer und scharfsinniger (*In der Strafkolonie*). Der Fall Handke regt alle Sinne an. Er ist in seiner Ausprägung fantasievoll und aufschlussreich. Anders gesagt: Ich muss jetzt, bildlich gesprochen, dicke Bretter bohren, oder ich traue mir zu, es zu versuchen.

Handke halte ich für einen poetischen Schriftsteller, nicht nur, weil er selbst von poetischen Wahrheiten spricht. Er denkt kreuz und quer, und so argumentiert er auch. Es gibt nicht so viele, die sich das trauen. Er schreibt sehr persönlich, und er schreibt politisch. Er lässt keinen Zweifel daran, dass beides zusammen gedacht werden muss. Handke erzählt Geschichten so, dass man beim Lesen bald spürt, es ist seine Geschichte, die er erzählt (ich meine hier die Erzählung, nicht den Erzähler,) und dies macht sie spannend. Ein anderer könnte die Geschichte ganz anders erzählen, selbst in ihren sachlichen Zusammenhängen. Ob sie die Wahrheit sagen, hängt davon ab, ob es gelingt, möglichst ohne Manipulation zu überzeugen, was heißt, eigene Gedankengänge in die Erzählung mit einfließen zu lassen. Was nicht meint, dass es einen Ich-Erzähler geben muss, und wenn es einen gibt, dieser nicht der Autor sein muss. Die Geschichte könnte, durch stichhaltige Argumente unterstützt, so gelaufen sein, und so schreibt er sie auf. Die Argumente können den unterschiedlichsten Bereichen entstammen. Die Leserin oder der Leser bringen die Bereitschaft auf, den Gedanken zu folgen, auch wenn oder gerade weil sie öfter die Ebenen wechseln, von Verstandeslogik zu Philosophie, von dort zu soziologischen Zusammenhängen, persönlichen Neigungen usw. Ich habe schon Bücher nach zwei oder drei Kapiteln weggelegt, weil es mir zu diesem Zeitpunkt zu viel wurde, ich nicht alle Blickpunkte verarbeiten konnte. Was ich davon Handke – genauer, seiner Art zu erzählen, also dem Werk – und was mir zuschreibe, ist Gegenstand meiner persönlichen Reflexion. Das Werk ist nach der Veröffentlichung vollendet, und es liegt in meiner Verantwortung, wie ich damit umgehe. Handke beschimpft schon mal das Publikum, ein anderes Mal ist er freundlicher Gastgeber, ihm bei seinen Gedankengängen zu folgen, Schritt für Schritt und mit allen Seiten- und Umwegen. Damals, im Balkankrieg, ist er aus Sicht einer Mehrheit, die gegen Serbien war, in Ungnade gefallen. Ich glaubte, ihn damals verstehen zu können. Ich hielt mich bis dahin für einen überzeugten Pazifisten. Indem ich dem damaligen Außenminister Fischer ab einem bestimmten Punkt nicht mehr folgen wollte, eben deshalb ihm aber innerlich gefolgt bin, Serbien mit militärischen Mitteln zu bekämpfen, war der Same des Zweifels gelegt. Er hatte ihn nicht gelegt, denn er war schon da, in mir, nun aber aufgebrochen – und in der Folge saß die Stachelfrucht, die ihm entwachsen ist, tief. Fischer hatte beides getan: Er hatte die einseitige Argumentationsweise seiner Vorgänger – wenn du nicht Freund bist, bist du Feind – überwunden und sie in der Folge wieder eingeführt und benutzt, um seine Politik durchzusetzen. Die Moral vermied er nicht, sondern arbeitete bewusst mit ihr. Seinem »Nie wieder Auschwitz« bin ich mit innerer Zustimmung gefolgt, zugleich spürte ich: Schon der Ansatz des Vergleichs ist unseriös, zumal er vorgab, keiner zu sein, weil Fischer dies nicht als Irgendwer ins

Feld führte, sondern als deutscher Außenminister, seines enormen Einflusses bewusst und ihn nutzend. Diese einseitige Positionierung ging auf Kosten der Serben. Mehr noch, Serbien wurde zum alleinigen Schuldigen erklärt. Milosevic und seine finsteren Spießgesellen landeten zum großen Glück später vor dem Gerichtshof für Menschenrechte. Diesem Konflikt voraus ging die schnelle Anerkennung Kroatiens durch Kohl und Genscher, der sich Mitterand anschloss, um den französischen Einfluss neben Deutschland in der EU aufrechtzuerhalten. Die Anerkennung Kroatiens war ein Beitrag zur Einseitigkeit, in diesem Fall zur Kriegspolitik, Kohl und die EU kochten ihr eigenes Süppchen, wiederum auf Kosten der Serben. Die NATO sah eine Gelegenheit, ihre Macht enorm zu vergrößern, indem sie sich von einer Verteidigungsarmee zu einer Interventionsarmee zu entwickeln hoffte. Damit war faktisch und argumentativ ein gewaltiger Wackerstein in die Waagschale geworfen. Fischer hatte immer auch die verfolgten Menschen im Sinn, die er vor Kriegsgräueln retten wollte. Und auch deshalb ging ich innerlich mit ihm. Dass ich bis heute an Fischers Entscheidung und an mir zweifle, mich seit diesem Zeitpunkt nicht mehr einen Pazifisten nenne, werfe ich weder ihm, noch der EU oder Handke vor. Es konnte nur eine falsche Konsequenz bewirken, eben weil man sich diese leistete, nämlich ein Exempel zu statuieren und Belgrad zu bombardieren. Denn dieselbe NATO hütet sich, Bomben auf Ankara oder Istanbul zu werfen, weil oder obwohl die Türkei einen völkerrechtswidrigen Krieg gegen Kurden und Syrer führt, oder gegen Assad in den Krieg zu ziehen, der die Bürgerinnen und Bürger seines eigenen Landes mit Terror und unbeschreiblichem Elend überzieht. Es ist klug und kriegsvermeidend, hier ausschließlich mit Diplomatie zu operieren. Aber dies war im Falle Serbiens nicht anders. Dies sei nicht vergleichbar? Sicher, Fakten sind nicmals genau gleich, aber in Kriegen gibt es auch niemals nur einen Aggressor. Der Wackerstein lag in der Waagschale, und es wurden Luftangriffe gegen Belgrad geführt. Ein Exempel, ja, kein Vergleich mit den Gräueln serbischer Soldateska, das ebenfalls. Und Handke fühlte sich offenbar in Anbetracht dieses fatalen Ungleichgewichts geradezu verpflichtet, darauf aufmerksam zu machen, und erst, als dies nicht gehört wurde, einen Stein in die andere Waagschale zu werfen. Vorher hatte er vergeblich versucht, für die andere Seite Verständnis zu erwecken. Aber gerade dieses musste mit allen zur Verfügung stehenden Mitteln abgewehrt werden. Verständnis wurde aufgrund der eigenen Denkmuster als auf deren Seite stehen umgedeutet. Nichts durfte relativiert werden, die Schuld musste allein bei Serbien liegen. Der Versuch einer Differenzierung, und sei es auch nur des Blicks, wird in Kriegszeiten zunichtegemacht. Die sonst unter Bundesgenossen praktizierte Einhaltung argumentativer Gepflogenheiten und Grenzen wurden im Fall Handke sofort und unmittelbar überschritten. Er wurde beschimpft, diffamiert, persönlich ausgedeutet, gar für verrückt erklärt. Ohne jegliche Begründung wurde ihm gar vorgeworfen, er würde den Holocaust leugnen. Kostete doch nichts, ihm obendrein eine kindliche Trotzreaktion zu unterstellen. Je trivialer das Argument, umso deutlicher die Reaktion. Und selbst wenn dem auch und unter anderem so wäre …? In anderen Fällen, wenn es denn gerade passt, werden große Stücke auf den kindlichen Blick gehalten, wenn es nämlich der Kaiser der anderen ist, der keine Kleider anhat. Gründe, auch humane und solche echter oder vermeintlicher Gerechtigkeit, lassen sich immer finden, um auf dieser oder jener Seite zu stehen. Aber damit ist das alte Macht- und Destruktionsspiel, das es eigentlich zu überwinden gilt, neu entfacht. So in die Ecke gedrängt und gestellt, konnte Handke gar nicht anders, als, statt sich zu unter-

werfen, sich stur zur serbischen Seite zu bekennen. Mit den Folge-
aktionen wie der Rede am Milosevics Grab, hat er seiner Sache
und der der Serben natürlich keinen Gefallen getan. Aber ich bin
froh, dass er sich nicht unterworfen hat. In dem ganzen Konflikt
um Handke ist der Presse nicht vorzuwerfen, sie habe gelogen,
aber gar mancher Vertreter hat wenig Mut bewiesen und grob
polarisiert, von seriöser Berichterstattung und fairem Kommen-
tar ganz zu schweigen. Diejenigen, die sie immer wieder der Lüge
bezichtigen, provozierten damit zu dieser, nämlich zur Aufhe-
bung jeglicher Differenzierung und zum presseunfreiheitlichen
Freund-Feind-Schema, weil »wir« ja das Volk seien und bestimmten, was Lüge und was Wahrheit sei. Denn sie sprechen nicht die
Wahrheit, sondern glauben sie zu besitzen. Inzwischen kehrt das
Verdrängte wieder, und die Anteile der jeweils anderen erscheinen
in einem anderen Licht. Aber das Geschäft ist längst abgewickelt,
die Gewinne sind eingestrichen, die Affekte ausagiert und in der
Folge verblasst, das öffentliche Interesse nicht mehr vorhanden.
Hätte sich Handke damals unterworfen, hätte dies zu einem
absolutistischen Meinungsbild geführt, und er selber wäre als
kleines Licht gönnerhaft wieder in die Gemeinschaft der Reinen
aufgenommen worden. Fischer hatte immer zu verstehen gegeben, gerade diese Schwarz-Weiß-Denk- und Handlungsweise
überwinden zu wollen, und in seinem Plädoyer für ein Vereintes
Europa ist er diesem Anspruch meines Erachtens sehr nahege-
kommen. Aber im Balkankrieg hat er ihn verraten. Er hatte überzeugende, sogar, wie ich zugeben muss, die besseren Argumente,
und er konnte sie glaubhaft darlegen, nach reiflicher Überlegung
eine situative Entscheidung für einen Luftangriff gegen Serbien,
der nicht Krieg genannt werden durfte, getroffen zu haben. Trotzdem bleibt es Verrat, den Serben gegenüber und dem Ideal
geschuldet, nicht den ehemaligen Pazifisten wie mir. Die müssen

selber mit ihrer Einstellung, ihren Idealen und ihrem Gewissen zurechtkommen. Wie gesagt, der Stachel sitzt tief.

In solchen Situationen wird gern die Objektivität ins Feld geführt, nicht von Fischer, der weiß, dass sie dort nichts verloren hat. Sie soll den Blick ablenken vom primitiven Freund-Feind-Schema, das, sobald in Gang gesetzt, sich mit Hass und allen zur Verfügung stehenden Mitteln auf den Gegner stürzt, als sei er ein Säbelzahntiger, der den Jäger angreift, weil er ihm die Beute streitig oder ihn selber zur Beute machen will.

Handke ist zugute zu halten, dass er trotz Übermacht nicht klein beigegeben hat. In einem Interview vor Kurzem sagte er, früher sei er ein eifriger Zeitungsleser gewesen. Heute liest er gar keine Zeitung mehr. Rückzug ins Private oder auch die Befreiung von einer Sucht, so nennt er es selbst, ist nachvollziehbar. Trotzdem bleibt Handke ein politisch denkender und schreibender Mensch. Ich ahne mal wieder, ihn gut verstehen zu können. Es liegt nicht nur an ihm selbst, dass Fischer als großer Volkstribun sich allzeit großer Beliebtheit erfreute, und es liegt kaum an Handke, dass er verächtlich gemacht wurde, obwohl er keinem Menschen etwas zuleide tat. Das patriarchalische Dogma »Wer nicht für mich ist, der ist gegen mich« sitzt tief in uns allen. Und man kann den Teufel nicht mit dem Beelzebub austreiben. Individualpsychologisch betrachtet ist das Ich von Anfang an. Und es hat alle Zeiten überdauert. In der Kulturentwicklung, angefangen bei der gemeinschaftlichen Jagd, stand jedoch das Wir im Vordergrund. Absolutistische Herrscher meinten sich, sprachen aber von »wir« und »uns«. Dieses Wir bildet schnell eine Einheit (siehe Elias Canetti *Masse und Macht*). Wenn das Ich sich in Opposition zu diesem stellt, kann es noch so überzeugende Argumente haben, das Wir überrollt es. Argumente gehen im Geschrei unter. Manchmal muss das Ich in den Elfenbeinturm oder auf Wanderschaft gehen, sagt uns auch Handke, um die Stille zu hören, des Frühlings blaues Band zu erkennen oder sich seines Standpunktes, eben im Turm oder an den Stamm eines Baums gelehnt, klar zu werden.

Ich vermute, dies Brett, das ich da angebohrt habe, ist noch viel dicker an manchen Stellen, als ich es erfasse. In meinem Privatleben treffe ich häufig eine Entscheidung recht schnell aus dem Gefühl heraus. Ich meine nicht oberflächlich, denn ich kenne mich in meinen Gefühlen aus und habe Erfahrung mit ihnen. In den meisten Fällen muss ich meine Entscheidungen nicht bereuen. Dies habe ich zu einem großen Teil meiner Mutter zu verdanken, die, zwar etwas weltfremd, aber moralisch immer ein gutes Vorbild war. Solcherart individueller Standpunkte und deren Findung machen einsam. Der Bewohner des Elfenbeinturms (ich meine jetzt nicht Handke, denn ich habe dieses Buch gar nicht gelesen) sucht nicht nur die Einsamkeit, er erlebt sie auch unter Menschen. (Über Nietzsche und Zarathustra, obwohl ich es vor langer Zeit gelesen habe, schreibe ich jetzt nicht. Oder vorbewusst doch?) Und über den Steppenwolf auch nicht. Diese Einsamkeit ist nicht nur ein Los, sie kann auch erbaulich sein – oder aber ich leide unter ihr. Der Zweifel ist in diesen Situationen nicht mehr länger Vorbote der Erkenntnis, sondern er nagt am geistigen Grundkonsens. Und manchmal erzeugt er Angst, niemals wieder gegen ihn anzukommen. Deshalb gilt es, zu gegebener Zeit den Elfenbeinturm wieder zu verlassen, damit die folgende Entfremdung bewältigt werden kann.

Auf der Handlungsebene finden wir es erstrebenswert, uns ausgeglichen zu fühlen. Berater im Dienste des Status quo, Geschäftsleute durch und durch werden es nicht müde, immer wieder neue Namen für triviale Verhaltenskodexe zu finden, um das Ich vor dem alles verschlingenden Wir zu schützen: Work-

Life-Balance, Born-Out-Prävention, Aufmerksamkeitstraining etc. Sie funktionieren alle nach dem Prinzip wie bei der Medikamentenvergabe: Hast du zu viel in die eine Waagschale gelegt, musst du ausgleichen. Zu viele Nebenwirkungen, also eine weitere Droge gegen diese. Aber niemals sollst du die Waage in den Müll werfen, dies ist Lästerung gegen den Gott der Droge und des Konsums. Ursprünglich mal nur ein unbedeutender Dämon ist er zum Hauptgott aufgestiegen. Und niemals würde Odysseus darauf verzichten, dem Gesang der Sirenen zu lauschen, auch wenn seine ganze Mannschaft dabei draufgeht.

Zurzeit brüllen sie wieder, diesmal in Chemnitz. Sie wollen gehört und selbstverständlich auch verstanden werden. Verstehen wollen sie nicht. Sie wollen noch nicht einmal hinsehen, wenn Menschen zu Hunderten ertrinken. Die Augen der Kinder könnten einen letzten Rest von Menschlichkeit in ihnen wecken, und dies muss unter allen Umständen unterbunden werden, sagt ihr Oberguru. Sie, die ertrinken, sind wie wir, und gerade weil dies so ist, könnten sie an unsere Stelle treten, und wir würden ausgelöscht wie einst die Neandertaler, die zuerst da waren, oder später die Langschädeligen, die Kurzköpfigen, dann die vor den Kelten, diese selber, und die nach ihnen. Wir müssten mit ihnen teilen, nachdem sie die Brosamen, die von unserem Tisch gefallen waren, gönnerhaft bekommen hatten, nicht nur Tisch, sondern auch Bett. Sicher könnte es so kommen, aber warum ziehen wir die Sintflut vor, die doch bekanntlich alle, außer wenigen Rechtschaffenen vernichtet? Ach, wir bilden uns ein, zu diesen zu gehören? Diese Selbstgewissheit könnte in die Hose gehen. Und warum den Mars erforschen, dieses ausgemergelte Wüstengebilde, die Erde ist doch viel schöner und fruchtbarer? Noch ist sie das. Warum sind wir so schrecklich boshaft, obwohl wir doch immer zu den Guten gehören wollen? Die anderen haben angefangen? Aber aus deren Sicht sind wir die anderen. Also sind alle dieselben. Wie die Argumente durcheinandergemischt sind, weil alle irgendwie zusammengehören, so sind es auch die Menschen. Klar doch, alle sitzen im selben Boot, und es kann verdammt eng werden. Der Versuch, Einzelne rausschmeißen zu wollen, um zu überleben – besser ich als die – endet damit, dass das Boot zuerst wackelt und dann kentert. Da wir alle im selben sitzen, kann keiner kommen, uns zu retten. Das Meer ist für alle groß genug, um darin zu ersaufen, wie die Wüste, um darin zu verdursten. Und der Mars ist weit, selbst für Eliten.

Ein frommes Wort sagt, das Wort sei Fleisch geworden und habe unter uns gewohnt. Dieses Wort verkümmert immer mehr zu einem fleischlosen Häuflein Knochen. Dabei birgt jedes Wort eine Vielfalt von Geheimnissen, etymologische, poetische, lautmalerische, mythologische, historische. Wie viele Bezeichnungen kennt ein Inuit für die Beschaffenheit von Schnee? Wie viele Adjektive kannten die Fischer für das Blau des Meeres? Wie viele Worte haben die Berber für die Winde der Wüste? Wie viele Namen kannte der Bauer für die Konsistenz der Ackererde? In den Tagen meiner Kindheit hatte jede Gegend des Westerwaldes eine andere Dialektfärbung, jedes Dorf spezielle Aussprachen, manchmal sogar eigene Worte, denn wenn es keine zu entlehnen gab, konnten Frau oder Mann sie selber formen, lautmalerisch oder von einem vergleichbaren leicht abgewandelt oder nur anders ausgesprochen, in anderen Zusammenhang gestellt. Das Denglische finde ich gar nicht so schlimm, manchmal erzeugt es witzige oder gar originelle Schöpfungen. Das Eingehegte, Zerrissene, Festzementierte, hauptsächlich das Missbrauchte machen mich zornig. Nicht erst die Nazis haben damit angefangen, aber sie haben die Sprache in verächtlicher Weise in ihren braunen Sumpf gezogen. Als hätte man in einem Konzentrationslager gelernt, sich zu konzentrieren. In dem Wort »zentrieren« ist das Nomen »Zentrum« enthalten. Heute wird ein Abschiebegefängnis Ankerzentrum genannt. An einem Anker kannst du dich festhalten, dann wirst du ins Zentrum gezogen und sitzt in der Falle. In einer Talkshow genügt es, das verleumdende Wort zu sagen, selbst wenn es »Gutmensch« heißt. Oder eines, das mehrere Jahre alle anderen schlug ohne argumentieren zu müssen: Globalisierung. Ein Geländewagen wird nicht mehr als das benannt, was er ist, er heißt SUV, als denke dadurch kein Mensch mehr daran, wieviel Platz er auf Straßen und in Innenstädten nimmt und wieviel Sprit es frisst und wieviel Dreck und Gift er hinterlässt. Ein Rettungsschirm suggeriert schon in seinem Namen, was er angeblich Gutes bewirkt. Wer aber tatsächlich Menschen rettet, soll kein Retter sein, sondern ein NGO. Manche bezeichnen sie noch lieber als Unterstützer von Schleppern, als Kriminelle oder Verbrecher. Menschen auf einer gefährlichen Flucht werden als Asyltouristen verunglimpft, Bürger, die ihre Meinung äußern, als linksversifftes Gesocks. Es geht mir nicht zuallererst um Mäßigung, sondern um Differenzierung, um möglichst genauen Ausdruck von Gefühlen und nicht um ihre Unterdrückung, damit sie sich nicht im Untergrund zu destruktiven Affekten aufstauen. Und selbst der Affekt ließe sich differenziert bezeichnen. Es gibt Unterschiede zwischen Empörung, Wut, Zorn, Hass, Rage, Furor, der bildhaften Weißglut, Giftigkeit, Laus über der Leber … Und die Situationen, die diese ausgelöst haben, sind mannigfache, und die Begründungen sich möglicherweise sich widersprechende. Wenn der wütende Bürger als Individuum zum Wutbürger gemacht worden ist, sitzt er als Masse in der Schublade des Pauschalurteils. Eine eingeführte Frauenquote ist Bestätigung dafür, dass es weiterhin an der Einsicht mangelt, dass es Frauen genauso gut können, vor allem aber, dass sich Männer seit 5000 Jahren die nach ihrem Bild geformte Macht nicht wieder nehmen lassen wollen.

Wann beginnen Vorurteile? Wie entstehen sie? Wie werden sie erinnert?

Ich wuchs in einem damals noch überwiegend katholischen Dorf auf. Im Nachbardorf, jenseits der Kreisgrenze, wohnten fast ausschließlich evangelische Christen. »Wie der Herr, so's Gescherr«, sagte der Fürst. Die katholischen Bauern fuhren am Karfreitag, dem höchsten evangelischen Feiertag, Gülle aus. An Weihnachten bauten die Frauen im Dorf die Krippe auf. Sie gaben sich große Mühe damit. Neben dem Stall hatten sie eine Figur, ein auf einer Kiste kniendes, schwarzes Kind platziert, das eigentlich mit der Weihnachtsgeschichte nichts zu tun hatte. Warf man einen Groschen in den dafür vorgesehenen Schlitz in dem Kasten, bewirkte der Mechanismus, dass das Kind dankend mit dem Kopf nickte. Die schwarzen Leute in Afrika sind arm, deshalb muss man aus Mitleid etwas spenden, dies war die eine Botschaft, die andere, die ich mir selber zusammenreimte: Die können nicht selber für sich sorgen, wie Vater dies für unsere Familie tut. Der sagte immer, er würde jede Arbeit annehmen, wenn es sein müsste, um seine Familie zu ernähren. Diese Schwarzen waren offenbar anders, sie begriffen es nicht. Ich lernte bald, das ganze Thema etwas differenzierter zu begreifen, aber irgendwo im Halbbewussten, nicht weiter Gedachten blieb etwas hängen von diesem Vorurteil. In meinen Sturm- und Drangzeiten reiste ich mit dem Rucksack durch Afrika. An einer Grenze irgendwo in der Wildnis einer Halbwüste wurde meine Kamera konfisziert, weil ich angeblich militärisches Gelände fotografiert hätte. Natürlich waren die Grenzbeamten auf Schmiergeld aus, wie sich bald herausstellte. Ich war der einzige Weiße an dieser Grenze, umstellt von schwarzen Männern mit

Maschinenpistolen. Ich fühlte mich bedroht, glaubte, diese seien einzig auf mich gerichtet. Weil ich mich ungerecht behandelt und über den Tisch gezogen fühlte, blühten von einer auf die andere Sekunde alle möglichen rassistischen Fantasien auf. Gerade weil ich Gründe genug hatte, meine Gedanken und Affekte in dieser Szene zu rechtfertigen, brauchte ich später Jahre, um zu ergründen, was eigentlich in mir vorgegangen war. Damals war ich in meiner Wut und meinem Zorn außer mir gewesen. Um die Situation zu bereinigen, hätte ich dem Grenzposten nur eine Schachtel Zigaretten in die Tasche zu stecken brauchen, wie es ein mitreisender Afrikaner praktizierte. Es gab noch andere Gründe für meine heftige Wut und Kränkung, die ich jetzt nicht alle aufzählen will, nur so viel, dass ich damals wünschte, allein durch meine Art zu reisen, einer von ihnen zu sein und nicht einer der üblichen Weißen, gar Touristen, die man etwas ausnehmen konnte. Hätte mich jemand noch Jahre später auch nur eines rassistischen Ansinnens beschuldigt, hätte ich dies vehement abgelehnt. Solche Verfestigungen machen öffentliche Diskussionen bezüglich einer bestimmten Sachlage so schwierig: Vorwurf folgt auf Vorwurf, Anschuldigung auf Anschuldigung, Angriff auf Angriff, Selbstreflexion ist verpönt, womöglich wird man, zu dieser stehend, noch als Weichei verhöhnt. Die vermeintlich objektiven Kriterien, wer als was mit welcher Begründung zu gelten hat, werden immer komplizierter.

Es gibt keine erste Stufe der Eskalation, und wenn trotzdem so definiert, sollte der Blick auch dem Vor- und Umfeld gelten. Es gibt mehr als genug Gründe für Flüchtlinge, sich in diesem Land ungerecht und unfair behandelt zu fühlen. Es gibt auch viele Gründe für Jugendliche oder junge Erwachsene, die arbeitslos sind, sich ungerecht und unfair behandelt zu fühlen. Es herrschen verständliche Ängste von Menschen, sie würden auf der sozialen

Leiter, die eigentlich keine soziale, sondern eine materialistische mit sozialen Folgen ist, nach unten fallen. Und es gibt nachvollziehbare Ängste, Arbeitgeber würden den frei werdenden Job lieber einem Migranten geben als einem von ihnen. Ich habe Verständnis für die Gefühle, für die Reaktionsweisen zumeist nicht. Der junge Flüchtling möchte nicht bitten und betteln, um etwas Existenzielles zu bekommen, Schutz, Kleidung, Nahrung, die ihm zustehen. Er ist zum Stolz erzogen. Auch dafür habe ich Verständnis. Wann beginnt also die Eskalation? Verfolgt man manche Szene oder hört bei AfD-Politikern genau hin, scheint es schon eine Überforderung und damit eine Provokation zu sein, dass es flüchtende Menschen überhaupt gibt, und dass diese in Ihr Blickfeld gelangen. In einer solchen Situation gibt es nichts zu klären, sondern nur noch zu regeln. Das Gesetz, in diesem Fall das Grundgesetz, muss Anwendung finden. Die Unabhängigkeit der Justiz ist von allen zu respektieren.

Diskussion, Meinungsbildung, verbale Auseinandersetzung wurden über Jahrzehnte versäumt. Sie wurden in der DDR nur unter vorgehaltener Hand und in der BRD einseitig und unzureichend geführt. Nach der Wiedervereinigung schienen sie ganz überflüssig, weil alle angeblich dasselbe meinten. Die Zeit ging drauf mit Geschäftemachen. Der Bürger aus den neuen Bundesländern konnte es in einer sich nun mit Wucht in den Kapitalismus und Neoliberalismus stürzenden Politik nur als Demütigung empfinden, dermaßen von frechen Wendegewinnlern aus dem Westen über den Tisch gezogen zu werden. Die Zusammenhänge, die sich bis heute auswirken, sind natürlich nach dem üblichen, zurechtgestutzten Argumentationsmuster nicht beweisbar. Und die anders Empörten und Wütenden picken sich auch andere Beispiele heraus, um das affektive Mütchen nicht zu kühlen, sondern zu entfachen. Es wird sich schon was finden. Einer unter den vielen Flüchtlingen wird schon ein Messer haben, und es auch benutzen. Früher war es auch nur einer, der den Hitlergruß zeigte. Den konnte man leicht aus der Masse isolieren und verurteilen. Die Geister einer sich zunehmend radikalisierenden Form der Ausbeutung wurden gerufen, und sie sind auch gekommen. Aber mit ihnen kamen immer mehr Neo-Nazis und Faschisten, die sich sowohl unter Druck gesetzt als auch bestärkt fühlen, vor allem gegenüber Flüchtlingen, die keine Leistung bringen können oder dürfen, zu pöbeln oder zu körperlicher Gewalt zu greifen.

Inzwischen habe ich Leute kennengelernt, die AfD wählen, oder von denen ich es aufgrund ihrer Argumentation annehme. Nicht selten teile ich ihre Kritik bis zu einem gewissen Punkt, zum Beispiel, in welcher Weise sich das Wirtschafts- und Finanzsystem ändern, es eine gerechtere Verteilung – weltweit – geben muss, damit uns nicht eines Tages, primitiv gesagt, alles um die Ohren fliegt. Dieses alles können Naturkatastrophen, Revolutionen oder Kriege sein. Aber ab einem bestimmten Punkt ziehen sie andere Schlüsse aus ihrer Kritik oder vertauschen Ursache und Wirkung. In der konkreten Situation hat entweder der Flüchtling zuerst das Messer gezückt, oder der Nazi zuerst den Baseballschläger geschwungen, die verschiedenen, unterschiedlichen Ursachen, warum es zu dieser Szene gekommen ist, liegen viel tiefer und sind in ihren Verzweigungen und Auswirkungen weitaus komplizierter. Auch ist es nicht so, dass es um einen anderen Staat, eine andere Staatsform oder andere Gesetze ginge, im Gegenteil beuten Großkonzerne und in ihrem Gefolge eine Politik, die kaum noch grundlegenden Einfluss nehmen kann, die Demokratie aus wie einen Claim, den sie besitzen. Ich bin der Meinung, die Schwäche der Demokratie, besser gesagt, das Unvollständige und (zum Glück) nicht Absolutistische an ihr gilt es zu ertragen, auch persönlich als Mahner oder Frustrierter,

Intellektueller oder Verteidiger immer wieder durch die Mechanismen des Marktes an den Rand gestellt zu werden. Wenn es uns gelingt, uns Gehör zu verschaffen, setzt sich sofort ein Heer von angestellten Wissenschaftlern, Medienvertretern, Anwälten und sich selbst als weise bezeichnenden Ökonomen in Bewegung. Sie brauchen uns nicht zu bekämpfen, so einflussreich sind wir Redner oder Schreiber nicht, es genügt, uns mit Marktgewäsch zuzuschütten. Sollte man gar CDU wählen, die einzige, übrig gebliebene Volkspartei, damit diese die Situation ob ihres Einflusses einigermaßen befrieden kann und für ein Weiter-So steht, damit es nicht noch schlimmer kommt? Nein, dies wäre nicht nur eine narzisstische Kränkung, es käme einer Selbstverleugnung gleich. Womöglich ist dies einer von ausschlaggebenden Gründen, warum manche Leute, die eigentlich nicht zu Radikalismus neigen, AfD wählen. Der Markt wird radikaler. Änderungen können nur radikale, das heißt eine Gesellschaft umfassende Veränderungen bewirken. Wer dies nicht verstehen will, wird das eben Gesagte sofort uminterpretieren, zumindest als verfassungsfeindlich. Aber es gilt, ganz im Gegenteil, die Verfassung vor ihren Ausbeutern zu schützen. Also, eine Selbstverleugnung ist offenbar zu viel verlangt. (Ich bewundere geduldige SPD-Stammwähler, das ist nicht ironisch gemeint.) Und indem die Großkonzerne ohnehin die Richtung der Politik bestimmen, könnte man auch AfD mitregieren lassen, dann müsste sie beweisen, was sie inhaltlich draufhat? Mitnichten, dies wäre ein gefährliches Spiel mit dem Feuer, und je mehr diese Partei schon, ohne an der Regierung zu sein, an Einfluss gewinnt, umso deutlicher treten völkische und offen rassistische Argumente an die Oberfläche, getarnt, als seien es nicht Affekte oder wenigstens Meinungen, sondern eine Art Naturgesetze. Das Herbeigeschriene oder verbal auf die destruktive Spitze Getriebene soll das faktisch zu Bildende heraufbeschwören, um hinterher zu behaupten, es sei so und nicht anders schon immer gewesen. Nun könnte man mir vorwerfen, ich nehme Handke in Schutz, während ich beispielsweise Gauland mit seiner Vogelschiss-Rede anprangere. Der Unterschied, von den Inhalten abgesehen, besteht schon allein darin, dass Handke als Individuum zu Individuen spricht, während Gauland immer die zu manipulierende Masse im Sinn hat. Er formuliert dieses Ansinnen natürlich anders. Politikern geht es selbstverständlich darum, Massen zu bewegen. Das Gefährliche an der AfD ist auch, dass sie vorgibt, Partei zu sein, aber wie eine Bewegung handelt. Bewegungen sind in einer parlamentarischen Demokratie außerparlamentarisch. Die Grünen sind auch aus einer Bewegung entstanden, sind aber Partei geworden. Die AfD bleibt zweigleisig. Sie gibt vor, ein Land zurückhaben zu wollen. Was auch immer dies noch alles heißen mag, es kündigt etwas Absolutes, etwas Undemokratisches an. Dies ist nicht Beitrag zu einer Debatte oder eine radikale Meinung, es geht weit darüber hinaus. Es gibt von ihr viel Kritik an der Arbeit der Regierung, aber kaum inhaltliche Vorschläge. Diese würde nämlich ihre eigentlichen Ziele, die Abschaffung des Rechtsstaats offenlegen. Selbstverständlich würden sie es nicht Abschaffung, sondern Wiederherstellung nennen, das Recht nach ihren absolutistischen Vorstellungen zu formen.

Und eine zur Korrektheit zurechtgestutzte Sprache ist auch Ausdruck dafür, die Möglichkeiten ihres differenzierten Gebrauchs, ihren Bilderreichtum, ihre Genauigkeit, ihre Sensibilisierung, ihre Poesie nicht zu wollen. Sie könnte ein Geheimnis an die Oberfläche bringen, nämlich, dass auch Wahrheit und Lüge in den Dienst des Opportunen gestellt sind.

Den sprichwörtlichen Ast, auf dem wir alle sitzen, haben wir längst begonnen, abzusägen. Es wird Zeit, dass wir uns auf unsere

Klugheit besinnen und Weisheit anstimmen, wenn wir uns schon Homo sapiens sapiens nennen.

Diesen Text verfasste ich 2017, nicht ahnend, dass Peter Handke der Nobelpreis für Literatur zuerkannt würde. Sobald ich zum ersten Mal davon in der Zeitung erfuhr, war ich mir sofort sicher, dass nun die verbalen Graben-kämpfe aus dem Balkankrieg wieder aufflammen würden. So geschah es dann auch.

Gerechtigkeit – ein Mythos?

Es gibt mindestens zwei Bedeutungen von Gerechtigkeit, die eng miteinander verwandt sind beziehungsweise sich aneinander reiben. Die erste bezieht sich auf Rechtsprechung. Indem es in einer strukturierten Gemeinschaft eine solche gibt und diese angewendet wird, bietet sie eine Gewähr, dass Gerechtigkeit herrscht. Die zweite bezieht sich auf die Verteilung von Gütern innerhalb einer Gemeinschaft. Meine These lautet, dass es diese Form von Gerechtigkeit in einem absoluten Sinn nicht gibt, sondern, je nach Sichtweise, mehr oder weniger.

Einer der ältesten Texte, der sich mit Rechtsprechung befasst, ist der Codex Hammurabi aus den 18. Jahrhundert vor Christus. Er enthält einen theologischen Teil, einen historischen und einen ethisch-moralischen. Der Erstgenannte dient der Darlegung der göttlichen Legitimation des Königs Hammurabi in der Stadt Babylon, die als das vom Stadtgott Marduk bestimmte Zentrum der Welt angesehen wird. Offenbar verfolgt dieser Text die Absicht, eine universelle Situation herzustellen, die aufgrund der göttlichen Herkunft des Rechts keinen Zweifel an dessen absoluter Gültigkeit und Gerechtigkeit aufkommen lassen soll. Es geht um den einen Gott, die Stadt und den König. Wer sich innerhalb dieses Dreiklangs befindet, auf den findet nicht nur das Recht Anwendung, wenn die Person mit ihm in Konflikt kommt, sie soll es auch schützen. Wer außerhalb steht, ist von diesem Schutz ausgeschlossen. Auch die Rechtssituation von Sklaven wird beschrieben. Diese haben nicht die gleichen Rechte wie Bürger. Nun stellt sich die Frage, aus welcher oder in welcher Richtung gedacht wurde. Da ja alle Menschen vor dem Gesetz als gleich gelten, wurde der Sklave entweder als Sache angesehen und war deshalb nicht den Bürgern gleichgestellt, oder man wollte ihm nicht die gleichen Rechte zugestehen, und er musste deshalb als Sache definiert werden. Im Privatrecht werden unterschiedliche Rechtsauffassungen bezüglich Männern und Frauen formuliert. Dies wird damit begründet, dass sie jeweils unterschiedliche Aufgaben innerhalb der Gesellschaft erfüllen. Schon damals standen Frauen am Herd und hatten auch nur dort etwas zu sagen. Aus diesen zwei Beispielen lässt sich schließen, dass Recht oder die Auffassung desselben von Anfang an von gesellschaftlichen, politischen und kulturellen Einflüssen geprägt war. Es gab und gibt immer Ein- und Ausgeschlossene und unterschiedlich Behandelte. Dass alle Menschen vor dem Gesetz gleich seien, lässt sich zwar juristisch mehr oder weniger plausibel erklären – das Nähere regelt das Kleingedruckte –, tatsächlich handelt es sich um einen Leitsatz, dessen Umsetzung aus politischen oder auch soziologischen Erwägungen infrage gestellt werden kann.

Als Nächstes stellt sich bezüglich des Rechts das Problem der Nationalstaaten. Was für Deutsche rechtens ist, ist es nicht in allen Fällen auch für Franzosen oder Italiener. Oder ein bestimmtes Recht können deutsche Staatsbürger in Anspruch nehmen, nicht aber Migranten, die in Deutschland leben, selbst wenn sie in diesem Land geboren sind, falls sie keine deutsche Staatsbürgerschaft haben. Für EU-Bürger gelten nicht dieselben Rechte wie für Flüchtlinge. Umgekehrt müssen diese sich selbstverständlich an die jeweiligen Gesetze des Landes, in dem sie leben, halten. In einem juristischen Verständnis innerhalb einer strukturierten Gemeinschaft, zum Beispiel einer Kommune, eines Landes, eines Staates, mag dies als gerecht gelten, aber man muss es aus anderen Gründen deshalb nicht dafür halten.

Im Codex Hammurabi geht es auch bereits um Kapitaldelikte, Bestechlichkeit und eine Einteilung in soziale Klassen. Daraus lässt sich logischerweise schließen, dass es vor Einführung des Rechts bereits eine Form von Klassengesellschaft gab. Auch herrschten offenbar Zustände, die als ungerecht angesehen wurden. Ein moralisches Empfinden entwickelte sich in einer Gemeinschaft erst allmählich, bestimmte Auffassungen von Ethik setzen sich durch und danach erst das eigentliche Recht, indem diese ethisch-moralischen Grundsätze festgeschrieben und Zuwiderhandlungen unter Strafe gestellt wurden. Womöglich waren die Vorformen des Rechts von zwei unterschiedlichen Auffassungen und Haltungen geprägt: Einmal ging es darum, Situationen abzuwägen, abzumildern oder auszugleichen. Nach anderer Auffassung galt das Recht von Anfang an als göttlich und nur ein Herrscher konnte dieses nach den jeweiligen göttlichen Geboten sprechen, wie oben beschrieben. Selbstverständlich durfte bei diesem Verständnis das relative Urteil der Rechtsprechung nicht eingestanden werden. Gerade weil es sich um Recht handelt und nicht etwa um Fairness oder Ausgleich, musste in diesem Fall das Absolute hervorgehoben werden und nur ein oberster Herrscher konnte es in Berufung auf einen Gott erlassen.

Auch die im Alten Testament formulierte Rechtsforderung »Auge um Auge, Zahn um Zahn« ist von diesem Absolutheitsanspruch geprägt. Zugleich legt diese Forderung ihre Ungerechtigkeit offen. Wenn zum Beispiel jemand nur noch einen Zahn oder ein Auge hat, trifft ihn dieses Urteil härter als einen anderen. Natürlich kann der Richter, ganz dem Gesetz folgend, entscheiden, dass andere faktische, soziologische oder psychologische Kriterien gerade keine Rolle spielen. Zudem hilft diese Art der Rechtsprechung dem Geschädigten nicht. Anders wäre es, wenn der Täter dazu verurteilt würde, das Opfer darin zu unterstützen, das verbleibende Auge oder die noch vorhandenen Zähne besonders zu schützen. Bei dieser Rechtsauffassung ist wiederum zu bedenken, dass sie leicht zu einer Kapitalisierung führen kann. Wer Geld hat, zahlt Entschädigung, wer nicht, muss in Schuldhaft.

Die alttestamentarische Rechtsauffassung ist mit großer Wahrscheinlichkeit aufgrund der babylonischen Gefangenschaft vom Codex Hammurabi beeinflusst. Dieser bildet einen Kompromiss oder eine Weiterentwicklung herkömmlicher Rechtsauffassungen. Zum Beispiel dürfen nicht mehr nur Herrscher Recht sprechen, sondern auch ausgebildete und bestellte Richter. Es wird sogar festgelegt, in welcher Weise sie bestraft werden, falls sie ihr Amt missbrauchen sollten.

Das formulierte Gesetz ist also etwa ebenso alt wie Staaten selber. Historisch betrachtet war der Codex Hammurabi ein kultureller Fortschritt, wenn man bedenkt, dass Bauern im Mittelalter Eigentum ihrer Feudalherren waren und diese sie häufig wie Rechtlose behandelten, ohne dass dies in irgendeiner Weise sanktioniert wurde.

Wie oben erwähnt, gab es schon bei der Entstehung des Codex Hammurabi unterschiedliche Klassen. Diese hatten selbstverständlich unterschiedliche Rechte. Zwischen Besitzenden und Nichtbesitzenden, zwischen Unternehmern und Arbeitern stellt sich die Gerechtigkeitsfrage bezüglich des Ausgleichs, des Abwägens, des Mehr-oder-Weniger.

Die Welt wird noch immer von Gewalt und Krieg beherrscht. Der Mensch hat durch seine Erfindungen für mancherlei technischen Fortschritt gesorgt, aber ethisch weiterentwickelt hat er sich kaum. Auch in einem Rechtsstaat erleben wir permanent Situationen von Ungerechtigkeit. Diese gilt es zu erfassen, zu belegen, Kritik daran zu üben, uns an ihrer Beseitigung zu beteiligen. Als Empfindung innerhalb des Verteilungskampfes bleibt sie indifferent, ist somit als Ungerechtigkeit nicht objektivierbar. Damit ein

Ideal von Gerechtigkeit nicht zum Mythos wird, ist die Auseinandersetzung, sowohl die innere, als auch die politische, ein ständiger Prozess.

Im Alltag sprechen wir von einer ausgleichenden Gerechtigkeit, oft gerade dann, wenn es sich im eigentlichen, besser juristischen Sinn gerade nicht um eine solche handelt beziehungsweise wir diese längst aufgegeben haben. Ein Schiedsrichter pfeift zum Beispiel einen Elfmeter, der, wie Fernsehbilder zu zeigen vorgeben, keiner war. Das ist natürlich ungerecht. Später pfeift er gegen die andere Mannschaft auch einen unrechtmäßigen Elfmeter, und dies empfinden wir als ausgleichende Gerechtigkeit, obwohl er eigentlich zweimal Unrecht gesprochen hat. Also können selbst Unrechtsprechung und Gerechtigkeit bezüglich ein und desselben Sachverhalts gleich bewertet werden.

Nun fordert zum Beispiel die SPD – seit einiger Zeit wieder – in politischen und sozialen Zusammenhängen mehr Gerechtigkeit. In den Jahren davor war der Einfluss neoliberaler Arbeitgeberverbände dermaßen massiv, dass eine Umverteilung als schädlich für eine Gesellschaft abgeurteilt wurde. Gemeint war die Umverteilung von oben nach unten. Damit wurde nicht nur der Klassenkampf unterdrückt, es wurde schlicht behauptet, es gäbe keine Klassen mehr. Später hießen diese dann Schichten. Heute spricht man distanzierend vom Prekariat, als handelte es sich bei deren Vertretern um exotische Außenseiter, um damit zu verbergen, dass der Klassenkampf weiter herrscht, aber von oben nach unter geführt wird. Obwohl oder gerade weil es eine absolute Gerechtigkeit nicht gibt, muss der Ausgleich auf politischer Ebene erfolgen. Aus diesem Grund ist es für eine Partei wie der SPD von existenzieller Bedeutung, eine ihrer Kernaufgaben wieder zu besetzen. (Die FDP ist noch weit davon entfernt, wieder eine Partei zu werden, die Liberalität vertritt.) Diese klassische

Rolle der SPD ist deshalb so wichtig, weil unser Wirtschaftssystem gar nicht gerecht funktionieren kann, indem der Reichtum weniger sich mit der Armut vieler begründet. Die Forderung nach Gerechtigkeit ist also eine Forderung nach mehr Ausgleich, mehr Ausgewogenheit oder mehr Umverteilung. Sie verhindert damit Extremismus und Radikalisierungen. Es darf allerdings nicht bei Forderungen bleiben, Taten müssen folgen.

Die Dialektik scheint der Gerechtigkeit zu widersprechen. Sie wäre quasi Synthese ohne These und Antithese – Gerechtigkeit als Endzustand eines Prozesses – oder Über-Ich ohne Ich und Es. Dies bedeutet, dass die Forderung nach mehr Gerechtigkeit, den eigenen Status quo – also es gibt bereits Gerechtigkeit, aber nicht genug – zunächst infrage stellt, um einen neuen auszuhandeln. Also formuliert die SPD mit ihrer Forderung eine Antithese. Dies mag ein Grund dafür sein, warum sie sich als Regierungspartei (also auf Seiten der Synthese) so schwertut.

Das Rechte leitet sich natürlich von derselben Begrifflichkeit ab. Auch hier hat es eine linke Partei besonders schwer, weil sie quasi das rechte Linke fordert. Dann ist gar vom Linkischen die Rede, und man gibt immer das gute, das rechte Händchen, und auf den mittelalterlichen Kirchenportalen sind diejenigen Auferweckten rechts des Herrn dargestellt, die beim Jüngsten Gericht in den Himmel kommen, während diejenigen links in die Hölle fahren müssen. Recht und Unrecht sollen sein wie schwarz und weiß, wobei selbstverständlich das Rechte das Weiße sei.

Wenn dieses angeblich rechte Tun keiner Begründung mehr bedarf, also zur Selbstverständlichkeit wird oder schon geworden ist, haben wir es mit einer zunehmenden Form gesellschaftlicher und politischer Erstarrung zu tun. Die Folge ist eine Behinderung der Dialektik der Aufklärung. Diktaturen sind grundsätzlich Feinde der Aufklärung. Ein Kennzeichen von Diktaturen ist, dass

Justiz, Medien, Behörden gleichgeschaltet sind, was heißt, die Machthaber bestimmen, was rechtens ist. Im Alltag erleben wir oft, dass eine Meinung mit dem Argument begründet wird, etwas sei normal, was bedeutet, diese angebliche Mehrheit der angeblich Normalen handele rechtens, einfach, weil sie einer Mehrheit angehört, während die anderen, vermeintlich Unnormalen im Unrecht seien.

In postmodernen Zeiten geht es nicht mehr darum, das Rechte zu tun, sondern alle streben zum Mainstream, übersetzt auf parteipolitisches Handeln, nach einer imaginären Mitte. (Eine CDU / CSU bezeichnet sich nicht als eine rechte Partei, sondern als eine der Mitte.) Werte werden zwar im Munde geführt, tatsächlich geht es aber um Pfründe und Ziele, zum Beispiel größeren Wohlstand, der durch immer mehr Einfluss der jeweiligen Partei erreicht werden soll. Wenn der Einfluss geltend gemacht werden kann, braucht die Macht nicht eingesetzt zu werden. Das Argument, was als rechtens oder gerecht erachtet wird, soll durch die Meinungshoheit ersetzt werden oder noch einfacher durch den Einfluss des Faktischen. Ein öffentliches Gebäude, wie zum Beispiel Stuttgart 21, einmal angefangen, muss zu Ende gebaut werden, obwohl dies unverhältnismäßig teuer wird, damit es überhaupt einen Nutzen hat, vom Sinn wollen wir schon gar nicht mehr reden. Man könnte es auch als unrechtmäßig teuer bezeichnen, aber dieses Unrecht lässt sich schwer beweisen. Als Ausgleich versuchen Regierende angeblich, es allen recht (und nicht etwa links) zu machen.

Selbst wenn eine Ungerechtigkeit aufgedeckt ist, heißt dies noch nicht, dass es einen politischen Konsens darüber gibt, diese zu beseitigen. Die Herrschaftssprache hat für die Verweigerung aufgeblasene Phrasen wie »realitätsfern« oder »nicht konkurrenzfähig« oder »nicht bezahlbar« entwickelt. Es ist interessant zu beobachten, wie und bei welchen Gelegenheiten in der Politik ethische, juristische oder ökonomische Argumente zur Anwendung kommen.

Ungerechtigkeit wird als Zustand erlebt, Gerechtigkeit dagegen als ein Eindruck oder die situative Erkenntnis dessen. Gerechtigkeit herrscht niemals auf Dauer. Die guten alten Zeiten, an die wir uns gerne erinnern, waren womöglich Situationen, in denen wir mehr Gerechtigkeit (oder mehr Sozialstaat) erlebten. Nun gilt es, uns diese Situationen als Antriebskraft zu bewahren. Sie unterstützen und beleben das Ideal neu. Das alte Wort Quest idealisiert nicht das Ziel oder Ergebnis, sondern die Suche danach, im Mittelalter verbunden mit einer ritterlichen Haltung. Das englische Wort Question – Frage – ließe sich so interpretieren, dass es Sinn macht, die richtigen Fragen zu stellen, in diesem Fall nach der Gerechtigkeit. Die Antworten darauf erweisen sich in einem dialektischen Sinn nach einiger Zeit als unzureichend, wenn nicht gar als falsch, weshalb das Ringen um mehr Gerechtigkeit kontinuierlich weitergeführt wird.

Voraussetzung für eine gelingende Rechtsprechung und damit auch die Chance auf mehr Gerechtigkeit ist eine demokratische Verfassung. Einzelne Personen als Herrschende mögen zwar in dem einen oder anderen Fall Weisheit erlangen – meist wird sie ihnen jedoch zugeschrieben und dies fast immer im Nachhinein –, aber es bedarf immer einer Gegenkraft, eines Instanzenwegs und autorisierter Kontrollorgane. Ein oberstes Gericht oder auch ein Verfassungsgericht ist immer ein Kompromiss zwischen Rechtstaatlichkeit und demokratischen Regierungsbeschlüssen. Von daher bedarf es der unbedingten Einhaltung der Gewaltenteilung. In Ungarn oder Polen ist zu beobachten, wie Regierungen diese aushebeln und sich immer weiter von einer demokratischen Grundstruktur entfernen. Um ihre Neutralität zu wahren, sind hauptsächlich oberste Gerichte ob ihrer Sonderstellung ständig dazu aufgefordert, ihre Entscheidungsprozesse kontrovers zu diskutieren und sachlich zu reflektieren.

Es geht also immer wieder um die Suche oder Forderung nach mehr (ausgleichender) Gerechtigkeit. Natürlich kann dieser widersprochen werden, indem die Natur weder Ethik noch Moral kennt. Möglicherweise kann der Mensch nur überleben, indem sich seine Zahl in Zukunft verringert. Wir müssten womöglich fähig sein, uns gegen unseren genetisch bedingten Evolutionsauftrag zu richten, um zu überleben. Die Art und Weise, wie wir dies tun, stellt die ethische Frage wieder neu. Auch wenn wir die einzige Spezies auf dieser Erde sein sollten, die ein ethisches Bewusstsein hat, ist es darum ein evolutionär entwickeltes. Indem der Mensch selber aber nicht, im ethischen Kontext betrachtet, besser werden kann oder seine evolutionäre Entwicklung nicht so schnell vonstattengeht, hilft es nur, die Instrumentarien, demokratische, aufklärende, intellektuelle, sachliche, zu nutzen, um uns möglichst vor Ungerechtigkeiten zu schützen, also im Sinne Willi Brandts, mehr Demokratie zu wagen.

Die Tolkien-Formel
oder

Der Mythos von der Wiederkehr des guten Königs

Die Tolkien-Formel erfreut sich immer wieder großer Beliebtheit. *Der Herr der Ringe* wurde mit enormem Aufwand und sehr erfolgreich verfilmt, aber dass der wahre König eines Tages wiederkomme und seine gerechte Regentschaft antrete, wurde nicht von Tolkien erdacht oder erfunden, diese Sehnsucht wird in vielen alten Mythen und auch in der Bibel beschrieben. Im Alten Testament ist es das Warten auf den Messias, im Neuen Testament das auf den Gotteskönig, der nach dem Ende der Zeiten im himmlischen Jerusalem regiere. Auch die Märchen von Tausendundeiner Nacht enthalten Beispiele von dem weisen König Harun al Rashid, der verkleidet des Nachts Bagdad durchstreift, um sich ein Bild über die Zustände und die Taten seiner Untergebenen zu machen, der die Guten belohnt und die Bösen bestraft. Historisch betrachtet fiel dieser König weniger durch Gerechtigkeit als durch seine brutale Herrschaft auf, was sich auch von Karl dem Großen historisch nachweisen lässt, der sogar heiliggesprochen wurde. Trotz anderslautender Erkenntnisse und Erfahrungen blieb der Glaube an einen weisen und gerechten König durch alle Zeiten hindurch erhalten. Rockbands der 70er Jahre besangen den *Lord of the Ages* oder *The King will come* oder *The Messiah will come again.* Und selbstverständlich kommt er mit Feuer und Schwert, die Gerechtigkeit zu bringen. Die betonte Gewaltbereitschaft schadete diesem Bild nicht, im Gegenteil, waren von dieser in den Köpfen seiner Gefolgschaft immer dessen beziehungsweise deren Feinde betroffen. Und schließlich galt es, auch Opfer zu erbringen. Dies ist seit prähistorischen Zeiten bekannt, als nicht in Jahren, sondern in Geschlechterfolgen gezählt wurde, und auch schon lange davor, dass ohne Opfer, das ihm dargebracht wird, die ganze Sache für einen Gott keinen Wert hat. Und in den archaischen Zeiten waren Menschenopfer für große Götter und solche, die es noch werden wollten, die edelsten und diese am meisten bestätigenden.

Unterschiede gilt es wahrzunehmen und zu respektieren. In Zeiten, in welchen der Individualismus kaum ausgeprägt war, dafür aber das Wir, wurde auf Unterscheidungsmerkmale von Gruppen, Familien, Clans oder Unterstämmen großen Wert gelegt. Einzelne Stämme gingen so weit, dass nur sie sich als die eigentlichen Menschen ansahen. Clans und Untergruppen verfügten über eigene Totems, praktizierten nur für sie bestimmte Riten, erkannten sich an eigenen Kleidungsmustern oder Tätowierungen, die nur ihnen, bei Strafe der anderen, vorbestimmt waren. Es gab bestimmte Essens- oder Bestattungs-, Verhaltens- oder Musiziervorschriften. Das Fleisch des eigenen Totemtiers durfte der jeweilige Clan nicht essen, es wäre, ob der Identifikation mit diesem, einem Kannibalismus gleichgekommen. Sie beteten eigene Götter an oder favorisierten bestimmte Hausgötter zugunsten anderer, die von einem Nachbarclan besonders verehrt wurden. Solange der Konkurrenzdruck nicht zu groß war oder zu groß gemacht wurde, konnte es bei den traditionellen Unterscheidungen als besondere Erkennungsmerkmale belassen werden. In Dürrezeiten oder durch Hungersnöte ausgelöst, in besseren durch Habgier, wurde aus Unterscheidung Aufwertung des eigenen und Abwertung des anderen, diese konnte zu Feindschaft und letzten Endes zu Krieg führen. Die Gewinner nahmen sich nicht nur, was sie wollten, sie demütigten ihre Feinde, indem sie Menschen versklavten, Frauen vergewaltigten, Riten und Sprache verboten, Götter usurpierten oder entehrten.

Es heißt, der Mensch habe sich erst in der Zeit der Renaissance als Individuum begriffen. Ich vermute eher, er hat sich als solches, wie sich auch in der Namensgebung dieser Epoche ausdrückt, wiederentdeckt, wie so manches in dieser Zeit. Nun galt es, sich zwar als gleichwertig, nicht aber als gleich, als anders, nicht nur äußerlich als unterscheidbar von anderen zu begreifen und zugleich dazuzugehören. Diese Aufgabe führt, wie wir es auch heute erleben, zu ambivalenten Gefühlsregungen, besser gesagt, sie waren schon vorher da und entfesselten sich. Wenn sie nicht durch kompensierende Gegenmaßnahmen oder Rituale besänftigt werden konnten oder durch Reflexion eine innere Distanz erfolgte, bewirkten sie gar merkwürdige Haltungen oder persönliche Probleme und nicht selten war Gefahr im Verzug.

Projektion nennen wir einen psychischen Abwehrmechanismus, bei dem eigene, abgelehnte Gefühle oder Einstellungen anderen untergeschoben, also auf diese projiziert werden. Dies geschieht im Alltag recht oft. Selbst wenn man Knoblauch gerne isst, sind Knoblauchfresser immer andere.

Das Gute wie das Böse definieren sich nicht selten statt über das Ergebnis eines Denkprozesses oder einer Einsicht über eine Formel, oder ganz schlicht sei das Gute immer das eigene, das Böse das jeweils andere. Die Formelhaftigkeit wird auch deshalb bevorzugt, weil es um die Erfüllung eines Wunsches geht, der sich zu einem zwanghaften Begehren nach Eindeutigkeit, Eindimensionalität und Reinheit auswächst.

Gandalf, Galadriel, die Hobbits und Elben sind immer auf unserer Seite beziehungsweise wir per Identifikation auf ihrer, während Sauron, das Böse schlechthin, gar nicht mehr personal auftritt. Orks, Balrogs und andere Ungeheuer, schon äußerlich als das abgrundtief Böse erkennbar, werden zum Kampf ausgesandt. Es geht um nicht mehr oder weniger als die Herrschaft über die Welt, Mittelerde. Die Bösen sind auch daran zu erkennen, dass sie einen Angriffskrieg führen, die Guten infolgedessen, indem sie sich mit aller Gewalt gegen diesen wehren müssen. Wenn es nicht wie in Mittelerde um das blanke Überleben geht, so doch um die Verteidigung von Werten oder Kulturen. Nicht selten werden diese als Gründe vorgeschoben, um Kriege anzuzetteln, während es tatsächlich um nichts weiter geht als darum, Macht- und Einflusssphären zu erweitern oder schlicht Beute zu machen; den Bösen in jedem Fall, weil sie diesen Fakt nicht verbergen und somit auch daran zu erkennen sind. Um die Eindimensionalität zu beschwören, werden die eigenen Ideale besonders hochgehalten, die der Feinde verbal in den Staub getreten. Jeder Angriff lässt sich als Verteidigung deklarieren, dies ist in erster Linie keine Frage der Rhetorik, sondern der Macht, welche diese benutzt. Putschisten bemächtigen sich zuerst der Kommunikationszentren, um Nachrichten zu steuern und die Sprache und ihren Gebrauch, in ihren Dienst zu zwingen.

(Dass die EU selbstverständlich großen Wert darauf legt, zu den Guten zu gehören, ist ausgemacht. Sie haben sogar den Friedensnobelpreis für ihre Bemühungen bekommen. Aber da sie nur schlecht verbergen können, dass sie auf Geschäfte aus sind, bleiben sie unglaubwürdig, und die anderen noch radikaleren Beutegeier haben immer reichlich Gegenargumente.)

Aussehen und Ausstattung spielen eine enorme Rolle. Orks und Trolle sind natürlich abgrundtief hässlich, besitzen schlecht geschmiedete, schartige Waffen und verfügen, wenn überhaupt, nur über rudimentäre sprachliche Mittel. Elben und gute Menschen gleichen in ihrem Aussehen Figuren von Michelangelo, kleiden sich in feinste Stoffe und besitzen kostbare Waffen, die sie exzellent handhaben. Tolkien gerät geradezu ins Schwärmen über ein von Elben geschmiedetes Schwert und dessen edle Herkunft. Hobbits und Zwerge bilden, was ihr Aussehen angeht, eine Ausnahme. Die einen stehen für ein edles Gemüt und eine, heute nennen wir sie nachhaltige Lebensweise. Die anderen sind aufrechte und fleißige Schaffer im Dienste des Guten, die auch mal grob werden können, wenn es darum geht, das Böse zu bekämpfen. Tolkien hat dieses Personal geschickt ausgewählt und genau beschrieben, sodass alle Leserinnen und Leser, auch Übergewichtige oder weniger gut Aussehende, Optimisten und Pessimisten oder auch Intellektuelle Möglichkeiten der Identifikation finden.

Die Ausschmückung der Tolkien-Formel ist diffizil und variantenreich. Sie quillt über von Fantasie, aussagekräftigen Bildern und archaischen Traditionen. Im *Silmarillion*, sozusagen dem Alten Testament von Mittelerde, werden Grundlagen für Mythen, Religionen und Philosophien beschrieben. Für jede und jeden ist etwas dabei. Weisheit, Verzicht und Bescheidenheit wechseln sich ab mit brutalen Kampfhandlungen und primitivem Haudrauf. Zen-Buddhisten, Romantiker, Monarchisten, Rassisten, für alle Reinheitssehnsüchtigen und -fanatiker ist etwas dabei. Nicht immer gewinnen zum Schluss die Guten, aber die Gewinner bestimmen immer, wer die Guten, und wer die Bösen zu sein haben, sodass der Eindruck erweckt wird, dass, wenn schon nicht die Guten, dann aber die Richtigen siegen. Der Mensch ist nicht des Menschen Löwe – diesem ist die Ausnahmerolle des Königs vorbehalten – sondern dessen Wolf, das Rudeltier, das ihm am meisten ähnelt, das er am meisten fürchtet und es deshalb am meisten hasst.

Und wenn schon kein guter, gerechter König so bald kommen will, tut es auch ein Anführer, ein Boss, ein Diktator oder ein Gunslinger, zumindest für eine Übergangszeit. Hauptsache,

Freund und Feind sind geschieden, und er kommt mit Feuer und Schwert, heute mit Kanonen-U-Booten und Schnellfeuergewehren. Nach dieser Übergangszeit will er natürlich nicht gehen und hat seine Macht so weit durch Bundesgenossen, Militär und Geheimdienste gefestigt, dass man ihn nicht wieder loswird.

Tolkien wäre nicht der fantasievolle Poet, wenn er nicht auch die Ents erdacht hätte, Baumwesen vom Anbeginn der Zeiten. Nicht nur die Menschen, die Hobbits und Elben sind in Gefahr, sondern Mittelerde selbst. In weiser Voraussicht hat Tolkien schon in der ersten Hälfte des 20. Jahrhunderts die Gefahren der Umweltzerstörung erkannt. Immer wieder beweist er ein gutes Gespür für Symbole und Symbolhandlungen. Aber Menschen der westlichen Industrieländer setzen ihr Leben nicht mehr aufs Spiel, indem sie wie die Völker in Mittelerde Bodenkriege führen. (Die Kurden tun dies für die Sache der westlichen Allianz – natürlich haben sie in erster Linie Eigeninteressen – und können sich deshalb besonderer Sympathien von deren Seite sicher sein, aber nur solange sie keinen eigenen Staat fordern.) Um so faszinierter lesen wir oder schauen zu, wie mutig und kunstfertig Aragorn, Legolas oder Gimli die Feinde dutzendweise töten. Während in Afrika, Asien oder Südamerika täglich riesige Wälder abgeholzt werden, um Monokulturen anzulegen, die schnelle Gewinne auf dem Weltmarkt versprechen, ketten sich hierzulande Menschen an Bäumen in Parks an, die gefällt werden sollen.

Tolkiens Figuren sind nicht infiziert, selbst Saruman, der vom guten zum bösen Zauberer wird, ist eher ein von der (bösen) Macht Verführter und wechselt aus Überzeugung die Seiten. Häufig müssen heutzutage in Städten Bäume gefällt werden, weil sie krank sind. Manchmal werden sie auch um des wirtschaftlichen Vorteils willen aus geringem Anlass als krank erklärt. Umgekehrt werden die Schadstoffe aus dem selben Grund heruntergestuft. Selbst wenn die kranken Bäume im Stadtpark sich wie die Ents entwurzeln könnten, sie hätten keine Chance, auch weil ihre Krankheit sie daran hindern würde. Aber in der Hauptsache wäre es die Übermacht, welche zudem das Recht auf ihrer Seite hätte, das ihnen keine Chance ließe. Sie wären aus Sicht der Macht sozusagen mit dem Bösen infiziert und müssten scheitern. Kranke oder ambivalente Helden – von Boromir wird noch die Rede sein – müssen sterben oder zumindest verschwinden, weil sonst die Unterscheidung zwischen Gut und Böse, Rein und Unrein nicht mehr möglich ist. Da die Ents noch nicht krank, also umweltvergiftet sind oder der von Grima Schlangenzunge verhexte Theoden von Rohan von Gandalf gerettet wird, entledigt sich Tolkien des sozialdarwinistischen und faschistischen Themas. Böswillig ausgedrückt sind die Rassen noch getrennt, und es gibt weder Psychosen, noch Degenerationen. Dies mag mit ein entscheidender Grund dafür sein, warum sich Tolkien und sein Werk so großer Beliebtheit erfreuen. Er nutzt die ausschweifenden, mehrdimensionalen Möglichkeiten des Romans auf der Grundlage von eindimensionalen Märchen und Mythen. Die ideologisch kritischen Zonen werden geschickt vermieden, beziehungsweise sie gehören in eine andere Zeit (die noch nicht angebrochen ist). In *Der kleine Hobbit* wird der Zwergenkönig Thorin Eichenschild von Macht und Habsucht verführt, aber zum Schluss, beim entscheidenden Kampf, steht er wieder wie in einem klassischen Hollywoodfilm auf der richtigen Seite. Aber weil er unrein geworden ist an seiner Gier nach Besitz, muss er sterben. Das abgrundtief-hässliche Antlitz, das von Grund auf Böse, zeigt sich immer nur auf der Gegenseite, als sei es angeboren oder naturbedingt. Die Nazis sprachen von Arisierung und von Untermenschen, um die Menschen zu scheiden in reinblütige und gesunde, und nur die Starken wurden auf die Seite des Guten gestellt. Orks oder andere Unholde sind ja gar keine Menschen, im Zweifelsfalle treten irgendwelche mit dem Bösen verbündete Südländer auf, die aber als Individuen nicht in Erscheinung treten.

Bevor er zum weisen und gerechten König Elessar gekrönt wird, muss Aragorn zuerst als Streicher die Wälder durchwandern, Kraft und Erfahrung sammeln, um dann sämtliche Prüfungen als Kämpfer zu bestehen und die durch seine Vorfahren missbrauchte Königswürde zu erneuern. Und er ist nicht irgendein Emporkömmling, sondern stammt aus einem uralten Königsgeschlecht. Jeder wahre König muss zuerst das Opfer bringen, je nach Vorgabe oder Erwartung durch Kämpfen, Fasten, Predigen oder Abenteuer bestehen. Das Märchen endet an der Stelle, an der er die Königswürde erlangt und er seine Königin geehelicht hat. Und wenn sie nicht gestorben sind … Von seinen Nachfahren erfahren wir nichts. Möglicherweise wurden die Kinder oder Kindeskinder von Aragorn und Arwen Undómiel, der Elbenfrau, zu Faulenzern oder Despoten, verdummten oder verrohten. Oder sie wurden verrückt. Tolkien demonstriert dies an anderer Stelle am Schicksal des Truchsess Denethor, der seinen Sohn opfern will und sich letzten Endes selber umbringt. Regieren alte Despoten weiter oder treten neue auf, beginnt das Spiel von vorne, das erneute Warten auf den guten König, der eines Tages wiederkehre, die Welt in Gerechtigkeit zu regieren. Um dies zu vermeiden, kreierten Religionen die Ewigkeit, das heißt, eines Tages wird der göttliche König zurückkommen und für alle Zeiten regieren. Aber selbst der Glaube an eine Ewigkeit muss heutzutage bröckeln in Anbetracht der Tatsache, wie vergleichsweise schnell es uns Menschen gelungen ist, uns diese Erde untertan zu machen, sodass wir uns bereits vorstellen können, dass sie in wenigen Menschengenerationen zu einem unwirtlichen Planeten werden kann. Die Vorstellung von einer Ewigkeit, bezogen auf den Menschen, wird immer unrealistischer.

Das Bild, das wir uns von Elben als diesen hochgeistigen, kultivierten, musischen und feingliedrigen Wesen machen, die bei Bedarf auch mal zum Schwert oder Langbogen greifen, um die Welt vor bösen Unholden zu retten, ist ein völlig falsches. Tatsächlich waren sie urwüchsige, grobgliedrige Neandertaler, denen es aber immerhin gelang, auf dieser Erde in einem Zeitraum von mehreren 100000 Jahren unter schwierigsten Bedingungen wie Eiszeiten zu überleben. Wie die fantasierten Elben sind sie von der Erde verschwunden. Und ihre Gene sind bis heute ein Teil von uns. Homo sapiens sapiens, der doppelt Weise – welch arrogante und perfide Namensgebung!

So könnte man die Erschaffung solch edler Wesen wie Elben auch als einen unbewussten Versuch begreifen, zu verleugnen, dass wir von affenähnlichen Wesen, von Homo erectus und/oder Homo habilis abstammen.

Unsere Fantasie erschafft Orks und Monster, Zwerge, Hobbits und Elfen oder Elben, die aber offenbar alle ein Teil von uns selbst sind. Tolkien spaltet seine Welt nicht nur eindimensional in gut und böse auf, er präsentiert uns in diesem Kontext auch abgefallene Engel (im Silmarillion) und andere widersprüchliche Charaktere. Saruman, der Kollege Gandalfs, hat sich vom Bösen verführen lassen. Aber als tragischste Figur empfinde ich Boromir, der Mensch, der das Gute will, aber zu illegitimen Mitteln greift. Der Ring kann sie alle knechten, wenn er in falsche Hände gerät.

Diesen Boromir halte ich für eine Schlüsselfigur, weil er im Gegensatz zu den anderen, mehr idealisierten oder verteufelten Figuren den menschlichen Charakter verkörpert, keine Züge einer Kunstfigur an sich hat. Zutiefst von ambivalenten Gefühlen geleitet, ist er mutig und zweifelnd, habgierig und treu, zum Guten wie zum Bösen fähig. Deshalb muss er scheitern, weil nur die Reinen und diejenigen überleben, die, wie der Ringträger Frodo, ihre Zweifel besiegen. Die anderen Helden haben kleine Fehler, die sie aber überwinden, was sie erst zu Helden macht.

Auch die griechischen Heroen, allen voran Odysseus, haben nicht nur ihre Eigenarten und Schrullen, sondern auch egomanische Charakterzüge. Sie überleben, nicht nur trotz dieser Eigenschaften, sondern wegen ihnen (und indem ihre Gefolgsleute massenweise draufgehen, nur weil ihr Chef unbedingt den Sirenengesang hören will). Geschichte wird von denen geschrieben, welche von der Position der Macht aus zurückblicken (lassen). Heldenfiguren werden nicht selten als solche erst nach ihrem Tod geboren, indem die Nachwelt ihnen Taten zuschreibt, die sie niemals begangen haben, sie umdeutet, überhöht, verfälscht. Nicht der Weg ist das Ziel, sondern das erreichte Ziel gibt den Weg, der zu ihm führt, vor, in diesem Fall zeichnet er ihn nach.

Wir alle sind Kain, indem wir von ihm abstammen und tragen das Kainszeichen des Mörders auf der Stirn. Dies bedeutet nicht nur die Einsicht in das Böse in uns oder die Anerkennung des freien Willens, es lässt sich auch schnell als Mittel zum Zweck umdeuten. Das legitimierte Morden dient angeblich immer dem Überleben. Heutzutage werden im Zweifel darüber die anderen einfach zu Terroristen erklärt. Im Fall von Kain nahm Gott sich das Recht, ihn vor der Rache der Menschen zu schützen. Da er über sie herrschte, hat er sich auch die Rechtsprechung vorbehalten. Da das Recht auf Mittelerde durch den Ringkrieg außer Kraft gesetzt ist, üben Gandalf, Aragorn und Verbündete eigentlich eine Art legitimierter Selbstjustiz aus. Bilbo Beutlin in *Der kleine Hobbit*, der von Gollum den Ring gestohlen hat, ist sich noch im Klaren darüber, dass er ein Dieb ist.

Die Anfänge der meisten Religionen entfalten sich in einer eremitischen Variante und begreifen sich pazifistisch. Sobald die religiöse Gemeinschaft zur Kirche, der Stamm zum Staat, also zur Institution geworden ist, ändert sich diese Haltung radikal. Das Streben nach Gerechtigkeit verwandelt sich zum Dogma, und Machtfülle wird nicht reflektiert, was unweigerlich früher oder später zu deren Missbrauch führt. Mit der Inthronisierung endet die Geschichte Aragorns, des ehemaligen Streichers. Wir erfahren nichts darüber, wie er als König Elessar regiert. Er trägt jetzt wieder einen anderen, einen Königsnamen. Das Ich ist immer ein anderer. Wie wird er entscheiden, wenn sich nicht mehr Gut und Böse gegenüberstehen, sondern Bürger und Bürger – mit unterschiedlichen Anliegen, womöglich noch in einer indifferenten Rechtssituation? Wird die in ihn projizierte Weisheit ihm helfen, glaubwürdige Entscheidungen zu treffen? Leider ist es so, dass, vor allem in Monarchien, die Glaubwürdigkeit eines Urteils oder die des Richters selbst, oft mehr zählt als dessen Abgewogenheit. Der Wortsinn von »Abgewogenheit« wird gar selbst in Zweifel gezogen, war doch ursprünglich damit gemeint, dass Justitia möglichst genau abwiegt, während heute zunehmend verstanden wird, dass ein Urteil einen Kompromiss bezüglich Interessen darstellt oder von der breiten Masse angenommen wird. Die Rechtsprechung, ursprünglich mehr Interessenausgleich als Ausdruck einer in Recht gegossenen ethischen Haltung – selbst Götter hatten Eigeninteressen – regrediert also.

Faschisten waren ursprünglich Idealisten, zumeist einfachen Gemütes. Sie bilden Strategien, womöglich analysieren sie auch, zumindest tun dies ihre Strategen in Einzelfällen, aber sie reflektieren nicht. Selbst wenn sie sachlich, statt affektiv argumentieren, greifen sie einzelne aus dem Affekt heraus gespeiste Sachverhalte aus dem Zusammenhang, um ihr Ergebnis, das sie längst vorher zu wissen glauben, zu bestätigen oder ihr eigentliches Ziel zu erreichen. Sie benutzen das Recht nur als Einfluss- und Machtinstrument für die eigene Sache. (Die Kapitalisten versuchen, es auf ähnliche Weise zu nutzen mit dem Ziel, sich zu bereichern.) Sie nehmen die Tolkien-Formel nicht als Symbol, sondern als Fakt. Und natürlich gehen sie selbstverständlich davon aus, auf der richtigen Seite zu stehen. Sie halten das Gute nicht für erstrebenswert, weil sie sich sonst mit dem sogenannten Bösen in sich auseinandersetzen müssten. Dies ahnen sie. Deshalb operieren sie gleich mit dem Begriff des Richtigen und bekennen sich zu einem eindimensionalen Weltbild. Moral ist in ihren Augen nicht Wert, sondern Besitz.

Bis zu diesem Punkt gehen Faschisten und Rassisten mit Neoliberalisten und Kapitalisten konform. Schwierig wird es erst im Zusammenspiel, wenn die Faschisten sich ihren Fanatismus etwas kosten lassen. Wenn ein Innenminister Asylbewerber kurz vor Beendigung ihrer Ausbildung abschieben lässt, fordern spätestens an dieser Stelle die Gewinnmaximierer einen Spurwechsel. Dabei kommen diejenigen Asylbewerber, die keine Ausbildung haben, gar aufgrund einer Traumatisierung durch Krieg oder Verfolgung gar nicht arbeitsfähig sind, in jedem Fall unter die Räder. Diesen sozialdarwinistischen Aspekt verleugnen die Marktliberalen natürlich, ihnen geht es nur um die Gewinnmaximierung.

Die Engel mögen die Menschen nicht, meinte Thomas Mann, weil Gott ihnen diese vorgezogen hat. Möglicherweise haben sie recht, wenn sie finden, der Mensch sei seines freien Willens nicht würdig, eher noch, nicht fähig. Aber genau deshalb, wegen dieses freien Willens, sei er die Krone der Schöpfung. Da haben wir sie wieder, die Krone, das königliche Attribut, die Tolkien-Formel. Das, was zutiefst sein eigentliches Menschsein erst ausmacht, wird ihm womöglich als Art zu seinem Verhängnis, indem er, seinem königlichen Gebot folgend, sich die Erde zum Untertan macht beziehungsweise nicht bereit ist, zu zweifeln und aus dem Zweifel heraus neu abzuwägen. Jedenfalls versucht er es weiter nach königlicher Manier, die Erde im Kampf zu besiegen und sie zu unterjochen. Aber diesen Kampf wird er verlieren, es sei denn, er lernt es, ihn aufzugeben, indem er dieses Gebot aufgibt, sich neu erkennt, vom Monarchen und Monarchisten zum Demokraten entwickelt.

Ein erster Schritt könnte es sein, dass in den entscheidenden Thinktanks nicht nur neoliberale Schwätzer sitzen, die das freie Denken unterdrücken, indem sie das Mantra vom Wirtschaftswachstum herunterbeten, sondern auch Zweifler und Querdenker unterschiedlicher Geschlechter und Fachrichtungen. Und besser, sie begeben sich aus der Enge des Tanks hinaus an die frische Luft, so sie denn nicht verseucht ist.

Die Geschichte ist leider voll von Gegenbeispielen, indem der Affekt, nicht die Reflexion zu einer Entscheidung geführt haben. Dies hat die Diktatoren und ihre Anhänger und die Faschisten immer wieder stark gemacht. Aus der Geschichte kann man leider nichts lernen, außer dass sie sich in anderer Form wiederholt.

Die Formel geht eben nur dann angeblich auf, wenn es nicht irgendein König ist, der zurückkommt, sondern ein guter und weiser. Damit werden Denkblockaden errichtet und der Reflexion Grenzen gesetzt. Das Streben nach Erkenntnis und Weisheit ist eben nicht nur Königen vorbehalten, sondern betrifft alle Menschen. Aber die meisten von ihnen erreichen nicht den Ausgangspunkt, das Streben danach oder die Erkenntnis der Notwendigkeit, indem sie in einem echten, vermeintlichen oder künstlich erzeugten Existenzkampf gebunden und zu Konsumenten umdefiniert sind. Hauptsache, ich habe Spaß und kann ihn mir leisten. Sie werden zu Sklaven, Besitzlosen, Arbeitern,

Kriegern, Angestellten oder Unternehmern usw. (gemacht), in den Dienst einer Monarchie, Oligarchie oder Diktatur gestellt oder zumindest einer Institution, welche zu erreichende Mehrwertziele, sprich Bereicherung, vorgibt. In *Der Herr der Ringe* ist es Faramir, der als Sohn des Truchsess dieses Schicksal des in Dienst Stehenden erleidet. Immerhin ist er ein Adeliger, weshalb man auf sein Schicksal aufmerksam und er im letzten Moment gerettet wird. Faramir ist Issac, der geopfert werden soll. Bob Dylan sagt diesen Vätern, die sich hinter dem Befehl eines Gottes verbergen, um selbst ihre Söhne zu opfern, in *Masters of War* den Kampf an und reißt ihnen ihre Maske der Frömmigkeit und Selbstgerechtigkeit vom Gesicht. Faramir ist brav, sowohl in der deutschen, als auch in der englischen Bedeutung (tapfer) des Wortes, die, wie dieses Beispiel erklärt, den selben Ursprung haben. Im Gegensatz zu seinem Bruder Boromir strebt er nicht selbst nach Macht und unterwirft sich dem Gebot der Väter – und überlebt. All die Namenlosen, die im Kampf um Mittelerde ihr Leben ließen, bedürfen im Moment des Sieges allenfalls einer Erwähnung, oder man errichtet ihnen das übliche Kriegerdenkmal. Tolkien lässt die reine Monarchie ohne kapitalistischen Beigeschmack erblühen, weshalb er ohne die Erwähnung von Kollateralschäden als solche auskommt.

Um den König vorzubereiten und ihn später vor dem Machtmissbrauch zu schützen, ist ihm ein Weiser oder Magier an die Seite gestellt. Gleich zu Anfang gibt Gandalf ein wegweisendes Beispiel seiner Weisheit: Gerade weil er die Macht des Ringes einzuschätzen weiß und über Zauberkräfte verfügt, will er niemals zum Ringträger werden. Der Ring würde ihn zum Bösen, sprich zum Machtmissbrauch, verführen. Gandalf ist ein großer Zauberer, der, wie sich herausstellt, sogar nach dem Kampf mit dem Balrog von den Toten zurückkehren kann, aber dies verleitet ihn nicht dazu, sich selbst zu überschätzen. Der brave und unschuldige Frodo, das Naturkind, wird zum Ringträger beziehungsweise bleibt es.

Im Gegensatz zum *Herr der Ringe* verrät uns die Artussage den Schluss. Es endet finster. Selbst wenn der König gut bleibt, sehen wir von einigen charakterlichen Eigentümlichkeiten ab, vermasseln es seine gierigen und machtgeilen Nachkommen. Aber seine Anhänger glauben natürlich, dass er eines Tages zurückkommen wird. Dass es schiefgeht, ist nicht die Ausnahme, sondern die Regel. Assad oder Kim Jong-un sind keine Könige, aber sie herrschen nach dem selben Prinzip, womit ich nicht sagen will, dass es ihre Väter besser gemacht haben. Auch Merlin verhindert den Lauf der Geschichte nicht. Wie Adam wird er durch das Weib verführt (natürlich eine Verfälschung des Ursprungsmythos durch männliche Geschichtsschreiber) und gebunden.

Im Patriarchat bleiben den Frauen zumeist Nebenrollen (in Männerkleidern oder gar Rüstungen), als Verführerinnen, Dulderinnen, Intrigantinnen oder Mütter. Hin und wieder haben sie ihren großen Auftritt wie Arwen Umdómiel, die dem Ringträger Frodo das Leben rettet, indem sie es mit den Ringgeistern aufnimmt. Aber sie treten wie seiner Zeit die Trümmerfrauen schnell wieder zurück, lassen die Männer machen und werden unscheinbar. Galadriel verkörpert dieses Schemenhafte geradezu, das sich auch als unwesentlich im ursprünglichen Sinn des Wortes benennen ließe. Ihr Wesen ist bereits im Verschwinden begriffen, weil sie einer anderen, längst vergangenen Zeit angehört. Tolkien hat im Rahmen seiner Forschungen sicher die Spuren des Matriarchats verfolgt, die sich in den Tiefen eines dunklen, geheimnisvollen Waldes verloren haben mögen. (In diesem Zusammenhang beschäftigt mich die Frage, ob Tolkien Robert Graves, Schriftsteller, Mythenforscher und englischer Staatsbürger wie er oder dessen Werke, allen voran *Die weiße Göttin*, gekannt hat.) Elbinnen und Elben machen einen gleichberechtigten Eindruck. Einen tieferen Einblick in das Geschlechterzusammenleben gewährt uns Tolkien nicht, womöglich aus Scham oder Diskretion.

Arwen Umdómiel, die Elbin, liebt Aragorn und er sie auch. Um eine (eheliche) Verbindung mit ihm einzugehen, ist sie bereit, für ihn ihre Unsterblichkeit zu opfern, um an seiner Seite zu regieren. Das patriarchalische Prinzip und die Rolle der Frau darin gehen in diesem Fall mal wieder auf. Die anderen Elben begeben sich später zu den grauen Anfurten und verlassen Mittelerde. Auch bei Tolkien gibt es etwas dem Himmel Vergleichbares. Was dort geschieht – etwa auf einer Wolke sitzen und Harfe spielen – verrät er uns nicht, wohl ahnend, wir könnten es nicht so erstrebenswert finden, ewig zu leben. Die Ewigkeit als Mythos ist dem Wissen um den Tod entgegengestellt. Aber er geht nicht auf, weil dieser Schock zu tief sitzt. Der Tod beziehungsweise das Wissen um ihn, lässt sich weder verleugnen noch sublimieren. Womöglich ist die permanente Ausbeutung der Erde und Zerstörung der Umwelt aus diesem Grund auch ein Racheakt. Arwen Umdómiel tauscht möglicherweise – das Wort Weisheit steckt in diesem »Möglicherweise« – eine ewige Fadenscheinigkeit gegen ein endliches Leben, das zumindest glücklich zu werden verspricht.

Die als Mann verkleidete Kriegerin Éowyn vermählt sich mit dem Krieger Faramir. Im Mittelalter hätten sie ein bedeutendes Lehen erhalten. Diese standesgemäße Heirat käme einer sogenannten Win-win-Situation gleich.

Der Mythos von der Wiederkehr des guten Königs ist ein uralter, so alt wie das Patriarchat selbst. Aber es gibt noch einen anderen, der sogar älter ist als die Gegenüberstellung von Gut und

Böse. Es ist die von Fruchtbarkeit und Unfruchtbarkeit, sich ergebend aus dem Zyklus vom Wechsel der Jahreszeiten. Fruchtbarkeit ist weiblich, Zeugung, in den Anfängen der Menschheit nicht als solche erkannt, männlich. Das Wissen um sie, verbunden mit den technischen Errungenschaften im Neolithikum, also etwa 3000 v. Chr., ist Macht, legte den Grundstein zu Sesshaftigkeit, Städtebau und dauerhafter, männlicher Herrschaft. Davor regierten Jahreszeitenkönige, in der fruchtbaren Jahreshälfte der eine, in der unfruchtbaren der andere. Sie hießen Kain und Abel, Osiris und Seth, Jakob und Esau, Romulus und Remus usw. Der archaische, im beginnenden Patriarchat umgeformte Mythos erzählt, dass Seth, der ursprüngliche Winterkönig, seinem Bruder Osiris, dem vorherigen Frühlingskönig, der inzwischen zum Alleinherrscher aufgestiegen war, die Regentschaft streitig machte. Dies steht wohl in historischem Zusammenhang damit, dass man gelernt hatte, das fruchtbare Wasser des Nil zu stauen und so mehrmals im Jahr reiche Ernten einfahren konnte, sodass man wohl annahm, von den Göttern gesegnet zu sein und keinen Winterkönig oder Dürreverwalter mehr zu brauchen. (Heute wird zu diesem Zwecke mengenweise Glyphosat ausgebracht.) Osiris galt als weiser König, denn das Land war fruchtbar, seine Bewohner wohlhabend. Seth brachte seinen Bruder Osiris um und zerstückelte dessen Leichnam. Nach den Glaubensvorstellungen der alten Ägypter konnten nur Menschen oder auch Götter mit einem vollständigen Körper in die Ewigkeit eingehen, weshalb Pharaonen in aufwendigen Verfahren einbalsamiert wurden. Aus dem selben Grund wurden Feinden Gliedmaßen abgeschnitten. Die Regentschaft des Winterkönigs hatte logischerweise Dürren und Hungersnöte zur Folge. Osiris verzweifelte Schwester und Gattin Isis sammelte nun alle über ganz Ägypten verstreuten Leichenteile wieder ein, selbst für eine Göttin ein schwieriges Unterfangen, fügte sie zusammen und erweckte den neuen Gatten wieder zum Leben. Mit dem Untoten, der später Herrscher der Unterwelt wurde, zeugte sie Horus. Diesen musste sie zuerst vor Seth, der Rache und noch mehr den Verlust der Herrschaft fürchtete, im Schilf verstecken. Wie Aragorn war Horus als der Once and Future King ausersehen.

Der zweitgeborene Jakob trickst mithilfe seiner Mutter den Zwillingsbruder Esau aus, wird vom blinden Vater gesegnet und erschleicht sich so das Erstgeburtsrecht. Das Fruchtbare, auch wenn es sich selbst ins Unrecht setzt oder zumindest unfaire Tricks anwendet, wird zum Guten, das Unfruchtbare zum Bösen, weshalb es im Auenland wächst und gedeiht und in Mordor Unfruchtbarkeit und Tod regieren. Die Hobbits stehen noch eindeutiger als die (widersprüchlichen) Menschen auf der guten Seite, auch weil sie im Einklang mit der Natur leben. Arme Menschen, denen nur das unfruchtbare Land geblieben ist, das sie oft noch nicht einmal besitzen, werden schnell ob ihres Schicksals willen verurteilt, Reiche um ihres Reichtums willen geachtet. Im *Herr der Ringe* finden sich einige rudimentäre Beispiele der alten Brüderdualität: Ursprünglich fand Déagol den Ring, aber Smeagol, der spätere Gollum, ermordete ihn, um den Ring, der ihn ernährte, zu rauben. Boromir, der Erstgeborene, muss wie Esau, aber auf andere Weise am Erstgeburtsrecht scheitern, während Faramir, der Gutartige allen Schicksalsschlägen zum Trotz überlebt.

Dürren oder reiche Ernten, dies sind natürlich Fakten mit unmittelbaren Folgen, während es sich bei Gut und Böse um abstrahierte Begriffe handelt. Einerseits bedeutet die Fähigkeit, abstrahieren oder eine Ethik entwickeln zu können, einen enormen Fortschritt in der menschlichen Entwicklung. Zum anderen ergibt sich daraus die Möglichkeit zu manipulieren und individuelle psychische Abwehr als Massenphänomen zu nutzen, zum Beispiel, um Dämonen oder Götter milde zu stimmen oder andere zu bekämpfen, zu vertreiben oder zu versklaven.

Nicht zufällig ist die älteste gefundene Statuette, die Venus von Willendorf, eine weibliche Figur mit überbetonten Geschlechtsmerkmalen. Es gebührte ursprünglich der Frau, Repräsentantin des Fruchtbaren, das Gute zu verkörpern. Im Patriarchat musste der Mythos umformuliert werden, das Weibliche als Üppig-Verführerisches der rationalistischen Kontrolle des Männlichen untertan gemacht werden. Frauen sollen, wenn sie schon als Unterlegene Einfluss nehmen wollen, moralisch eindeutig agieren, während Männern Zweideutigkeit oder das Zwielichtige zugestanden wird, vor allem aber die Definition des Ethischen und die Bildung des Rechts. Sie dürfen wie Odysseus nicht nur listig sein. Bei ihm handelt es sich geradezu um eine Grundeigenschaft, die Listigkeit. Das Alte Testament ist voll von eindeutig braven und guten, hin und wieder auch tapferen oder aber verführerisch-bösen Frauen, während auch den guten Männern gestattet ist, Listen, Tricks, kleine und große Betrügereien zu begehen. Daran hat sich bis heute nichts geändert. Der Status quo lässt dies allemal zu. Ein Steuerbetrüger von der FDP löst allenfalls müdes Schulterzucken aus, gehört dies doch quasi zu dessen Geschäftsmodell, während ein Grüner oder gar eine Grüne, die dies tut, für helle Empörung sorgen würde.

Heutzutage spielt die Landwirtschaft in den Industrieländern, die mittlerweile treffender Konzernländer heißen sollten, eine weniger große Rolle als in den alten Zeiten. Fruchtbarkeit wurde längst ersetzt durch Wirtschaftswachstum, letzten Endes geht es um Vermehrung von Geld. Die Reichen gebärden sich als die Vernünftigen, in einem ethischen Sinn gut zu sein haben sie nicht mehr nötig, im Gegenteil, das Gutmenschentum wird als naiv und weltfremd diffamiert. Ihre Vernunft ist eine selbstgebastelte, sich durch Einfluss, Manipulation, Korruption und Besitzstände immer wieder reproduzierende, die in eindimensionalen Formeln, deren Namen häufiger wechseln, damit sie modern und erkenntnisreich erscheinen sollen, sich mantraartig wiederholen.

Die Ereignisse in Mittelerde spielen, mythologisch betrachtet, lange vor dieser Zeit. Hier sind noch Reste eines Matriarchats zu erkennen, das sich aber an die Ränder oder Tiefen der Wälder zurückgezogen hat. In der Elbenkönigin Galadriel lassen sich Attribute der großen Mutter, der Erd- und Fruchtbarkeitsgöttin Gaia entdecken. Aber ihre Herrschaft, wie oben erwähnt, wird schemenhaft in Zeiten kriegerischer, männlicher Herrschaft. Vor der ungeheuren Macht des Ringes kann auch sie Frodo nicht retten, und Galadriel spürt, dass ihre Macht sie mehr und mehr verlässt und sie Mittelerde in nicht allzu ferner Zukunft verlassen muss.

Worin besteht die Macht des Ringes, sie alle zu unterwerfen und zu knechten? Ist es der Tod selber? Alle großen Religionen verleugnen nicht, dass wir zu Staub werden, aber dem Tod werde der Stachel genommen, weil wir am jüngsten Tage auferstehen – die Guten jedenfalls – und ewig leben werden. Würde Mordor regieren – sowohl lautmalerisch als auch von seiner Bedeutung her, denn das Wort Mord steckt darin, wissen wir, wo wir uns befinden oder was uns (nicht) blüht –, wären alle dem Tod, besser gesagt, wären wir einem leidvollen elenden Leben auf den Tod hin ausgeliefert. Wie dieser mitten im Leben herbeigeführt wird, ist hinreichend bekannt. Wir brauchen nur den Fernseher anzustellen oder die Zeitung aufzuschlagen, um übersichtlich darüber informiert zu werden.

Der Krieg um Mittelerde ist zu Ende gegangen. The Once and Future King (Vergangenheit und Zukunft in der Gegenwart vermählt) regiert. Was geschieht eigentlich mit den Orks, die den schrecklichen Ringkrieg überlebt haben und es nicht bis Mordor geschafft haben, bevor sich die Tore schlossen? Werden sie dorthin zurückgeschickt? Kommen sie in Kriegsgefangenschaft, in ein Lager, werden sie getötet? Orks wurden nicht gezeugt, sondern geklont. Wäre es möglich, sie umzupolen und in einem späteren Krieg, womöglich gegen die wieder erstarkten Südländer, einzusetzen? Jedenfalls hat sich das Tor von Mordor wieder geschlossen, das Böse ist ausgesperrt oder hat sich vor dem Guten eingesperrt. Durch die Rückführung des Rings und den beschwerlichen Weg von Frodo und Sam wissen wir, wie es dort aussieht. Es gibt keinen Boden, der bestellt, keine Früchte, die geerntet, nicht einmal Wurzeln, die ausgegraben werden könnten, es gibt, wenn überhaupt, nur Geröll, Steine, Sand und spärlichen Pflanzenwuchs. Das Land ist öd und leer. Es kann nicht anders sein, als dass all die Orks und sonstigen Ungeheuer verhungert sind, nachdem womöglich die Starken die weniger Starken aufgefressen haben. Geschieht ihnen dies recht? Gelten auch in Mittelerde Darwins Gesetze der Evolution?

Der christliche Mythos will es, dass es sich bei Teufeln jeglicher Art um abgefallene Engel handelt. Sie waren großmütig geworden, wollten wie Gott sein und haben gegen ihn aufbegehrt. In Tolkiens Mittelerdenuniversum verhielt es sich bis auf Nuancen nicht anders, im Silmarillion nachzulesen. In der Ewigkeit wird jedoch der Gegenpol zum Guten gar nicht gebraucht. Von daher nährt sich die Vermutung, weiter oben bereits erwähnt, der Teufel oder das Böse traten erst auf den (himmlischen) Plan beziehungsweise widersetzten sich diesem, nachdem die Erde und der Mensch, der das Böse in sich trägt oder sich verinnerlichte, nachdem er vom Baum der Erkenntnis gegessen hatte, erschaffen waren. Einige besonders freche Engel haben gegen die Erschaffung des Menschen, vor allem seinen freien Willen, aufgemuckt. Dafür spricht auch, dass Engel weiterhin nur im Auftrag Gottes handeln, somit ausschließlich Gutes tun können. Der Teufel hingegen hat, trotz seiner Zwanghaftigkeit, einen freien Willen, zumindest kann er das Böse (notgedrungen oder für eine Weile) unterlassen. Gott hat hier etwas getrickst, indem er die Engel nicht den Baum der Erkenntnis bewachen ließ, später jedoch, quasi als Ausgleich sollten sie das geschlossene Tor des Paradieses bewachen.

In David Mitchells *Der Wolkenatlas* gibt es eine Szene, in der gezeigt wird, wie in einem auf eine brutale Spitze getriebenen neoliberalen System Klone, wenn sie nicht mehr als Arbeitskräfte gebraucht, umgebracht und recycelt werden. Im Unterschied zu Tolkiens' Orks sind diese schön anzusehen, gutartig und stehen im Dienst der Elite. Als eine von ihnen jedoch ihre Fähigkeit zum freien Willen und zur Liebe entdeckt, ist der Spaß zu weit gegangen und sie wird verfolgt und hingerichtet.

Es ist völlig legitim, wenn beispielsweise Gimli, der Zwerg, mit seiner Streitaxt so viele Orkköpfe wie nur möglich scheren will. Tolkien hat das Böse total ausgelagert. Aber logischerweise kehrt dies externalisierte Böse irgendwann (nach dem Krieg) wieder zurück zum Ausgangspunkt. Es wird kein Resozialisierungsprogramm für Orks geben, da sie ja nie sozialisiert waren. Eigentlich sind sie noch nicht einmal Lebewesen, sondern Boten des Toten, Bewohner des Totenreichs.

Der oben erwähnte Osiris, zuerst Mensch und König, wurde später zum Gott und Herrscher der Unterwelt, des Totenreichs. Man könnte auch sagen, so widersprüchlich es auch klingen mag, dass dort die Toten lebten. Leben und Tod gehörten noch zusammen. Nach dem Winter kam wieder ein Frühling, der neues Leben gebar. Mordor hingegen ist ein abgetrenntes Reich des

Todes, dessen Tore nach dem Ringkrieg wieder geschlossen werden. Frodo und Sam, die Ringträger, waren die letzten Vertreter mythischer Zeiten, die wie Herakles aus dem Hades, aus dem Reich der Toten zurückkehren konnten. Das Ende von *Der Herr der Ringe* suggeriert, nun herrsche ewiges Leben, vergleichbar mit dem Hier und Jetzt, wo ewiger Konsum herrsche.

Vor einigen Jahren wurde im Fernsehen eines dieser trivialen Rankings veranstaltet: Welches ist das liebste Buch der Deutschen? Auf Platz 1 landete, wie könnte es anders sein, *Der Herr der Ringe*. Wahrscheinlich haben viele TV-Zuschauer, die es gewählt haben, von dem preisgekrönten Film auf das Buch zurück geschlossen. Neben allen Vorzügen, die Tolkiens Hauptwerk wohl hat und die ich hier nicht aufzählen will, sticht wohl besonders heraus, dass der Inhalt sich bestens zu einer super Affektabfuhr eignet, zumal in Zeiten, in denen jede Menge Druck, Frust und Zorn im Alltag aufgestaut werden. Es herrschen Ungerechtigkeit, Neid, Missgunst und Gier. Wer möchte da nicht mal gerne in Gedanken Orkköpfe scheren, übermächtige Ungeheuer besiegen, ein scharfes Schwert mit leichter Hand führen, ohne hinterher die blutigen Spuren der eigenen Tat beseitigen oder sich mit Schuldvorwürfen herumplagen zu müssen? Und wenn der Krieg zu Ende ist, leben alle in Wohlstand und Frieden, und das Tor schließt sich hinter dem Bösen.

So ist Mittelerde. Diese Erde ist ganz anders. Nein, nicht so ganz anders, denn es gibt einige Gemeinsamkeiten, die dazu verführen könnten, hier ein Mittelerde anzustreben beziehungsweise die Unterschiede nicht dort, sondern hier zu verleugnen. Hitler, Idi Amin oder Pol Pot waren eben keine Ungeheuer, sondern Menschen, wenn auch von extremer Bösartigkeit und deshalb nicht wie du und ich. Allein sie als solche, nämlich Ungeheuer, zu bezeichnen, halte ich schon für einen Schritt zu weit. Auf dieser

Erde gibt es Wüsten, durch Atomkatastrophen vergiftetes Land, riesige Monokulturen, ausgebeutete Gegenden, aber es gibt kein Mordor, dessen Tore sich einfach schließen ließen. Es gibt zwar Südländer, je nachdem von wo man blickt, aber diese unterscheiden sich nicht von Nord-, West- oder Ostländern. In dieser Gesellschaft wird jedes und alles bewertet, oft bevor es in seinem Wesen erfasst wurde.

Unsere Welt ist voll von Diversitäten und Heterogenität, und dies halten wir offenbar nicht aus. Durch den Bewertungswahn schaffen wir kontinuierlich die Gleichwertigkeit von Dingen und vor allem von Menschen ab. Einwanderung soll zum Beispiel nach einem Punktesystem bewertet werden. Womöglich gut gemeint. Das heißt, die gut Ausgebildeten werden in ihren Herkunftsländern abgeworben und fehlen dort, die Ärmsten der Armen hingegen müssen dort bleiben, weil sie niemals die entsprechenden Punkte erlangen. So definiert sich Leistungsgesellschaft, so definiert sich Sozialdarwinismus. Dieser ist einerseits Bestätigung für die Neo-Nazis in ihrer sozialdarwinistischen Einstellung, zum anderen fühlen sie sich als Kleinbürger bedroht, die Fremden könnten ihnen den Arbeitsplatz wegnehmen, sie am sozialen Aufstieg hindern oder den Abstieg beschleunigen. Getreten wird natürlich nach unten, das ist der leichteste Weg, gegen Asylsuchende oder Wohnsitzlose, gestärkt durch die Legitimität und Selbstverständlichkeit des Werte-Rankings. Die Neo-Nazis versuchen diesem Werte-Ranking zu entgehen beziehungsweise einen guten Platz zu ergattern, indem sie Deutsch-Sein als wichtigstes oder einziges Kriterium auf die Liste setzen. In einer solchen Leistungs- und Bewertungsgesellschaft werden alle Gruppen, die wenig oder keine Leistung erbringen (können), schlecht bis unmenschlich behandelt, von Krippenkindern bis zu Pflegebedürftigen. Die unbewusste Rache einer Überforderungs-

und Stressgesellschaft! Dies passt den Nazis ins Weltbild. Zwar gibt es keine bösen Südländer wie in Mittelerde, aber »nutzlose Penner und Alte«, »Sozialschmarotzer« und »illegitime Migranten«.

Ein Christentum wird heraufbeschworen, das es so niemals gegeben hat beziehungsweise das so nie praktiziert wurde, es sei denn, man hält die Plünderung orientalischer Städte im Mittelalter, als Kreuzzug getarnt, für das wahre Christentum. Muslime werden pauschal, wenn nicht abgewertet, so doch benutzt. »Der Islam gehört zu …« oder »Der Islam gehört nicht zu …« Was ist von solchen Statements zu halten? Der Islam ist eine Religion. Er gehört nicht irgendwohin wie Aragorn auf den Thron von Gondor oder die Orks hinter die Tore von Mordor. National argumentiert: Wer eine bestimmte Anzahl von Jahren hier lebt, kann die deutsche Staatsbürgerschaft beantragen. Wenn es keine Gründe gibt, diese zu verwehren, ist sie oder er Deutscher. Basta! Über die Wurzeln, die, wenn schon, jeder Mensch hat, kann ein reger Austausch stattfinden, ein Vergleich ohne Bewertung, aber nicht in diesem Kontext.

Menschen lernen nicht aus der Geschichte, die erzählt oder aufgeschriebenen wurde (ich meine nicht technische Entwicklungen), denn, wie oben gesagt, aus der Geschichte selbst sich nichts lernen lässt. Weniger als um Fakten geht es zumeist um die Bestätigung gegenwärtiger Zustände. Aber die Geschichte geht immer weiter, Schichtung folgt auf Schichtung, weshalb nichts Bestand hat. Bezogen auf die Tolkien-Formel erneuert sich der Glaube immer wieder, der gute König möge (zurück)kommen. Er muss nicht König heißen, er kann viele Namen tragen.

Wir sind, was wir (geworden) sind. Um uns als Menschen mit unserer Geschichte zu verstehen, können wir alle Quellen nutzen. Wenn wir uns ethnisch erforschen, ist es nicht anders. Der

Homo sapiens sapiens ist mit großer Wahrscheinlichkeit aus Afrika gekommen. Alle Menschen waren einmal Jäger und Sammler, bevor sie sesshaft wurden, also Nomaden. Alle und alles waren ständig in Bewegung. Globalisierung gibt es nicht erst, seit sie entdeckt wurde. Sie ist viel älter. Seit dem Altertum gibt es streng genommen keine Völker mehr. In den Geschichten des Alten Testaments lässt sich gut verfolgen, wie durch Heirat Clans und Stämme ineinander aufgingen. Überall auf der Welt gab es Ab- und Einwanderungen. Zu Beginn des Neolithikums entstanden die ersten (größeren) Staatengebilde. Volk, also Ethnie und Staat waren schon damals nicht identisch. Und wenn: Volk bildete nicht Staat, sondern umgekehrt. Wer über einen längeren Zeitraum innerhalb der Grenzen eines Staates lebte, war Bürger desselben, es sei denn, Eliten spalteten eine Gesellschaft in Freie und Unfreie oder etablierten ein Kasten- oder Klassensystem. Ob sich nun Religionsvertreter mit Herrschenden zusammentaten oder herrschende Ausbeuter die Religion zu ihrem Zwecke nutzten, sei dahingestellt. Wahrscheinlich war der Einfluss wechselseitig.

Nationalstaaten sind mehr oder weniger künstliche Gebilde. Als die britischen Kolonialisten aus Indien abzogen, zeichnete ein von der Regierung beauftragter Herr Montgomery die Grenzen mit dem Lineal auf der Landkarte ein. Herr Jinnah hatte unbedingt einen Muslimstaat haben wollen. Die Folgen sind hinreichend bekannt. Auch Nationalstaaten sind in ihrer Entwicklung, auch in ihrer demokratischen oder gerade in dieser, immer in Bewegung. Welchen Staat, welches Deutschland wollen also die Nationalisten (zurück)haben? Die Antwort kann nur geschichts- und realitätsverleugnend ausfallen. Es gibt nicht etwas zurück, das vergangen ist. Keine Epoche kehrt wie Gandalf von den Toten zurück. Hier der neueste Bericht aus Mittelerde:

Inzwischen haben sich Hobbits, Zwerge und Menschen, Rohan- und Gondor-Leute miteinander vermischt. Die Elben sind aus Mittelerde abgezogen, aber ihre Gene sind zu einigen Prozent in den heutigen Wesen nachgewiesen. Orks als Klone waren nicht zeugungsfähig und galten lange als ausgestorben. Vor einigen Jahren sollen in Randgebieten von Mittelerde kleine Gruppen von ihnen gesichtet worden sein, die einen ausgehungerten Eindruck machten. Wissenschaftler wollen sie ausfindig machen, um zu erforschen, wie sie so lange überleben konnten. Die Rohan-Leute haben ihre Pferde abgeschafft und pflügen unter Zuhilfenahme riesiger Traktoren die Steppe um. Ihr Herrschaftsbereich ist zum Getreideland von Mittelerde geworden. Um des Unkrauts Herr zu werden, das sich immer mehr breitmachte, wurde ein von einem Zauberer, einem Nachfahren von Gandalf, ein Mittel erfunden, dessen Substanzen aus einer giftigen Pflanze aus Mordor stammen. Mordor selbst wurde aufgrund seiner extremen (Nicht-)Vegetation – es gab hier nichts zu holen – in einen Nationalpark mit anschließendem Freizeitpark, in dem die Ereignisse aus dem *Herr der Ringe* realitätsgetreu nachgespielt werden, umgewandelt. Einige Szenen wurden zugunsten eines besseren Geschichtsverständnisses geändert. Die Nachfahren von Aragorn und Arwen haben ihre Regentschaft an einen Energiekonzern verliehen. Mit der jährlichen Pachtgebühr könnte man angeblich sämtliche Südländer, die vor dem Bankrott stehen, mit Nahrungsmitteln versorgen. Die von den Zwergen aufgegebenen Bergwerke wurden wieder in Betrieb genommen, um nach seltenen Metallen und Erden zu suchen, die speziell für ein Raumfahrtprogramm gebraucht werden, um irgendwann in naher oder ferner Zukunft auf den vor einigen Jahrzehnten entdeckten Planeten Erde zu fliegen. Das ewige Feuer von Mordor wurde in eine Recyclinganlage für Altmetall umgewandelt, die inzwischen hohe Gewinne abwirft. Die Riesenadler sind schon vor so langer Zeit ausgestorben, dass man ihre Existenz nach neuester Forschung für einen Mythos hält. Das Auenland hat sich als zu klein und zu hügelig für die konventionelle Landwirtschaft erwiesen. Hier werden hauptsächlich Bioprodukte und Wein nach herkömmlichen Verfahren angebaut. Der Tabakanbau wurde schon verboten, als dort noch reinblütige Hobbits lebten. Einige der Nachfahren von Peregrin Tuck taten es trotzdem und wanderten dafür ins Gefängnis. Die Produkte aus dem Auenland werden über Autobahnen, die an Stelle der alten Straße nach Bree gebaut wurden, zum größten Teil nach Minas Tirith exportiert. Die Auenländer kaufen lieber wesentlich billigere Produkte im nahen Supermarkt ein. Weil die Hobbits große, breite und behaarte Füße hatten, die nun auch auf den Menschen gekommen sind, gibt es Gruppen, welche ursprüngliche Menschen ohne Hobbitgene rückzüchten möchten. Deshalb lehnen sie auch deren ursprünglich nachhaltige und soziale Lebensweise ab.

Auf dieser Erde treten immer wieder neue Könige auf. Elvis wurde *The King* genannt, Rio Reiser der König von Deutschland. Heute lese ich in der Zeitung die Schlagzeile: »Die Könige kehren zurück.« Gemeint sie die *Gypsy Kings*. Der Künstler Jean-Michel Basquiat setzte sich auf seinen Bildern selbst die Königskrone auf. Wahrscheinlich hätte er durch seine Studien seine königliche Herkunft mythologisch belegen können. Jeder könnte dies. In gewisser Weise handelt es sich bei diesen Königen um Reinkarnation, denn sie berufen sich auf das Schaffen von Künstlern, die vor ihnen waren, auf Stile, Epochen usw., nicht um diese zu wiederholen, sondern im Gegenteil, sich davon zu befreien und avantgardistisch etwas Neues zu kreieren. In gewisser Weise ähneln sie den Fruchtbarkeits- und Jahreszeitenkönigen, treten bald wieder ab, wenn ihre Zeit vorbei ist. Die Rolling Stones sind alt geworden, ihre Auftritte, besonders der von Mick Jagger, sind durch Fitness und ewige Jugendlichkeit gekennzeichnet. Sie sind sich selbst treu geblieben, indem sie sich häufig verändert haben. (Sport war in den wilden 60ern etwas für Bürgerlinge.) Den Auftritt eines 70-jährigen Elvis stelle ich mir eher peinlich vor. But he died, before he got old. Vielleicht fehlt es mir an Fantasie oder ich hänge zu sehr an dem Mythos, dass die wahren Königinnen und Könige wie Jesus jung sterben: Janis Joplin, Jimmy Hendrix, Brian Jones, Alan Wilson, Jim Morrison. In unserer Erinnerung werden sie so unsterblich.

Jesus fährt in den Himmel auf und sitzet zur Rechten des Vaters.

Unerwähnt lassen will ich nicht die Könige, die uns Shakespeare in all ihrer Tragik auf die Bühne gebracht hat, die Gesprenkelten, Verrohten, Versündigten, Gutbösen: Lear, Othello, Richard 2 und 3, Heinrich 4, 5 und 8, und Johann, ein tölpelhafter, wiedergekehrter Seth, der den Osiris-Löwenherz-Bruder nicht zu meucheln imstande ist.

Wenn wir es mythologisch-naturalistisch betrachten, ist es nicht ein König, der zurückkommt, sondern die Erde selbst wehrt sich gegen menschlichen Frevel. Menschen würden es, ihr eigenes Ansinnen betreffend, Rache nennen. Alttestamentarisch gesprochen schickt der Herr nicht nur Sintfluten, sondern auch Dürren, Erdbeben, Vulkanausbrüche, verheerende Orkane und Hurrikans. In solchen Zeiten haben Zeugen Jehovas Zulauf. Sie brauchen keine Propheten, die Katastrophen vorhersagen, denn diese sind schon da. Wir warten weiterhin auf den wahren König, während uns Winterkönige regieren, aber er wird nicht kommen, allenfalls die Verkleidungen werden wechseln. Das wissen wir doch alles längst?

120

Nun, womöglich gelingt es uns dann, neue Ideale für Demokraten zu entwickeln und Ideen, die Demokratie zu bewahren und zu schützen, um unsere Freiheit nicht zu verlieren und nicht weiter gegen die Erde, auf der wir leben, zu kämpfen.

Hunde, Wölfe und Menschen

Als der Mensch vor circa 25000 Jahren als Jäger und Sammler durch weite Savannen zog, hat ihn der Hund, ein gezähmter Wolf, begleitet und ihm bei der Jagd überlebenswichtige Hilfe geleistet. Heutzutage haben Hunde keinen wirtschaftlichen Nutzen. Sie tragen weder zur Außenhandelsbilanz noch zum Wirtschaftswachstum bei. Trotzdem versorgen ihre Besitzer/innen sie, in der Regel reichlich, und die Hunde danken es ihnen durch ihre Treue und Anhänglichkeit. Wölfe leben in Rudeln in einer strengen Rangordnung, im Gegensatz zu Hunden ungezähmt und frei. Menschen leben auch frei. Um ihre Freiheit zu gewährleisten, sollen sie arbeiten. Ihnen dafür einen Mindestlohn zuzugestehen, darum musste lange und zäh gerungen werden. Wenn sie über längere Zeit keine Arbeit haben, fallen sie in der Rangordnung und müssen sich mit einer Versorgung am Rande des Existenzminimums zufriedengeben. Sind sie Flüchtlinge, geht es ihnen noch schlechter.

Womöglich mögen viele Menschen Hunde deshalb, weil diese von ihnen abhängig sind, und dies ihr Leben lang so bleibt, und sie sich dressieren lassen müssen. Oft kann ich beobachten, wie Menschen mit Wollust ihren Hunden Befehle geben und von diesen eine Art Kadavergehorsam erwarten. Der Ausdruck hündisch wird nicht umsonst synonym für bedingungslose Unterwerfung gebraucht. Natürlich gibt es auch Menschen, die ihre Hunde als ihre Freunde ansehen. Manche behandeln sie sogar wie ihresgleichen und reden auch so mit ihnen. Meist sind sie erzürnt, wenn Hunde sich ihrem Naturell entsprechend wölfisch verhalten und zum Beispiel Kaninchen jagen oder an Kot schnuppern.

Wölfe dagegen werden von Menschen oft gehasst, womöglich gerade deshalb, weil sie frei sind und man ihnen diese Freiheit missgönnt. Ein Biologe würde möglicherweise als Grund angeben, dass der Mensch genetisch betrachtet noch immer ein Jäger und Sammler ist und den Wolf als Konkurrenten um die Jagdbeute ansieht. Die Haltung mancher Jäger scheint ihnen recht zu geben. In mancherlei Weise verhalten sich Wölfe und Menschen ähnlich, indem sie rangniedere Tiere unterdrücken und sich ranghöheren gegenüber unterwerfen. Aber Menschen mögen nicht wahrhaben, dass sie so wölfisch handeln beziehungsweise Wölfen so ähnlich sind. Normalerweise meiden Wölfe Menschen, zeigen sich ihnen gegenüber sogar ängstlich, aber wenn man sie in die Enge treibt, beißen sie zu. Auch diese vermeintliche Feigheit trägt zu ihrem schlechten Ruf bei, gilt gar als heimtückisch. Dabei geht es eigentlich um etwas, das Wölfe mit Menschen teilen, denn auch diese haben oft Angst, ohne dass ihnen die Ursachen dieser immer bewusst sind. Diese Angst kann Scham auslösen. Die Scham vor der Scham löst einen Teufelskreis an psychischer Abwehr aus. In Massenveranstaltungen gestatten sich Menschen, diese Angst, auch Unsicherheit, über Wut und Zorn auszuagieren (siehe auch: Elias Canetti *Masse und Macht*). Anschließend fühlen sie sich befreit und wieder zur richtigen Seite gehörig. Wölfe besitzen noch instinktives, soziales Verhalten innerhalb des Rudels, was sie Menschen wiederum ähnlich macht, freilich mit dem Unterschied, dass deren Instinkte verkümmert sind und sie sich ihre soziale Haltung erarbeiten müssen. Dies erzeugt wiederum Ambivalenzen, die Menschen an sich nicht leiden können und deshalb abwehren müssen, weshalb sie dem Wolf neiden, dass er sich auf seine Instinkte verlassen kann. Menschen haben ein ganzes Wissenschaftsgebäude, den Behaviorismus, aufgebaut, um dem Wolf wieder ähnlicher zu werden, indem sie sich, wenn schon nicht instinktiv, so doch normativ korrekt verhalten. Dies kann natürlich nicht gelingen, weil der Mensch seine affektiven Impulse auf Dauer nicht verleugnen, gar verlernen kann. Im schlimmsten Fall wird der freie Wille unterdrückt und an dessen Stelle treten Anpassung und Gehorsam (siehe auch: Klaus Theweleit *Männerphantasien*). Deshalb kommt er lieber auf den Hund, der zumindest den Anschein erweckt, als sei er mit dem Leben eines Sklaven – der Mensch ist ja sein Besitzer – einverstanden. Auch kann der Mensch den Hund leicht überleben. Sieben Hundejahre zählen wie ein Menschenjahr. Und sollte ihn der Hund trotzdem überleben, nährt er die romantische Fantasie, das Tier hält ihm auch über den Tod hinaus die Treue und findet den Weg zu seinem Grab.

In den Romanen von Jack London spielen oft Mischlinge aus Hund und Wolf eine Rolle, oder die Tiere leben nacheinander in beiden Welten. London hatte sozialistische Überzeugungen, aber er mied Massenveranstaltungen und bevorzugte ein individuelles Leben. Die Hunde in seinen Romanen und Erzählungen, häufig auch die Menschen, ziehen ein Leben in der Wildnis vor. Rassisten verabscheuen Vermischungen wie sie ambivalente Gefühle verleugnen, die sie als unehrlich, wenn nicht gar schwach ansehen. Sie wollen immer zu den Guten, den Reinen und den Gewinnern gehören, und wenn sie es über Diffamierung der anderen erreichen. Weil sie dadurch sich selbst nicht verstehen, können sie sich auch in andere Menschen kaum einfühlen. Eigentlich wären sie gerne wölfisch, trauen sich aber nicht.

Wir Menschen sind frei. Unsere Freiheit wird uns garantiert, indem wir Rechte für uns in Anspruch nehmen können, zum Beispiel das Recht auf Arbeit. Leider kann es umgedeutet werden in die Pflicht zur Arbeit. Wer keine Arbeit hat, kann auf diverse Art bestraft werden, wenngleich dies nicht so genannt wird.

Dafür werden positive, beschönigende Benennungen gefunden. Da die Grundrechte allgemein formuliert sind, wird ihnen dies zum Verhängnis, indem weitere Rechte und Verwaltungsvorschriften sie wieder einengen und aushöhlen. Menschen können auch zu Abgaben oder einem Kriegsdienst verpflichtet werden. Auch bedrohen und bekämpfen sie sich gegenseitig und müssen sich deshalb voreinander schützen. So werden aus freien allmählich unfreie Menschen. Als Ersatz bleibt ihnen die Freiheit des Konsumierens. Offenbar ist also der Mensch dem Menschen nicht wie der Wolf dem Wolf, er ist durch seine Unfreiheit wesentlich verschlagener und gefährlicher. Außerdem: Der Mensch hat den gesamtem Planeten besiedelt und beutet dessen Ressourcen bis zum fernsten Winkel aus. Der Lebensraum des Wolfs wird dagegen immer kleiner, auch wenn dies für den östlichen Teil Europas zurzeit nicht zutrifft. Der Mensch tut sich schwer damit, sich einzugestehen, weshalb er den Wolf so sehr beneidet oder ihn immer noch als Nahrungskonkurrenten ansieht, als sei er immer noch ein Steinzeitjäger. Aus Neid wird schnell Hass. Hass motiviert zu Verfolgung. Den Hund dagegen liebt er um so mehr, weil dieser noch unfreier ist oder gehalten wird als er selber.

Wenn er sich da nur mal nicht täuscht. Der Hund legt die Schnauze auf die Pfoten und döst vor sich hin. Wenn er könnte, würde er sich sein Teil denken, was er aber gar nicht braucht. Es geht auch so.

(2017)

Die Identitätspyramide

Das Individuum ist von Anfang an. Es ist Ausgangspunkt und es wird bis zum Ende unseres Lebens sein. Natürlich kann dies vom wissenschaftlichen Standpunkt aus bezweifelt werden, aber damit der Mensch sich entwickeln kann, wird er von Geburt an als individuelles Wesen versorgt und geliebt. Das Individuum ist die Spitze einer Entwicklung, aber da es auch deren Basis ist, steht die bildlich gedachte Pyramide auf dem Kopf. Obwohl uns später nicht mehr bewusst, erfahren wir in den ersten Monaten unseres Lebens durch Wärme, körperliche und seelische, Geborgenheit, Aufmerksamkeit, Liebe, was wir zum weiteren Leben brauchen, nicht nur bezogen auf andere, sondern zuerst auf uns selbst. Wer sich grundsätzlich geliebt und angenommen fühlt, kann dies auch weitergeben und mit Selbstbewusstsein durchs Leben gehen. Dies soll nicht heißen, dass dieses nicht auch erschüttert werden kann oder selbstbewusste Menschen nicht auch Krisen erleben müssen. (Vergleiche: Erik H. Erikson *Identität und Lebenszyklus*)

Dies mag einerseits selbstverständlich klingen, andererseits entsteht in einer Leistungsgesellschaft immer wieder der Eindruck, Menschen würden erst die Wertschätzung ihrer Mitmenschen erfahren, indem sie sich in bestimmter Weise verhalten und dadurch Leistung erbringen. Wenn sie noch so klein sind und selbst noch keine Leistung erbringen können, wird in sie investiert, damit sie dies später nachholen oder zurückzahlen, beziehungsweise besteht die Leistung der ganz Kleinen darin, ihre Eltern möglichst früh zu entbehren, damit diese ihren Beitrag zum Mehrwert erbringen können. Klassenunterschiede sind von Anfang an da, indem frühkindliche Betreuung großzügig oder knapp bemessen wird. Ein Flüchtlingskind erfährt diese grundsätzliche Wertschätzung vonseiten der Gesellschaft, wenn überhaupt, dann nur pro forma. Seine Chancen sind von Geburt an begrenzt. In einer typischen Wettbewerbsgesellschaft werden deren Bedingungen von Anfang an ungleich bemessen. Die häufig im Munde geführte Wertschätzung wirkt als Bezeichnung trügerisch, indem grundsätzlich etwas für Wert befunden, abgeschätzt wird; eine Art Ranking als Grundformel menschlichen Daseins.

Individualismus und der so oft sowohl propagierte als auch verschriene Egoismus (»Geiz ist geil«) sind grundverschieden. Wenn ein Zusammenhang besteht, dann eher darin, dass, wer in den ersten Lebensmonaten seelisch hat Hunger leiden müssen – zu kurz gekommen ist, wie der Volksmund treffend formuliert –, wird fortan das nie satt gewordene Ego in den Mittelpunkt stellen. Manchmal drängt sich mir der Eindruck auf, die gefühlt oder wie auch immer Zu-kurz-Gekommenen haben ein ganzes Wirtschafts- und Finanzsystem begründet, das sich über Mangel mehr oder weniger künstlich hergestellt und Wachstum oder Mehrwert begründet und damit wie ein Naturgesetz darstellt.

Die Definition und der Stellenwert von Familie in einer Gesellschaft sind ständigen Schwankungen unterworfen. Einerseits gilt Familie, von außen betrachtet und hauptsächlich in konservativen Kreisen, als der bewahrende, gefestigte Hort schlechthin, den es zu fördern und zu unterstützen gilt. Andererseits werden Familien mehr und mehr ausgebeutet, indem die Ressourcen ihrer Mitglieder nach außen, in die Institutionen, in der Hauptsache am Arbeitsplatz, abgezogen werden. Da beide Elternteile dort gebraucht werden, müssen schon die Allerkleinsten in die Krippe, um somit zur Produktivität beizutragen. Das Individuum steht von Anfang an im Rollenkonflikt zwischen Produktionsmensch und Verbrauchermensch.

Nun werden die Einheiten immer größer: Kindergarten, Schule, weitere Bildungs- und Ausbildungsinstitutionen. Der Mensch durchläuft sein Leben weitgehendst in Institution beziehungsweise, das Leben selbst ist von Anfang an und zunehmend institutionalisiert. Am Ende wartet, je nach Geldklassenzugehörigkeit, ein Seniorenstift, ein Pflegeheim oder ein ambulanter Pflegedienst. Das Individuum fragt nicht mehr, welche Institutionen es nutzen möchte, sondern diese stehen fertig definiert zur Verfügung. Die spannende Frage ist, wer über wen in welcher Weise verfügt. Die moderne Behauptung, der Mensch erfinde sich immer wieder neu, ist zum einen Ausdruck eines Größenwahns. Der Mensch kann reflektieren, aber er kann sich natürlich nicht selbst erfinden, sich quasi wie ein Gott aus Lehm basteln. Zum anderen erlebt er es aber gerade so, denn es wird ihm suggeriert, die Institution würde ihm eine fertige Identität zur Verfügung stellen oder er könne sie dort kaufen wie ein passendes Kleidungsstück. Kleider machen Leute. Bisher mag dies eine von außen getroffene, mehr oder weniger soziologische Aussage gewesen sein, in postmodernen Zeiten wird es zunehmend zur Selbstsicht.

Je mehr der Mensch Manipulationen von außen ausgesetzt ist, die durch Datenerhebungen in einem digitalisierten Zeitalter immer mehr in sein Privat- und Innenleben vordringen, desto mehr soll er glauben, er sei durch die Freiheit der Wahl des Konsums seines Glückes Schmied, beziehungsweise, er könne sich als Individuum (immer wieder neu) erfinden. Indem in der Renaissance der Mensch in seiner Individualität wiederentdeckt wurde, leitet man fatalerweise davon ab, das Individuum sei in dieser Zeit entstanden beziehungsweise der Mensch habe sich als Individuum neu erfunden. Deshalb glaubt man nun, von einem postindividuellen Zeitalter sprechen zu können, als habe das Individuum als solches wieder abgedankt. Festzustellen ist eher, dass das Individuum erschüttert ist, weil der Mensch nicht mehr selber denken soll. Ständig hat er die Wahl zwischen diesem und jenem. Alles ist konsumierbar oder den Bedingungen des Konsums unterworfen: Politik, Ethik, Moral, Meinung, Haltung, selbst frühkindliche Zuwendung. Der Raum des Individuellen, individuelle Freiheit im Denken und Handeln verengen sich auf die Wahl von Produkten oder politischen Parteien, die von ihrem Inhalt immer weniger unterscheidbar sind. Auswege gibt es schon lange nicht mehr auf der weiten Welt, denn diese ist eine globalisierte, sondern nur noch im Kopf, im Rückzug in den Elfenbeinturm oder als Affektabfuhr der Massen. (Vergleiche: Elias Canetti *Masse und Macht*.)

Dem Individuum wird dringend angeraten, sich in Bildung zu retten. Aber auch diese ist zweifelhaft konzipiert, indem sie nur das auswählt, was dem herkömmlichen Kanon des vermeintlich Erreichbaren und damit Machbaren entspricht. An den Hochschulen für Wirtschaft werden beispielsweise nur Glaubensbekenntnisse gelehrt, die dem üblichen Wachstumskatechismus entsprechen. Spezialistentum kennt im besten Fall das eigene Metier, schaut aber kaum auf die Zusammenhänge und Verbindungen, welche doch gerade in einer globalisierten, vernetzten Welt sich als notwendig erweisen. Dieses Feld bleibt den Unternehmen überlassen, die in Thinktanks darüber beraten, wie Geschäfte statt Landschaften blühen. Der Kompromiss, das eine zu tun, ohne das andere zu lassen, erweist sich längst als Kompromissbildung, um das Gewissen zu beruhigen. Der Regenwald und die vereisten Polkappen haben den Nachhaltigkeitswettbewerb längst verloren. Es ist höchste Zeit für eine Renaissance der Aufklärung.

Ach, der Vogelschiss

Sobald dieser Herr G sein Denken in den Dienst seiner Ideologie stellt, schwächelt es. Der Vogelschissvergleich ist keine schlechte Idee, nur passt er mal gar nicht zum Verständnis für die Geschichte Deutschlands oder der Deutschen oder für die Zeit des Nationalsozialismus. Befasst er sich hingegen mit der Geschichte der Menschheit grundsätzlich, kommen wir der Sache schon etwas näher. Die neuere Geschichte seit der Erfindung des Rades macht nicht einmal ein einziges Prozent der Geschichte menschlichen Daseins aus, wahrhaftig ein Vogelschiss. Davor lebten wir lange recht erfolgreich als Jäger und Sammler. Wir ernährten uns gut und lebten im Einklang mit der Natur. Das Dasein war beschwerlich, zugegeben, aber das ist es heute auch, wenn auch auf andere Art und Weise.

Blicken wir noch weiter auf das Universum, könnten wir noch eher vom menschlichen Dasein als einen Vogelschiss sprechen. Was sind wir doch so klein und unbedeutend, wenn wir uns in diesem Zusammenhang betrachten. Diese Überlegung vermeiden wir gerne, betrachten wir uns doch traditionsgemäß als den Mittelpunkt der Schöpfung. Bei dieser Überlegung wird auch klar, warum Herr G und seine Partei so wenig mit Umwelt- und Klimaschutz am Hut haben und sich in eine Vergangenheit zurücksehnen, die so nie existiert hat. Sie sind ganz einfach Meister im Verdrängen, Vermeiden und Verleugnen. Sie betrachten sich selbst als die einzig Wahren und Reinen. Alle anderen sind Fremde, und da diese keine Freunde sind, können sie in ihren Augen nur Feinde sein.

Seien wir auch noch so unbedeutend in diesem riesigen Universum, so sind wir doch Individuen, die eigenständig, wenn auch nicht einflusslos denken und handeln können. Aber dies passt Herrn G und seiner merkwürdigen Partei auch nicht, kennt sie doch nur die Gruppe, die angeblich stark macht und für Identität sorgt. Diese Gruppe und deren Zusammenhalt muss ständig gesichert werden, durch Bestätigung und doppelte Botschaften in der Öffentlichkeit. Trotzdem oder gerade deshalb splittern ständig Teile von dieser Gruppe ab. Entweder wollen diese extremere Identitäten am rechten Rand oder über diesen weit hinaus, oder die Partei verweist sie selbst dorthin, weil sie sich zu weit von der offiziellen Doktrin entfernt haben. Für Individualisten mit eigener Meinung ist in dieser Partei kein Platz. Die sich als Individualisten aufspielen mögen, sind keine, sondern Meinungsführer – jedenfalls halten sie sich dafür –, die schnell klein beigeben, indem sie behaupten, missverstanden worden zu sein, wenn ihnen ihr verquastes Vogelschissgelabere um die Ohren fliegt.

Die Versuchungen des heiligen Antonius

Er gilt als einer, wenn nicht der Urvater jeglichen Klosterlebens. Als Eremit zog sich der heilige Antonius in die Wüste zurück und lebte von dem Wenigen, das er dort als Nahrung und zum Lebensunterhalt fand. Beispiele für ein solch einfaches, zurückgezogenes Leben finden sich in allen großen Religionen, welche diese Haltung bereits aus dem Animismus, von Vorgängerreligionen oder atheistischen Vorstellungen übernommen hatten.

Die Versuchung hat bis heute Theologen, Philosophen, Psychologen und unter den Künstlern hauptsächlich Maler angeregt. Der Fantasie sind schließlich keine Grenzen gesetzt. Und um die geht es. Der heilige Antonius kann in seinen Handlungen rein bleiben, indem er keine Sünde begeht. Dies gelingt ihm, weil er sich von anderen Menschen fernhält und selbst kaum agiert. Von seinen Fantasien, welche Sexuelles und Gewalttätiges in jeglicher Ausschmückung beinhalten, was man zum Beispiel auf den Bildern von Hieronymus Bosch bewundern kann, ist er jedoch nicht fähig, sich zu befreien, weshalb sie externalisiert werden müssen, also als kämen sie nicht von innen heraus, sondern versuchten, als reale Gestalten, Monster, Teufel, Ungeheuer, oder wie auch immer wir sie nennen wollen, auf ihn einzuwirken oder in ihn einzudringen. Dessen wehrt sich Antonius und wird so zum Heiligen oder bestätigt dadurch seine Heiligkeit.

Der katholischen Kirche war dies nicht genug, denn als Kinder mussten wir Sünden beichten, die nicht nur Werke, sondern auch Gedanken (also auch Fantasien) und Worte einschloss. Damit war die Affektabfuhr verbaut, was zu fatalen Folgen führen kann. Bei der Folter der Inquisition handelt es sich um ein von Regierungen legitimiertes Agieren von Gewalt- und Sexualfantasien.

Heutige Amokläufer handeln aus ähnlichen Motiven heraus, indem ihre Fantasien (von sich) und ihr reales Leben in keiner Weise übereinstimmen, und sie diese in Zerstörungsfuror aus sich herausschleudern.

Die protestantische Kirche und noch mehr der Calvinismus haben als möglichen Ausweg das Streben nach Erfolg gesetzt. Dies erzeugt keine Sünder und Heiligen, sondern Erfolglose und Erfolgreiche. Von dort ist der Weg nicht weit zum Konsum als Religionsersatz, dessen Götter Geld und Mammon heißen. Zugleich bietet der Konsum durch Genussmittel jeglicher Art und Kunstprodukten diverse Gelegenheiten zur Affektabfuhr. Kino, Fernsehen und Internet zeigen Filme gespickt mit Gewalt und Pornografie, der Kosmos der Versuchungen wird so erweitert, sodass schon ein Gegeneffekt antritt, die Fantasie verkümmert, weil sie sich nicht mehr entfalten muss. Alles außengesteuert!

Die unbegrenzten Möglichkeiten des Konsums mit ihren legalen Möglichkeiten der Affektabfuhr oder des Ausagierens – hier sind Kriege, Rüstungsexporte, Ausbeutung, Unterdrückung, auch durch staatliche Gewalt, rigide Normen und Gesetze usw. zu nennen – verlangen als Gegenleistung Anpassung an gegebene Verhältnisse. In westlichen Demokratien werden junge Menschen zum Glück nicht mehr in den Krieg geschickt, aber sie werden als Konsumenten für diesen geworben. Es hat sich nichts daran geändert, dass die Global Player sich am Krieg und dessen Folgen bereichern, während Menschen aus den unteren Schichten ihn erleiden. Reiche aller Länder vereinigt euch durch Handelsabkommen, um Arme besser ausbeuten zu können!

Kapitalismus und Konsumismus führen durch ihren primitiven Katechismus der Ökonomie in ein Zeitalter der Nachaufklärung oder, um es nicht mit Fortschritt zu verwechseln, zurück in ein Mittelalter eines vermeintlichen Schlaraffenlandes und primitiven Götzenglaubens. Es gibt keine Asketen mehr, und in den Wüsten finden Touristensafaris statt oder es sterben dort – getrennt voneinander, denn die Einöden sind groß genug und werden immer größer – Menschen auf der Flucht. Der moderne Affektstau besteht darin, sich korrekt und gesetzestreu verhalten zu müssen. Zudem leuchtet das Ich-Ideal als Konsument, zumal, wenn der Mensch nicht reich ist wie andere, nicht besonders hell.

Der Widerstand des Antonius gegen das Es (Teufel und Dämonen) wird als Sieg des Über-Ich (Werte und Ideale) gefeiert. Tatsächlich ist es das Ich, seine Stärke und sein Mut, welches widersteht, auch den real existierenden Löwen und Hyänen gegenüber. Das Konsum-Ich sucht diese innere Stärke und den Mut vergebens. Es muss sein Mütchen an den vermeintlich oder tatsächlich Schwächeren kühlen. Je mehr sich die Welt in Arme und Reiche spaltet, je mehr wir mit Faktischem, das wir nicht verarbeiten, noch in all seinen Zusammenhängen verstehen können, überflutet werden, umso mehr Affekte stauen sich an, die zur sexualisierten und destruktiven Aktion drängen. Das Leben des heiligen Antonius war ja auch dadurch gekennzeichnet, dass er in einer kargen Wüste lebte. Es gab wenig affektive Anreize von außen, sodass er sich nur derer von innen erwehren musste. Nun könnte man auch argumentieren, er entwickelte erst seine scheußlichen Fantasien, gerade weil es wenig Außenreize gab. Dieser Fakt scheint aber auf den Kopf gestellt oder an den Rand gedrängt zu sein. Natursendungen beispielsweise laufen hauptsächlich auf ARTE, 3Sat oder den dritten Programmen, während auf allen anderen Kanälen fast ständig geraubt, gemordet, ausgebeutet, vergewaltigt, und wenn dies nicht geschieht, trivialisiert wird.

Heutige Massen, die nicht demonstrieren, sondern agieren, verhalten sich nicht anders als vor Tausenden von Jahren. Sie

rufen zur Gewalt auf oder beteiligen sich an dieser. Ihre Schlacht-
rufe gleichen sich in gar nicht so erstaunlicher Weise, was auch
kaum verwundert: Bei Sachbeschädigungen agiert nicht selten
das legitimierte Gewaltmonopol (Polizei) umso härter. Welche
Beachtung würden Schülerinnen und Schüler für ihr Anliegen,
auch in Zukunft auf einem einigermaßen intakten Planeten leben
zu können, finden, wenn sie außerhalb der Schulzeit demonstrierten? Antwort: Keine! Auch der heilige Antonius wurde von
den Massen nicht beachtet, als er noch als Eremit lebte. Erst seine
Rückkehr zu den Menschen – hier ähnelt er Zarathustra – und
vor allem die Legende, das Ideal, machten ihn für die Menschen
und ihren Glauben zu dem, was er für lange Zeit repräsentierte:
einen nicht agierenden, nicht seinen Affekten unterworfenen
Menschen.

Überlegungen zur Romantik

Indem ich dem Gemeinen einen hohen Sinn, dem Gewöhn-
lichen ein geheimnisvolles Aussehen, dem Bekannten die
Würde des Unbekannten, dem Endlichen einen unendlichen
Schein gebe, so romantisiere ich es.

Novalis

Von meiner Mutter kann ich mit Sicherheit behaupten, dass sie
eine fromme Frau war. Sie wuchs in einem damals noch fast ausschließlich von Katholiken bewohnten Dorf auf. Meinen Vater
hätte sie nicht heiraten dürfen, wenn er nicht auch katholisch
getauft gewesen wäre. Zur Zeit meiner Kindheit in den sechziger
Jahren lebten nur wenige Protestanten im Dorf. Das Barocke des
Katholizismus – man denke an rundleibige Mönche, die sich dem
Trinken und der Völlerei hingeben, oder an in Gold und Silber
glänzende Kirchen in Bayern – ist durchaus auch als Gegenbewegung zum Pietismus zu verstehen. Die Vorstellung, es in Fülle zu
haben, erscheint mir durchaus romantischer als Verzicht und das
Streben nach Erfolg. Zu der Erkenntnis, dass Geld nicht glücklich
mache, kommen eher Arme als Reiche. Aber wenn schon das
Beste im Leben erst nach der Auferstehung komme, sollte man
sich im Diesseits ab und zu etwas gönnen, und sei es nur die idea-
lisierte oder romantische Vorstellung dessen, was man sich nicht
leisten kann.

Die Landschaft des Westerwaldes, in der ich aufwuchs, ist,
hauptsächlich auf den Höhen, wo der Wind so kalt pfeift, häufig
steinig und rau. Umso mehr regt sie gerade deshalb die Fantasie
an. Als Eingeborener war ich mit dieser Landschaft innerlich und
äußerlich verbunden, sie war mir selbstverständlich (heimisch),

aber meine Fantasie konnte sie sich immer etwas farbiger, aufregender, weicher oder freundlicher, gelegentlich auch urtümlicher und wilder vorstellen. (Rote Dächer aus gebrannten Lehmziegeln sehen, vor allem aus der Ferne, schöner aus als graue Schieferplatten.) Ich vermute, so ähnlich ging es romantischen Malern auch, indem sie genau beobachteten und hier und da ihren ideellen Vorstellungen Raum gaben. Caspar David Friedrich malte sowohl naturalistisch, was ihn zu einem Anhänger des Realen und damit auch der Aufklärung machte, als auch idealistisch, indem seine Sonnenuntergänge besonders schön, seine Gipfelkreuze auffällig platziert, seine Stimmungen erhaben sind, und die Personen offenbar in einer Art Meditation begriffen. Die Malerei der Romantik scheint mir sehr, vor allem stilistisch, von der des Barock geprägt. So malten ein Johan Christian Dahl oder eben ein Friedrich eine Eiche nicht anders als ein Jacob van Ruisdael. Natürlich lässt sich einwenden, dass man eine Eiche gar nicht anders malen kann, wenn man sie nach der Natur wiedergeben will.

Wir unterscheiden heute gerne Kopf- von Bauchmenschen. Diese Unterscheidung halte ich für vordergründig und trivial. Und nicht nur das, symbolisiert diese Sicht eine Dualität, einen inneren Wettstreit, obwohl es eigentlich um eine Entwicklung durch Ergänzung geht. Der Geist der Aufklärung konnte sich nur entwickeln, indem die Menschen sowohl ihren rational geprägten Verstand als auch ihre Fantasie benutzten, und als Voraussetzung dafür die Reflexion ihrer Gefühle. Wenn der Mensch innerlich frei ist, oder sich frei macht, indem er Regeln, Tabus, manchmal auch Gesetze überwindet oder nicht befolgt, indem er ihren Sinn nicht erkennt, weil sie zur bloßen Formel erstarrt sind, oder er zu einer der Norm widersprechenden Einsicht findet, gewinnt er Freiheit im Denken und Forschen. Dabei spielen sowohl eine

Portion Individualismus als auch Gemeinschaftsbewegungen eine große Rolle.

Aufgrund einer langen Tradition mythischen Denkens glauben wir oft, historische Fakten seien so oder so und nicht anders, dabei sind sie häufig so und so, oder die Machverhältnisse haben die Sichtweisen im Rückblick verfälscht. Das Mehrdimensionale korrespondiert mit der Einmaligkeit, nicht die Masse mit der Eindimensionalität. Es sind immer die Sieger, welche die Geschichte schreiben, jedenfalls die offizielle. Dies macht sowohl die Wahrheitssuche kompliziert als auch die Kategorisierung schwierig. So nahmen Wissenschaftler lange an, einzelne Menschenarten hätten sich in vertikaler Linie eine aus der anderen entwickelt. Dieser Trugschluss konnte sich womöglich deshalb so lange halten, weil die Menschen an die Einmaligkeit ihrer Gattung glaubten, sich einbildeten, sie seien im Gegensatz zu anderen Lebewesen etwas Besonderes, indem sie allein sich per göttlichem Auftrag die Erde untertan machen durften. Der Vorstellung dieser Herausgehobenheit mag im trivialen Sinne etwas Romantisches anhaften, die Folgen der Ausbeutung des Planeten und die Versklavung und Ausrottung von Tieren sind es ganz und gar nicht. Heute lässt sich nachweisen, dass unterschiedliche Menschenarten zeitgleich auf der Erde lebten. Dies macht die Forschung kompliziert, aber die Fantasie oder ein gewisses flexibles, womöglich poetisches Denken ist angeregt, falls die Einsicht dazu befähigt, auch mal in einer Sackgasse der Erkenntnis eine Wendung zu machen. (Die Macher von Stuttgart 21 können dies nicht, weil sie nur ziel-, sprich profitorientiert denken und nicht prozesshaft, sich somit hüten, ihre Fantasie spielen zu lassen.)

Da der Zeitgeist eine Bildung in fachlich spezifischer Richtung propagiert und da es kaum noch Universalgelehrte wie Elias Canetti oder Claude Levi-Strauss gibt, wird es zunehmend notwendig, in Teams aus Mitgliedern unterschiedlicher Fachrichtungen zu forschen, um den Blick sowohl auf Details als auch auf das große Ganze und die Verbindungsstellen zu richten. Im Gegensatz dazu traue ich den in letzter Zeit vollmundig auftretenden Generalisten nicht, denn sie versuchen allzu häufig (typisch für Generale), Probleme durch zu frühe Bewertungen und hierarchische Entscheidungen zu lösen.

Wie die Aufklärung hatte auch die Romantik wie alle Bewegungen etwas Unberechenbares, weil über das Ergebnis allenfalls spekuliert werden konnte, was sie für Krämerseelen und später für Kapitalisten gefährlich machen konnte. Allein schon die Vielfalt im Denken, sich darauf einzulassen, dass ein unvorhergesehenes Ergebnis prägend für eine Entwicklung sein konnte und dadurch möglicherweise das Geschäft verdarb, beschwor heftige Gegenbewegungen im Geist des Reaktionären herauf und propagierte undemokratische Vorgehensweisen und den Zusammenschluss von Staatsgewalt, Kirchen und Großgrundbesitzern. Diese waren und blieben nur so lange Verbündete, solange sie gegen die Freiheit (im Denken und Handeln) kämpften, um anschließend, wenn sie den Kampf gewonnen hatten, ihre jeweils eigene Form der Ausbeutung und/oder Indoktrination weiter zu praktizieren. Nicht selten wurden sowohl Recht als auch Wissenschaft oder Religion zur Beute, die in der Folge gebogen und gebeugt wurden. Durch Globalisierung und Privatisierung finden wir zunehmend eine Situation vor, die sowohl Wissenschaft als auch Recht in ein Dienstleistungs- und Lobbysystem presst und die Forschung quasi auf den Kopf stellt, indem auf ein gewünschtes Ergebnis hin geforscht oder ein angestrebtes Urteil durch eine eingeengte oder verfälschte Rechtsauslegung herbeigeführt werden soll.

Für mich war als Kind ein romantisches Gefühl eine Art natürlicher Kompromissbildung. Unser Haus, das meine Eltern eigenhändig gebaut hatten, stand am Rand des Dorfes zum Wald hin. Wenn ich es verließ, und die Einfahrt hinunterging, überlegte ich, ob ich mich nach rechts zum Dorf, also zur Kultur hin, oder nach links zum Wald, also zur Natur hin, wenden wollte. (Wald, Wiesen und Felder sind natürlich Kulturlandschaft, aber in meinem Inneren lebt offenbar noch diese alte Differenzierung zwischen dem Nomadischen und dem Sesshaften, dem Natürlichen und dem Kulturellen.) Bezüglich des Denkens und meiner persönlichen Entwicklung ging es auch um die Frage, was in mich hineingepflanzt wurde oder werden sollte und was aus mir heraus wuchs. Als junger Romantiker oder als Repräsentant eines unbewussten Sturm und Drang entschied ich mich oft für den Wald und für eine ziel-, jedoch nicht sinnlose Fantasie.

Ich interessierte mich als Kind nicht für Malerei, aber ich mochte romantische, nach der Natur gemalte Bilder. Sobald ich mich als junger Erwachsener zu interessieren begann und näher damit befasste, entwickelte ich einen Blick für Stil, Farb- und Formgebung und wandte mich den Impressionisten zu. Den für mich ausgewählten Bildungskanon der Schule lehnte ich zumeist ab, ganz einfach, weil ich das Motiv, dies oder jenes lernen zu sollen, in mir nicht entdeckte. Dies brachte mich häufig in Schwierigkeiten. Wenn ich heute erlebe, wie Kinder schon sehr früh für ihre zukünftige Rolle im Produktionsbetrieb abgerichtet werden (sollen), erfüllt mich ein tiefes Grauen.

Weil die Romantik, sowohl das Naturalistische als auch das Idealistische, so gefährlich für die Produktionsbedingungen werden konnte, musste sie als gefühlsduselig und unrealistisch abgewehrt werden. Es verhielt sich mit der Romantik möglicherweise ähnlich wie heutzutage mit der Nachhaltigkeit. Zuerst wurde sie nicht zur Kenntnis genommen, dann diffamiert, abgewertet und schließlich, da sie sich mehr und mehr (vor allem im Denken) durchsetzte, wurde sie einverleibt, um nicht integriert werden zu müssen. Denn wenn sie sich schon zum Geschäftemachen nicht eignete, durfte sie zumindest nicht dabei stören. Deshalb ist es heute enorm wichtig, dass Nachhaltigkeit zwar im Munde geführt, aber wenig praktiziert wird, indem das Wort auf der Packung steht, auch wenn der Inhalt ganz und gar nicht nachhaltig ist.

Die Romantik sollte gezähmt werden. Aber sie wehrte sich. Sie erzeugte Sturm und Drang, sie forderte Aufklärung und ging 1798 in Frankreich mit Erfolg auf die Barrikaden. In Deutschland endete sie 1848 mit einer blutigen Niederschlagung. Wie immer frisst die Revolution ihre Kinder.

In der Malerei folgten auf Romantik Naturalismus und auf diesen so unterschiedliche Verzweigungen wie Impressionismus und Biedermeier (etwas zeitverschoben). Manche Elche bleiben sich treu, oder aber: »Die größten Kritiker der Elche waren früher selber welche.« (F. W. Bernstein)

Waren die Romantiker die Vorläufer der 68er? Oder später der Grünen? Sie setzten sich kritisch mit den industriellen Produktionsbedingungen und der Verstädterung auseinander. Als bürgerliche Bewegung schafften sie es jedoch nicht, die unter dem Joch des Feudalsystems oder später der Industrialisierung leidenden Massen zu mobilisieren. Allein schon das Zurück (zur Natur) bedeutete für die Anhänger Positionsbestimmung, während es für die Gegner als Affront gegen den Fortschritt diffamiert, der immer nur als ein technischer begriffen wurde. Jedenfalls stellten die Romantiker die biblische Forderung, sich die Erde untertan zu machen (der alttestamentarische Gott als Materialist), infrage und strebten die Erhaltung des oder das Zurück zum Natürlichen an, oder was sie dafür hielten. Dies brachte ihnen den Ruf des Kulturpessimistischen und Rückwärtsgewandten ein. (Offenbar haben

141

auch schon in früheren Zeiten Lobbyisten erfolgreich gewirkt und auch bei der Geschichtsschreibung manipulative Beiträge geleistet. Die Neiddebatte wurde erst später erfunden.) Da die Unternehmer und die Arbeiter in deren Dienst von der Ausbeutung der Erde lebten, fanden die Romantiker wenig Widerhall für ihre Forderung nach einem Zurück zur Natur, sowohl bei den einen als auch bei den anderen. Wie die Grünen waren sie von Anfang an eine bürgerliche Bewegung. Sie wurden belächelt, diffamiert, gar angefeindet. Bis heute werden Romantiker gern als Spinner angesehen und ihr Bezug zur Realität wird angezweifelt. Sicher sind ausgebeutete Braunkohlegruben, verschmutze Meere, abgeholzte Wälder und verheerende Klimaveränderungen Realität, aber diese Realitäten sind keine Naturereignisse, sondern wurden von Menschen geschaffen oder sind eine Folge ihres Schaffens. Auch die Romantiker standen damals schon zwischen den Alternativen Rückzug oder Radikalisierung. Im ersten Fall würden sie kaum einen Einfluss für ihr Anliegen gehabt haben, im zweiten mussten sie mit der geballten Staatsmacht als Gegner rechnen. Das Fatale der Geschichte: Damals strebten Bürger den deutschen Nationalstaat als Symbol der Freiheit an, heute suchen progressive Kräfte zunehmender Verbürgerlichung zu entgehen und Nationalstaaten zu überwinden, und die Kleinstaaterei ist wieder im Kommen.

Wenn es also einen Fortschritt gibt, muss es auch Rückschritte geben. Die Geschichte liefert dafür jede Menge Belege, was die Humanisierung angeht. Und wenn es permanentes Wachstum gerieren will, muss man auch heftige Schrumpfungen in Kauf nehmen oder zumindest damit rechnen. Wohlstand und technischer Fortschritt gehen oft Hand in Hand mit Rückschritten, das Menschliche und Soziale betreffend.

Aus den oben genannten Gründen wage ich die Behauptung, Sigmund Freud, der Entdecker der Psychoanalyse, war als Forscher (ebenso wie Marx und Engels) in seiner Haltung nicht nur von der Aufklärung, sondern auch von der Romantik geprägt. Bei der Erforschung der Natur des Menschen entdeckte er das Unbewusste. Um es zu verstehen, brauchte es Fantasie und die Beschäftigung mit so unterschiedlichen Wissenschaften wie Medizin, Psychologie, Ethnologie, Archäologie, Geschichte, Philosophie, Biologie, Evolution, Sprachforschung, um nur einige zu nennen. Man kann Freud als einen der letzten Universalgelehrten bezeichnen.

Die Brüder Grimm waren typische Vertreter der Romantik, die sich auch der Aufklärung verpflichtet fühlten. Sie bewirkten durch ihre Sammlungen von Märchen auch einen anderen Blick auf Geschichte (des Feudalismus und seiner Auswirkungen), ähnlich der Beschäftigung Freuds mit Mythen für die Entwicklung des Individuums im Kontext der Gesellschaft, der aber noch wesentliche Schritte weiterging, indem er sie deutete und sie damit zum wesentlichen Bestandteil der Psychoanalyse machte. Spätere Psychoanalytiker beschäftigten sich auch mit der Deutung von Märchen.

Sowohl der Aufklärung als auch der Romantik haben wir es zu verdanken, dass Sozialgeschichte, Sozialpsychologie, Soziologie und Geschichte ihr wissenschaftliches Spektrum erweitern konnten. Ob sich Adorno, Horkheimer oder Marcuse in ihrem Werk auf die Romantik bezogen, weiß ich nicht. Aber die Poetik, angefangen von Cervantes, Lessing oder Goethe, über Brecht oder Camus, bis zu Grass, Updike oder Dylan (sowohl Thomas, als auch Bob) haben sowohl Bezüge zur Aufklärung als auch zur Romantik. Es werden mehrdimensionale Geschichten von Individuen in der Gesellschaft erzählt. Dies kann als eine Gegenbewegung oder in jedem Fall als eine Ergänzung zur herkömmlichen Geschichtsschreibung verstanden werden, die sich mehr oder weniger auf allgemeine, pauschale Fakten beruft. So leisten zum Beispiel Zeitzeugen einen wesentlichen Beitrag zur Geschichte des Nationalsozialismus. Zum Glück verfügen wir heute über technische Möglichkeiten, diese in geeigneter Weise zu dokumentieren. Trotzdem ist damit zu rechen, dass es einen veränderten Blick auf Geschichte geben wird, wenn die Zeitzeugen der jeweiligen Epoche nicht mehr leben werden.

Der Künstler Ralf Kerbach (*1956) geht der Frage nach der Bedeutung des Romantischen in der Gegenwartskunst nach. Im Zentrum sieht er den hoffnungsvollen Glauben der Romantiker an die Möglichkeiten menschlicher Kreativität, an Gestaltungsspielräume, die sich immer dort öffnen, wo zunächst einmal zweckfrei gedacht und experimentiert werden darf. Mit der Kunst – so das romantische Credo – lässt sich alles verändern, denn sie aktiviert Verstand und Gefühl, Erinnerung und Imagination. Die Kunst ist nicht nur eine ästhetische Spielwiese, sondern hat gesellschaftpolitisches Potenzial, und das Atelier des Künstlers ist in diesem Sinne ein Ort verwirklichter, menschlicher Freiheit.

Ähnliches lässt sich von der Arbeit des Filmemachers Edgar Reitz sagen. Er hat mit »Heimat« selbige aus der Enge des Tümelnden und Reaktionären befreit und ihr neue differierende Verstehensmöglichkeiten eröffnet. In der Heimat wird auch gefremdelt, und in der Fremde Heimatliches gefühlt und erlebt. Dazu ein Beitrag von Claude Levi-Strauss aus »Traurige Tropen«: *Doch statt mir eine neue Welt zu eröffnen, gab mir mein abenteuerliches Leben – ein seltsames Paradox – eher die alte zurück, während mir jene andere, der ich nachgestrebt hatte, zwischen den Fingern zerrann. In dem Maße, in dem die Menschen und Landschaften, die zu erobern ich ausgezogen war, die erhoffte Bedeutung verloren, sobald ich sie vor mir sah, traten an die Stelle dieser enttäuschenden, wie auch immer präsenten Bilder andere, die meine Vergangenheit vorrätig hielt, und denen ich keinerlei Bedeutung beigemessen hatte, solange sie noch zur Realität gehörten, die mich umgab.* (1955, S. 370)

Waren die Nazis Romantiker, oder sind es AfD-Politiker heute? Ich bestreite dies, weil sie sich nur einzelne, für sie brauchbare Elemente aus dem Gesamtzusammenhang herausreißen oder ausschneiden. Der von den Nazis praktizierte Sozialdarwinismus war eine pervertierte Form von Erkenntnissen der Evolution und damit das Gegenteil von Aufklärung. Die von AfD-Politikern beschworene Heimatverbundenheit hat nun gar nichts Romantisches an sich, denn sie bietet Einfalt statt Vielfalt, Verengung und Rückwärtsgewandtheit statt Weitsicht. Es handelt sich um einen Versuch, neue, falsche Mythen im Geist der Manipulation in Umlauf zu bringen, die nicht zu einem Diskurs, sondern zu einer Spaltung der Gesellschaft führen.

Der Neoliberalismus hat hauptsächlich die Romantik in ihrer sozialen Komponente immer wieder zu diffamieren versucht, bis dahin, jegliches moralische oder mitmenschliche Ansinnen im Keim zu ersticken, um alle verfügbaren Kräfte für die Produktion zu bündeln und auszubeuten (*Schöne neue Welt*). Zugleich versucht er, eine Ethik des rein Ästhetischen ohne jegliche moralische Grundlage zu etablieren. Gewinnmaximierung oder wirtschaftlichen Erfolg kann ich nicht als ethische Form des Handelns anerkennen, indem der Erfolg der einen, der Misserfolg der anderen ist. Die Win-win-Situation ist ein modernes Märchen, Hans im Glück als Ausbeuter. Die Lehren von Marx wurden denjenigen ausgetrieben, für die sie erdacht waren. Stattdessen haben die Besitzenden sie sich angeeignet nach dem Motto: »Kapitalisten aller Länder, vereinigt euch, sichert eure Pfründe durch Freihandelsabkommen, mit denen ihr die Bürger aller Länder über den Tisch ziehen könnt.« Sollten Nationalstaaten tatsächlich eines Tages überwunden werden, so mit dem Ziel, dass sich wenige auf internationaler Ebene an den Massen bereichern können. Dies kann auf Dauer nicht gut gehen, um nicht zu sagen, es darf es auch nicht. Durch das Abspalten des für die Produktion nicht Brauchbaren (Unwerten) und die Reduzierung auf das im engen Sinn Erfolgreiche entsteht eine (möglicherweise gar nicht so) andere Form des Sozialdarwinismus, und damit eine Verwandtschaft zum Faschismus. Der »Arier« des 21. Jahrhunderts ist rigoroser, fanatischer Erfolgsmensch auf Kosten anderer. (Der vorgefertigte Reflex, Deutungshoheit genannt, oder die korrekte Sprachregelung zu meiner unkorrekten Aussage lautet Verfolgungswahn oder Verschwörungs-Theorie.)

Möglicherweise können wir auf eine Reformation des Moralischen aus dem Geist der Romantik verzichten, aber Aufklärung ohne Empathie, Moral, Solidarität und soziales Engagement bleibt merkwürdig leblos.

Vor einigen Tagen las ich in der Frankfurter Rundschau einen Artikel über die Wiederveröffentlichung eines Werks über Romantik von Ricarda Huch. Einige meiner Überlegungen zu dem Zusammenhang zwischen Aufklärung und Romantik finden sich offenbar dort bestätigt. Es grüßen Büchner und sein »Lenz«, der poetische Name des Frühlings, welcher sein blaues Band flattern lässt.

(2018)

Die Kopftuchdebatte

Eines ist sicher: Mit Kopftüchern kann man keine Städte bombardieren oder Menschen erschießen. Auch ist mir kein Fall bekannt, dass unter Zuhilfenahme eines Kopftuchs jemand erwürgt wurde. Auch Hitchcock zog Hals-, wenn auch von ähnlicher Beschaffenheit, den Kopftüchern vor, was wahrscheinlich daran liegt, dass überwiegend Männer morden.

In der Zeit, als ich noch ein Kind war, trugen viele Frauen bei unterschiedlichen Gelegenheiten Kopftücher, meine Mutter sowohl bei der Arbeit auf dem Feld als auch gelegentlich zum Sonntagsgottesdienst. Vornehme Frauen in offenen Sportwagen trugen ebenso Kopftücher wie Arbeiterinnen in Fabriken, und dies sowohl im sozialistischen Osten als auch im als frei bezeichneten Westen. Das Kopftuch mit Religion oder Extremismus in Verbindung zu bringen wäre als lächerlich empfunden worden.

In den sechziger und siebziger Jahren trugen wir Männer die Haare lang, Frauen verzichteten auf den BH, unsere Kleidung war bewusst ausgewählt, um eine Haltung zu betonen, auch und besonders eine politische und gegen das Establishment. Trotzdem wäre niemand auf die Idee gekommen, das Tragen von Jeans oder löchrigen T-Shirts verbieten zu wollen. Joschka Fischer setzte ein Zeichen, als er in Turnschuhen zum hessischen Umweltminister vereidigt wurde.

Die Politik hat es schon lange aufgegeben, bei den richtig großen Sachen mitzumischen. Das bleibt dem Markt und den dahinterstehenden Konzernen überlassen. Politiker pflegen groß zu tun, das gehört zu ihrem Image, tatsächlich backen sie kleine Brötchen, die zudem oft nach nichts schmecken und größtenteils aus Luft zu bestehen scheinen. Zurzeit sind sie heftig mit Fridays for Future konfrontiert, nicht nur wegen der Themen und Inhalte, von denen sich schwer ablenken lässt, sondern auch, weil sich Kinder und Jugendliche schwer dämonisieren oder sich zumindest nicht in eine radikale Ecke drängen oder stecken lassen. Auch die moralische oder vermeintlich professionelle Attitüde zieht zum Glück nicht mehr. Außerdem ist die Bewegung schnell populär geworden, sodass es für Medien zu spät ist, sie zu verschweigen (falls diese Neigung bestanden hätte), und der Markt sie nicht einfach negieren kann.

Die Kopftuchdebatte ist affektiv aufgeladen genug, um als Ablenkung und Stellvertretung für nicht oder halbherzig geführte, auch lebenswichtige Debatten herzuhalten, eventuell auch als Rache für verloren gegangenes, politisches Terrain. Womöglich ist die Erde in wenigen Jahrzehnten unbewohnbar, aber in Bezug auf das Tragen von Kopftüchern wurden Gesetze verabschiedet und Richtlinien beschlossen, deren Einhaltung selbstverständlich kontrolliert wird. Schon jetzt hängen menschliche Schicksale mit dem Tragen von Kopftüchern zusammen.

Was ist denn nun eigentlich dran an der Debatte und lohnt es sich überhaupt, darüber Worte zu verlieren? Wenn doch, ist es nicht der nächste Schritt zu einer Rechtfertigung dieses abstrusen Geschwurbels? Sicher, auf viele Menschen kann es wie eine Provokation wirken, in einem Raum Kopftuchträgerinnen zu begegnen. Ich erinnere mich an eine Szene vor etwa 30 Jahren, als ich ein pädagogisches Seminar leitete und eine Teilnehmerin sich mit ihrer Ratte in den Stuhlkreis setzte. Ich war verunsichert und fühlte mich provoziert. Als sie sich nach einer Pause demonstrativ neben mich setzte, schaute die Ratte aus dem Ärmel ihres Shirts hervor. Sie schnupperte nach mir hin. Ich schluckte, überwand meine Abscheu und hielt ihr den Finger hin. Ab diesem Zeitpunkt war der Bann gebrochen, und wir konnten gut zusammenarbeiten (die Teilnehmerin und ich). Umgekehrt erinnere ich mich daran, dass die Anzüge unserer Lehrer im Gymnasium in ihrer Uniformiertheit in den später sechziger Jahren auf uns wie eine Provokation wirkten. Ich trage gerne Tweed-Jacketts, aber ich werde sie nicht im Schrank hängen lassen, weil der Vorsitzende einer gewissen Partei, den ich gründlich verachte, auch gerne solche trägt. Ist doch trivial.

Das Kopftuch kann kein religiöses Symbol sein. Es gibt nämlich Weltgegenden, in welchen der Islam verbreitet ist, die kennen diese gar nicht. Ein politisches Symbol kann es auch nicht sein, weil die Botschaft, die das Tragen vermitteln soll, völlig uneindeutig daherkommt. Es appelliert allenfalls an Grundwerte, zum Beispiel an den der Toleranz. Somit wäre es undemokratisch, ein Verstoß gegen Grundrechte, das Tragen eines Kopftuchs, auch und gerade im öffentlichen Raum, zu verbieten. Wenn doch: Reingefallen! Diktatoren freuen sich, die angeblich so toleranten Demokraten mal wieder auf frischer Tat ertappt zu haben.

Andererseits nutzen politische Entscheidungsträger diese Gelegenheit, über das Grundgesetz zu sprechen und das Geschäft zu meinen, indem aus Deutschland weiterhin, gegebenenfalls über Umwege, Waffen und schweres Kriegsgerät an Staaten wie Saudi-Arabien geliefert werden. Mit diesen deutschen Waffen werden dann Zivilpersonen, Frauen und Kinder im Jemen massenweise umgebracht.

Diese Art von Politik gilt als normal. Debatten über die Verwendung von Strohhalmen werden in aller Heftigkeit geführt, während Tonnen von Plastikmüll die Meere verseuchen. Es wird hartnäckig darum gerungen, ob an einem Grenzübergang zwischen Deutschland und Österreich die drei oder vier Flüchtlinge, die täglich dort ankommen, kontrolliert und gegebenenfalls zurückgeschickt werden dürfen oder nicht, während hunderte im

Mittelmeer ertrinken, weil privat organisierte Rettungsschiffe am Auslaufen gehindert werden. Gesetze und Vorschriften dringen immer mehr in unseren Alltag ein, Belangloses wird affektiv hoch ideologisiert, während das wirklich Existenzielle mit opportunem Schulterzucken abgetan wird. Möglicherweise verpassen wir unseren Untergang, weil wir gerade einer Talk-Show beiwohnen, bei der es darum geht, ob das Tragen einer Pappnase bei einer Demo den Tatbestand einer Vermummung erfüllt.

(2018)

Der Strohhalm

Entweder er ist gar keiner, oder er besteht nicht aus Stroh. Oder kann ein Strohhalm Strohhalm heißen, obwohl er aus Plastik besteht? Offenbar kann er. Jetzt wird er verboten. Damit wird er auch zum Alibi. Manchmal haben Mörder eins, obwohl der Ermordete tot ist. Dies stellt eine Verwandtschaft zwischen Strohhalm und Alibi her. Möglicherweise ist unsere Sprache voll solcher Missverständnisse und Umdeutungen. Spätere Generationen interpretieren womöglich, die den Prozess nicht mehr zurückverfolgen können, der Strohhalm sei verboten worden, weil er aus Stroh war, das sich in Trockenzeiten leicht entzünden konnte. Ist in diesen erhitzten Zeiten doch denkbar. Oder Sprachforscher erklären, dass die Silbe Stroh vor dem Halm mit selbigem Getreidehalm gar nichts zu tun hat, sondern sich von einem anderen Wort herleitet. Wir bilden uns einiges darauf ein, wenn wir die Dinge beim Namen nennen. Das macht aber keinen Sinn, denn Dinge, wie eben der Strohhalm können anders heißen als das, was oder woraus sie sind. Sie können sich auch umbenennen, oder sie können umbenannt werden. Vor langer Zeit gab es irgendwo im vorderasiatischen Raum mal einen Gott, der hieß Typhon oder Typhel. Er hatte Hörner auf dem Kopf und Bocksfüße. Und heute wissen wir, dass der Pottwal ein im Wasser lebendes Säugetier ist und nicht der Leviathan.

Es wird nicht genügen, nur den Strohhalm und das Plastikbesteck in Europa zu verbieten, um den weltweiten Kunststoffmüll auch nur unwesentlich zu reduzieren. Möglicherweise kommen destruktive Schlaumeier auf die Idee, ihrem Produkt ein etwas anderes Aussehen und einen anderen Namen zu geben. Wenn dieses Plastikröhrchen schon Strohhalm heißt, darf auch irgendein anderes Gebilde, das aus Kunststoff ist, nicht so heißen. Oder umgekehrt werden weiterhin Plastikröhrchen auf den Markt gebracht mit der Rechtfertigung, nur die Strohhalme, also Halme aus Stroh, seien verboten. Da wir kaum abschätzen können, wie dumm wir im Zeitalter von Fake News und Digitalisierung bereits geworden sind, dürfte es auch schwer sein, abzuschätzen, wie dumm wir noch werden können. Schließlich gibt es mittlerweile künstliche Intelligenz, jedenfalls gibt es ein Maschinenphänomen, das so genannt wird, und je mehr wir uns diesem anpassen, umso mehr verdient es diesen Namen – Intelligenz. Man sagt ja auch, jemand sei dumm wie Bohnenstroh oder habe nur Stroh im Kopf. Also das Konsumierbare wurde schon herausgedroschen, und übrig geblieben ist das Stroh. Also alles, was nicht konsumierbar ist, ist dumm. Das passt doch gut in unsere heutige Zeit. Von dort ist es nur noch ein kleiner Schritt bis zur Folgerung, dass der Konsumierer der Kluge ist.

Man könnte ja zum Strohhalm aus Stroh zurückkehren. Dann wäre die Gefahr gebannt. Aber Strohhalme sind ja verboten.

(2019)

Schlanker Staat

Wer will nicht gerne schlank sein? Besser als dick und fett. Die Assoziationsketten meiner Einfälle setzten sich damals gleich in Bewegung. Weniger Bürokratie, weniger Verordnungen, weniger Gängelei, weniger vermummte, bis an die Zähne bewaffnete Polizisten bei Demos. Und weiter: Wenn der Staat weniger Steuern einnimmt, bleibt mehr Geld bei den Menschen, die es nötig brauchen. Aber wie wir (fast) alle inzwischen wissen, kam es ganz anders. Das Geld landete bei denen, die es ohnehin horten, machte einige sehr reich und viele arm.

Schlanker Staat bedeutete nicht etwa mehr Demokratie, mehr bürgerliche Selbstbeteiligung, sondern ganz im Gegenteil lieferten sich der Staat und seine Vertreter dem Großkapital aus, das die demokratischen Strukturen nur benutzt, um sich zu bereichern. Politiker kompensierten die Hilflosigkeiten ihrer verscherbelten Einflussnahme durch Kungelei mit den Ausbeutern des Staates und seiner Bürger, indem sie mit diesen paktierten. In der Folge konnte kaum noch unterschieden werden zwischen Politiker- und Politik- oder gar Staatsverdrossenheit. Denn ein zunehmend hilflos agierender Staat regrediert durch Unterlassung seiner Vertreter wie zu Kaisers Zeiten mehr und mehr zum Obrigkeitsstaat. Wie im Großbritannien des 19. Jahrhunderts Großkapitalisten aus den USA die Schlösser des Adels aufkauften und somit die Vertreter einer Ausbeutungspolitik ablösten, strömen ultrareiche Unternehmer in die Politik, welche sich den Staat als Beute einverleiben. Eine Form von Feudalismus nimmt zunehmend Gestalt an.

Der Staat in seiner demokratischen Struktur ist längst nicht mehr schlank, sondern dürr und ausgezehrt. Dies sollte nicht ver-

wechselt werden mit den fetten Steuern, die noch immer eingenommen werden, leider zumeist gezahlt von denen, die es nicht
im Überfluss haben. Da sich der Reichtum tatsächlich vermehrt,
wird dadurch häufig überdeckt, wer verarmt beziehungsweise wie
und wo die Verarmten in einer globalisierten Welt leben. Da das
Schicksal Menschen bereichert hat, können sie behaupten, ihres
eigenen Glückes Schmied zu sein, um dies auf die Armen zu pro-
jizieren, sie hätten sich nicht genug angestrengt oder die falschen
Entscheidungen getroffen. Aber so wie sich Reichtum vermehrt,
tut dies Armut auch. Von einem dürren kommt man nicht automatisch auf einen grünen Zweig beziehungsweise hat nicht das
Grundkapital, um zu warten, bis er ergrünt. Deshalb gibt es reiche Krisengewinnler. Häufig werden Krisen produziert, um
Gewinne zu erzielen.

Eine Demokratie braucht nicht fett zu werden, aber sie sollte
schon gut genährt sein, aus dem Vollen schöpfen können, da ihre
Errungenschaften bewahrt oder immer wieder neu erkämpft
werden müssen. Für das Individuum muss spürbar sein, dass sich
Freiheit innerhalb einer Gemeinschaft nicht von selbst ergibt und
dass es sich lohnt, sich für diese immer wieder einzusetzen. Eine
Freiheit des Konsums erweist sich als Verführung und Trugschluss, denn es gibt sie auch in Diktaturen, allerdings nur für
diejenigen, welche es sich leisten können. Mit anderen Worten:
Wenn das Fressen, wie Brecht es gesagt hat, die Moral bestimmt,
sollte in einer Demokratie schon genug zu futtern da sein. Die
Solidarität kann nicht nur von Luft, Liebe und Idealen leben. Dies
wäre ein ungleicher Kampf. Nichtsdestotrotz versuchen Arbeitgeber in einem Arbeitskampf den Verhandlungstisch zu vermeiden, indem sie ein Heer von Juristen beschäftigen, um einer
Gewerkschaft die Legitimation absprechen zu lassen, überhaupt
ihre Arbeitnehmervertretungsrolle wahrzunehmen.

Der Kapitalismus, der sich immer wieder neue Tarnkappen aufsetzt – zurzeit wird er noch Neoliberalismus genannt –, ist wie ein Grippevirus: situativ, aber nicht grundsätzlich besiegbar. Von daher lohnt es sich, und je nachdem, wie heftig das Virus wirkt, ihn auch frontal und an der Basis anzugehen. Existenziell bedrohliche Ausbeutungen führen zu sozialdarwinistischen Zuständen – es wird immer heftiger nach unten getreten – und diese Zustände haben den Faschismus im Gepäck. Ich könnte dies differenzierter erklären, aber mit einiger Bereitschaft lässt es sich auch so verstehen. Wie gesagt, es braucht ein wenig Willen dazu, kapieren zu wollen.

Manchmal, je nach den persönlichen, gesellschaftlichen und politischen Umständen, überfordert Menschen die Solidarität, auch weil es keine Fähigkeit ist, die, einmal erworben, immer erhalten bleibt. Wenn es gelingen kann, sogenannte Gutmenschen ob ihrer Haltung zu diffamieren, müssen Menschen auch vor ihrer eigenen Bosheit geschützt werden. Es erweist sich als nicht hilfreich, ausschließlich an das Gute im Menschen zu glauben.

Möglicherweise gilt es in Zukunft, auch Staaten zu überwinden, denn sie schützen im besten Fall ihre Bürger nach innen und außen, wie gesagt, nur ihre eigenen. Die ausländische Armut soll draußen bleiben. Das Grundgesetz bezieht sich aber nicht nur auf die eigenen Bürger, sondern auch auf die anderer Nationen. Aber um dieses Recht in Anspruch nehmen zu können, müssen sie erst mal ins Land kommen beziehungsweise hineingelassen werden. Zum Glück gibt es auch internationale Rechte, zum Beispiel die Genfer Menschenrechtskonvention, aber für Betroffene, zumal ohne Kapital, dürfte es verdammt schwer sein, diese Rechte einzuklagen.

Nur eine soziale Philosophie oder Politik zerbricht sich den Kopf darüber, ob es gut ist, Staatsgebilde aus humanitären Gründen zu überwinden oder sie besser zu belassen, weil Menschen mit dieser globalen Humanität und Solidarität überfordert sind. Diese nicht organisieren zu können halte ich für einen Vorwand. Es geht tatsächlich um Humanität. Die soziale Frage ist auch nicht trennbar von Umwelt- und Klimapolitik.

Wahrscheinlich müssen Staaten erhalten bleiben, weil sie eine nötige, innere Sicherheit geben, die als Basis für Toleranz, Freigebigkeit und Solidarität dienen. Diese Staaten sollten so flexibel wie möglich, aber auf keinen Fall schlank, gar dürr sein. Wer selber hungert, hat nicht viel abzugeben. Umgekehrt ist dem Sponsoring und der Anschubfinanzierung von Fettsäcken nicht zu trauen. Sie fordern immer mehr zurück, als sie gegeben haben.

(2019)

Konkurrenz

Diese Vielbeschworene, belebt sie wirklich das Geschäft? Und wenn, um welches oder welche Art von Belebung handelt es sich? Vor allem, wessen Geschäft ist es, das belebt wird?

Denken wir an zwei Supermärkte bestens bekannter Ketten. Sie teilen sich möglicherweise zusammen mit zwei Heimwerkerzentren einen großen Platz in der Vorstadt, heutzutage Outlet genannt. Sie stehen direkt nebeneinander angeblich aus dem Grund, damit wir Kunden eine größere Auswahl haben und leicht Preise miteinander vergleichen können. Aber haben wir tatsächlich eine größere Auswahl, wenn die Produkte nahezu identisch sind, nur jeweils anders, aber genau so aufwändig verpackt und andere Namen tragen?

Preisabsprachen sind verboten. Kartellbehörden überwachen die Einhaltung gesetzlicher Grundlagen. Bei Übertritten erfolgen Strafen. Wenn aber nun die Supermarktketten ihre Einkaufszentren direkt nebeneinander haben, ist es gar nicht nötig, Preise abzusprechen. Man braucht nur einen Planer oder Preiskalkulierer zum Konkurrenten zu schicken, und der kann alle notierten Daten erfassen, auswerten und die Preise des eigenen Unternehmens entsprechend erhöhen oder erniedrigen. Wenn eine Marke bei der einen Kette geht, kann die andere das eigene Produkt unter dessen Label verkaufen, denn oft haben beide Ketten dieselben Hersteller oder Zulieferer. Es gibt also kaum oder gar keine Konkurrenz, sondern eher eine, wenn auch unausgesprochene, Kooperation. Und wenn die genannten Kartellbehörden dies offiziell genehmigten, würden die Konzerne ihren eigenen Grundsatz, dass Konkurrenz das Geschäft belebe, unterlaufen und sich wechselseitig aufkaufen. Dies wäre dann der Winner, der it all takes.

Auf Amerikanisch klangen solche Sätze immer weniger verwerflich oder wissenschaftlich fundierter. Dies verändert sich seit der Präsidentschaft von Donald Trump. Und wenn dann einer alles hat, bestimmt er natürlich die Preise, wie er will. Die Preise werden erst heruntergesetzt, und zwar so lange, bis man das Monopol errungen hat. Danach werden sie selbstverständlich erhöht, denn der Konkurrent ist ausgeschaltet und kann nicht nachziehen. Auf diese Weise lässt sich auch Ware von guter Qualität vom Markt nehmen und durch Billigprodukte ersetzen. Nicht die Starken überleben, wie man uns dies ständig suggeriert, als habe man die Evolution erfunden, sondern die Fetten mit den größten Rücklagen, welche sie sich auf die genannte Weise ergaunert haben.

Ein Supermarkt und ein Wochenmarkt, beide bezeichnen sich als Märkte. Sich selbst bezeichnen Supermärkte gern als Discounter, wieder so ein amerikanisches Wort, das mehr verschleiert, als es erklärt. Ein Discounter ist einer, der Preise nachlässt. In Zeiten des Klassenbewusstseins hätte man ihn abfällig Billigheimer genannt. Aber haben beide, Supermarkt und Wochenmarkt, so viel gemeinsam, dass sie den gleichen Namen tragen sollten? Überhaupt, ist Marktwirtschaft gleich Marktwirtschaft? Ein Wochenmarkt findet, wie der Name vermuten lässt, nicht an jedem Tag in der Woche, sondern nur an einem bestimmten statt. Die Waren, die dort verkauft werden, sehen anders aus, wurden unter anderen biologischen und sozialen Bedingungen hergestellt und werden zunehmend anders verpackt. Sind damit nicht diese verschiedenen Märkte, wenn wir sie alle so bezeichnen, wirklichere Konkurrenten, da sich ihr Angebot grundsätzlich voneinander unterscheidet? Demgegenüber will man uns weismachen, es handele sich um unterschiedliche Kunden, um nicht zuzugeben, es seien Klassen, die unterschiedliche Erwartungen beziehungsweise unterschiedliches Kaufverhalten hätten. Aber wenn das Angebot vor der Nachfrage steht, sollte der Anbieter in die Pflicht genommen werden. Dies würde aber konsequenterweise bedeuten, die Wettbewerbsbedingungen dieser unterschiedlichen Anbieter anzugleichen. Subventionieren bedeutet in diesem Kontext, den Wettbewerb durch politische Entscheidungen zu unterlaufen, zumeist zugunsten derjenigen, die ohnehin schon den Markt dominieren und Wettbewerb verhindern. Wenn es sich aber um näher bezeichnete Bedingungen handelt, unter denen der Markt möglichst fair stattfinden soll, ist die Politik gerade gefragt. Dabei gilt es, nicht nur Kartellbedingungen zu prüfen, sondern auch alle anderen zu überprüfen. Da zum Beispiel die Herstellung von Palmöl, genauer gesagt, die Möglichkeit, dieses herzustellen, derartige Mengen an Ressourcen zerstört, dürfte schon gar keine Genehmigung zur Einführung erteilt werden, zumal in diesem Prozess die kriminelle Energie schon im Vorfeld nachgewiesen werden kann. Sollte eine Genehmigung doch erteilt werden, müsste der aufgrund der verbrauchten Ressourcen errechnete Preis dermaßen hoch sein, dass sich die Produktion von vornherein nicht lohnt.

Gerade gestern (4. 2. 2020) sandte die Kanzlerin einen Appell an die Konzerne, sich fairer auf dem Markt zu verhalten und nicht künstlich die Preise, zum Beispiel für Milchprodukte, zu drücken. Jahrzehntelang haben sie und ihre Partei durch ihre Politik diesen unfairen Markt und seine Konzerne gehätschelt und tun es immer noch, und nun appelliert die auf dem Papier mächtigste Person dieses Landes, als habe sie einen Posten bei der Verbraucherzentrale, an die Unternehmer. Diese kontern, die anderen würden auch …, und sie könnten nicht ausscheren, weil sonst nicht mehr wettbewerbsfähig … So blöd das Argument, denn die Falle hatte man ja selbst aufgebaut. Aber da alle Beteiligten dies Lied der Marktmanipulation mitgesungen, verwundert diese niveaulose Argumentation nicht weiter.

Natürlich gilt das Prinzip, dass der Gewinner alles nimmt, global. Von daher scheinen diktatorische Staaten oder solche, die einen Staatskapitalismus betreiben beziehungsweise einem radikalen Neoliberalismus frönen – der Neoliberalismus ist fast ausnahmslos radikal oder entwickelt sich nach Einführung dorthin –, im Vorteil. Dies ist so, weil der Monopolist bereits feststeht. China als Staatsmacht verdient an allen Hotels des Landes, von der Badstraße bis zur Schlossallee. Damit nicht genug, kaufen sie weitere im Rest der Welt ein, um dort Marktführer zu werden. Diese Art von Konkurrenz belebt auf Dauer nicht das Geschäft, sie macht es kaputt. Wenn einer alles besitzt, sind die vormaligen Kunden zu Leibeigenen oder Sklaven des Geschäfts geworden (oder haben die sprichwörtliche Pistole auf der Brust).

Von daher finde ich es notwendig, den jeweiligen Lebensbedingungen in einer Gesellschaft einen eigenen Wert beizumessen, geradezu eine neue Definition von Wohlstand zu erforschen. Diese sollte zuerst einmal vom Reichtum entkoppelt werden und sich nach grundsätzlichen Bedürfnissen wie saubere Luft, sauberes Wasser, ausreichende und gesunde Nahrung richten. Und dies sollte global gesehen werden, denn der Markt agiert ja auch auf der ganzen Welt. Inzwischen weiß man, dass der Reichtum der einen die Armut der anderen zur Folge hat und umgekehrt. Verabredungen über das Kehren werden erst dann mit den Nachbarn verhandelt, wenn der Zustand vor der eigenen Haustür zufriedenstellend ist.

Diese beschriebene Art falscher Konkurrenz ist durch nichts gerechtfertigt, weder moralisch noch wissenschaftlich begründet. Wenn alle Menschen Sklavenhandel betreiben würden, wäre dies noch immer nicht moralisch vertretbar, selbst wenn Menschen sich überwiegend in einer Abstimmung dafür entschieden, dass Sklaverei gewollt sei. Sklaverei ist Unrecht, ein Verbrechen, global. Auch eine Sklaverei – es ist nicht nötig, diese zu definieren, denn jeder weiß, was dies ist –, die anders genannt wird, bleibt eine solche. Eine Ökonomie, die sich über Sklaverei definiert, ist keine, denn sie basiert ja auf einer Unrechtssituation, es dürfte sie eigentlich gar nicht geben. Was ich mit diesem drastischen Beispiel sagen will: Eine Ökonomie, die sich nach ihren, in diesem Fall falschen Bedingungen etabliert hat, reproduziert sich nur selbst. Es ist ein auf dem Rücken ausgebeuteter Menschen hergestelltes Gebilde, das als eine Art Naturgesetz verkauft wird.

Der Wochenmarkt müsste nicht nur neben dem Supermarkt stehen, er müsste auch, nicht zu den gleichen, aber zu gleich fairen Bedingungen arbeiten. Daneben müsste es einen Bio-Supermarkt und einen Einzelhandel und einen Fachhandel geben. Statt Selbstkontrolle wird Selbstreflexion praktiziert und eine Fremdkontrolle von unabhängiger Stelle. Es ist utopisch, einen Kapitalismus, der seit dem Neolithikum immer wieder erstarkt ist (siehe Erich Fromm »Anatomie der menschlichen Destruktivität«), ausmerzen zu wollen. Aber es lohnt sich, ihn zu kontrollieren und immer wieder in die Schranken zu weisen. Dies bedeutet auch, dass Politiker wieder zu ihrem angestammten Platz und zu ihrer vorgesehenen Rolle zurückkehren. Sie sind demokratisch gewählte Parlamentarier. Auf Foren, die dem Geschäftemachen dienen, haben sie nichts verloren. Umgekehrt sollten Lobbyisten nur in nicht öffentlichen Institutionen ihren Beruf ausüben dürfen. Monopolgesellschaften gehören verstaatlicht.

Förderlich wäre auch, Börsen langfristig auszutrocknen, bevor sie überflüssig sein werden, weil nur wirkliche, also keine virtuellen Produkte auf dem Markt zählen. Die vormaligen Börsen können ja einer Lotto- oder Wettgesellschaft angeschlossen werden. Banken sollten wieder in die Funktion zurück, die sie ursprünglich innehatten oder hätten innehaben sollen. Sie haben eine dienende Funktion, und es sollte ihnen verboten werden, irgendwelche spekulativen Geschäfte in eigener Sache zu tätigen. Sie unterliegen diesbezüglich strengen Kontrollen, genießen aber dafür auch staatlichen Schutz.

Meine oben vorgestellten Ideen und Schlussfolgerungen entstammen keinem Lehrbuch. Mit dem normalen Menschenverstand, welcher so häufig für sich in Anspruch genommen wird, haben sie auch nichts zu tun, wenn dann eher, statistisch gesehen, mit dem abnormalen. Die Worte »normal« und »Menschenverstand« sollten in Schulaufsätzen zukünftig kritisch angemerkt werden. Zumeist handelt es sich um eine Floskel, die ausdrücken will, ohne es zu benennen, nämlich, sich mit der Mehrheit sicher zu fühlen – zumeist gegen eine Minderheit –, ohne über eine Sache wirklich nachgedacht zu haben, geschweige denn die Verantwortung für das Gesagte zu übernehmen. Über diesen normalen Menschenverstand will man immer selbst verfügen, um ihn anderen abzusprechen. Und wer oder was ist schon normal. Die Norm ist eine Linie. Ein Intelligenzquotient von 100 ist zum Beispiel die Norm, folglich sind alle, die darunter oder darüber liegen, nicht ganz normal.

Bisher wurden die Lehren von Marx kaum je konsequent angewandt. Allenfalls Konzerne wenden Marx umgekehrt proportional nach dem Motto an: Großunternehmer aller Länder vereinigt euch! Schafft Win-win-win-Situationen untereinander! Gebt den Helfern und Helfershelfern einige Brocken von eurem Gewinn ab. Schafft neue Märkte, am besten in Regierungsverantwortung. So bestimmt ihr die Bedingungen selbst, die ihr für eure Geschäfte braucht! Die Verluste gleichen die Massen der Ausgebeuteten aus. Diese lassen sich immer auf eine schlechte Konjunktur oder auf das Unvermögen derer zurückführen, denen es verwehrt war, ihres eigenen Glückes Schmied zu werden, weil sie nie das Kapital hatten, um das Glück zu zwingen. Und falls es wirklich mal schiefgehen sollte, haben wir immer noch genug, um uns billig Geld zu leihen, das wir in todsichere Projekte investieren können.

(2020)

Fußball als Religion

Der weltweit organisierte Fußball gleicht immer weniger einer sportlichen Vereinigung, sondern neben dem universellen Einfluss kapitalistischer Interessen oder durch eben diese in ihrer ideologischen, normativen und rituellen Ausrichtung einer Art Kirche. Womöglich haftete institutionalisierter, sportlicher Betätigung, mehr oder weniger bemerkt, von Anfang etwas davon an. Indem Menschen vor zirka 3500 Jahren auf Kreta über Stiere sprangen, wurde dies nicht in erster Linie als sportliche Leistung verstanden – jedenfalls nicht um ihrer selbst willen, und wenn, dann nur von den Betroffenen selbst, indem sie um das nackte Überleben kämpften –, sondern der Ritus musste in einer bestimmten Weise vollzogen werden, weil er einem heiligen Zweck diente. Dieser dürfte, bevor er religiöse Züge trug, in seinem Ursprung animistische Bedeutung gehabt haben. Die Geister oder Ahnen von Mensch und Tier sollten milde gestimmt werden. Denkt man noch weiter zurück, hatte sich der Mensch vom Gejagten zum Jäger entwickelt, und dafür zwang er sich, immer wieder Sühne zu leisten und sich gleichzeitig an den vormaligen Jägern zu rächen. Aus dem letztgenannten Grund werden abgerichtete Raubtiere im Zirkus vorgeführt.

Moderner Fußball entwickelte sich im Vergleich dazu vor nur geringer Zeit als Mannschafts- und Wettkampfsport, also in einer Phase, als sportliche Betätigung schon als Ertüchtigung des Körpers und Freizeitbeschäftigung entdeckt war, wenngleich allen Mannschaftssportarten in ihrem Wettkampfcharakter etwas Archaisches anhaftet, eine Kampfhandlung in spielerischer Form. Natürlich ging es von Anfang an im Fußball auch um Geld, aber es handelte sich um vergleichsweise geringe Summen, etwa durch

Sponsoring, Spenden oder kommunale Zuschüsse. Der Wettkampf um des Sieges willen, das Niederringen des Gegners standen im Vordergrund des Interesses. Die Bedingungen des Wettbewerbs der Vereine waren von Anfang an aber nie wirklich gleich. Zwar durfte jede Mannschaft nur 10 Feldspieler und einen Torwart einsetzen, aber eine Stadt konnte zum Beispiel mehrere tausend Einwohner zählen, und die Anzahl junger Männer, die Fußball spielten, war damit bedeutend größer als die aus einem Dorf, das nur einige hundert zählte. Auch unterschiedliche Bedingungen und Ausstattungen spielten von Anfang an eine Rolle.

Als Mannschaftssport haftete dem organisierten Vereinsleben von Anfang an ein ritueller Touch, etwas Pseudoreligiöses an. Wie die Kirche gehörte bald auch der Fußballplatz zum Dorf oder zum Stadtteil. Bis heute werden wie bei religiösen Feiern Fahnen geschwenkt, Pokale sehen aus wie Messkelche und Schaukästen enthalten wertvolle Reliquien. In neuerer Zeit entstanden Halls of Fame, die Krypten oder Mausoleen gleichen. Fußball wird auf eigens dafür hergerichteten Plätzen gespielt. Am Anfang waren die Regeln noch vergleichsweise einfach. Bald glich der geregelte Ablauf einer zeremoniellen Handlung, die durch einen Zeremonienmeister, den Schiedsrichter, überwacht wurde, an seinem Dress, früher durch die dunkle Kleidung einem katholischen Priester ähnlich, leicht zu erkennen.

Noch bis in die Anfangszeiten der Bundesliga behielt die Kapitalisierung des Fußballs etwas Überschaubares, hielt sich in Grenzen. Im Nachhinein lässt sich jedoch erkennen, dass, wenn erst ein Anfang bezüglich Geldgeschäften gemacht ist, diese mit der Geschwindigkeit eines Flügelstürmers dahinsausen. Die Kapitalisierung nahezu aller Lebensbereiche bewirkte, auch durch Unterstützung der Medien, einen ungeheuren, ausufernden

Popularitätsboom im Fußball. Eigentlich ist es sogar umgekehrt: Gerade das Fußballspiel als Geschäftszweig mit immer neuer, weltweiter Generierung von Pfründen ungeheuren Ausmaßes hat eine globale Kapitalisierung des Alltagslebens gepuscht. Geld ist nicht nur Zahlungsmittel, sondern auch Ritus und ein kaum zu unterschätzendes Einfluss- und Machtinstrument. Ihre Zentralverbände wie DFB, UEFA oder FIFA herrschen absolutistisch, geradezu uneingeschränkt. Die FIFA regiert zentralistisch wie die katholische Kirche im Mittelalter und leistet sich ebensolche Skandale. Ihre Päpste verfügen über Hausmächte, setzen Vasallen ein, und ein Heer von gehorsamen Funktionären, die innerhalb ihrer Machtbereiche regieren wie Fürstbischöfe, folgt ihnen. Ebenso wie Diözesen im Mittelalter intrigieren sie, lehnen sich gegen die Zentralgewalt auf oder biedern sich dieser an, um ihren Einfluss zu vergrößern. Das Spiel ist Weihehandlung, Gottes-, eher Götzendienst als Religion und Religionsersatz zugleich. Innerhalb weniger Jahrzehnte sind im Fußball alle Formen einer Art Feudalgesellschaft präsent. Es gibt Champions, Mittelklasse, Unterklasse, auf informeller Ebene Underdogs. Die Champions sind zum Gewinnen verdammt, denn es geht zum einen um ungeheure Summen, zum anderen um Ehre und Wahrung von Prestige, aber eigentlich lassen sich diese beiden Kriterien nur noch verbal unterscheiden. Tatsächlich gehen sie nahtlos ineinander über. Je reicher ein Verein, umso einflussreicher ist er, umso mehr besteht eine ehrenhafte, ritualisierte Pflicht zum Sieg mithilfe und Unterstützung des Geldes als oberstem Gott. Ein erfolgloser Verein kann in wenigen Jahren pleitegehen. Damit verliert er auch seine Herrlichkeit und seine höheren Weihen. Es regiert nur noch Schmach, Schuld und eine nicht eingestandene Scham. Eine Ausnahme bilden die treuesten Fans, die auch in Zeiten der Verbannung in eine untere Liga zu ihrem Verein halten, nicht umsonst aufgrund ihrer Kleidung und ihres Gehabes Kuttenträger genannt, da sie wie Bettelmönche stoisch die Zeiten der Armut und Erfolglosigkeit ertragen und den Vereinsbossen in der Rolle von nach Ruhm und Reichtum süchtigen Amtskirchenvertretern den Spiegel vorhalten. Jedenfalls versuchen sie es. Der DFB bricht als Rache den Bann über sie, indem er sie bei Nicht-Einhaltung strenger Regeln zu kriminalisieren und auszuschließen droht. Oder umgekehrt verhalten sich Hooligans wie ein fanatischer Mob und gerieren sich, als wollten sie zu einem Kreuzzug aufbrechen.

Die Stadien repräsentieren die Macht und den Reichtum der Vereine, mittelalterlichen Domen vergleichbar. Es gibt immer größere und gewagtere architektonische Konstruktionen, die möglichst vielen Menschen Platz bieten sollen. Wie in Städten und Klöstern des 13. oder 14. Jahrhunderts versuchen Bauherren einander zu übertreffen, verschulden sich dabei hochgradig und geraten in die Abhängigkeit zwielichtiger Finanziers mit egomanischen Eigeninteressen.

Die Regeln im Fußball werden immer komplizierter, als Folge auch deren Einhaltung und die Kontrolle derselben. Sobald sich Regeln und Gesetze ausdifferenzieren, braucht es machtvolle Kontrolleure, sonst droht Chaos. Umgekehrt lässt es sich auch verstehen, indem die Kontrolle über das Spiel und dessen mögliches Ergebnis durch komplizierte Verfahren implementiert wird. Man denke nur an die Auslosung für große Turniere: Die reichsten und erfolgreichsten Mannschaften kommen von vornherein nicht in den selben Lostopf, damit die finanzstärksten Vereine möglichst lange im Turnier bleiben. Was Regeln angeht, nenne ich als Beispiele das Handspiel und die Abseitsregel. Dem Schiedsrichter wird in beiden Fällen ein großer Entscheidungsspielraum, dadurch eine ungeheure Macht zugesprochen. Da er bei der zunehmenden Schnelligkeit und Unübersichtlichkeit des Spiels grundsätzlich überfordert ist, auch wenn ihm Linienrichter assistieren, ist ihm das Recht einer Tatsachenentscheidung zugestanden. Diese ähnelt dem Gottesurteil früherer Zeiten oder der Unfehlbarkeit von Papstentscheidungen. Der Schiedsrichter selbst entwickelt sich zunehmend zu einem Priester, der Sünder bestraft, aber wie ein solcher seine einflussreiche Rolle verleugnet, denn er gilt nur als Diener des Herrn bei einer zeremoniellen Handlung, einem Gottesdienst. Mit Begriffen wie »ausgleichende Gerechtigkeit« wird suggeriert, es handele es sich um ein quasireligiöses Ritual. Es gibt Sündenregister, höhere Instanzen, Vergebungen von Sünden usw. Für den Rest sorgt das Geld. Ich würde die alten Regeln gerne auch mit den immer wieder gebetsmühlenartig vorgetragenen Nachteilen in Kauf nehmen, wenn nicht mehr so viele Spielergebnisse durch Fehl- oder Ermessensentscheidungen der Schiedsrichter so beeinflusst würden, dass es einer Manipulation gleichkommt.

Seit einiger Zeit gibt es nun den offiziellen Videobeweis. Dadurch werden Entscheidungen grundsätzlich objektiver, denn es kann mit ziemlicher Genauigkeit festgestellt werden, ob ein Spieler zum Beispiel im Abseits war oder eben nicht. Damit nicht der Eindruck entsteht, dem Schiedsrichter würde indirekt die Spielleitung genommen oder seine Autorität untergraben, muss eigens immer wieder betont werden, dass Videoschiedsrichter keine Entscheidungsmacht besitzen. Faktisch ist es jedoch so, dass der Schiedsrichter sich zwar selbst ein Urteil bildet, indem er sich die Rückblende im TV ansieht, aber allein der Anruf, das Aufmerksammachen beinhalten einen Einfluss, gegen den sich ein Schiedsrichter kaum wehren kann.

Innerhalb der Schiedsrichterzunft herrscht, wie man aus internen Berichten weiß, eine strenge Hackordnung. Die Feedbacks von Oberschiedsrichtern nach Spielen in Profiligen haben nicht selten den Charakter einer vernichtenden Abkanzelung. Im Gegensatz dazu spielen sich Schiedsrichter im Amateurbereich der unteren Klassen nicht selten wie Feldwebel auf, behandeln die Spieler wie Untergebene, duzen selbstverständlich, reagieren aber pikiert, wenn diese ebenso mit ihnen sprechen. Ständig fordern sie Respekt ein, lassen es aber selbst an Einfühlungsvermögen fehlen. Wenn Spieler oder Trainer mal im Affekt reagieren und sich verbal echauffieren, werden sie sofort bestraft. Diese mangelnde Einfühlung, in allen Spielklassen zu beobachten, kommt einer Respektlosigkeit gleich. Der Leistungsdruck steigt kontinuierlich, die Geldsummen stapeln sich in schwindelerregende Höhen. Ich will damit nicht rechtfertigen, dass Menschen beleidigend werden, dies sollte unmittelbar und konsequent geahndet werden. Aber man kann nicht einerseits einen solch ungeheuren Druck von allen Seiten aufbauen, der noch zusätzlich durch Kampfvokabular gepuscht wird – denn es genügt nicht, dass gekämpft, es muss auch immer noch gefightet werden bis zum Letzten –, und andererseits ständig korrektes Verhalten einfordern wollen und bei der geringsten Aufregung bestrafen.

Damit sind wir wieder beim oben genannten Vergleich: Im 21. Jahrhundert werden keine Sünder mehr zur Sühne gezwungen, aber die Kirche DFB bestraft Fußballspieler und deren Fans. Flüchtlinge, Pflegebedürftige und Kinder werden indirekt von der Gemeinschaft durch Mangel an Fürsorge bestraft. Oder einfach gesagt, es werden Menschen bestraft, die keine kapitalistisch verwertbare Leistung erbringen. Auf die Kriminellen komme ich später noch einmal zurück. Durch diese gesellschaftlichen Zustände fühlen sich die Organisationen des Fußballs in ihrer feudalistischen Haltung zusätzlich bestätigt.

Wie es immer mehrere Weltreligionen nebeneinander gab und gibt und mächtige Institutionen, die diese absolutistisch vertreten – auch hier belebt Konkurrenz das Geschäft –, darf es eine Gruppe von Weltspitzenvereinen geben. Mal darf Barcelona, mal Bayern, ManU oder Real die Trophäe und die dazu gehörenden Millionen erringen. Gewinnt ausnahmsweise ein Verein mit kleinem Budget gegen einen mit großem Namen, ist schnell vom Kampf zwischen David und Goliath die Rede. Überhaupt werden Vergleiche aus Religionsgeschichte und dem Alten Testament gerne als Erklärung für diverse Phänomene genutzt. Spieler, die Regeln übertreten haben, werden selbstverständlich als Sünder bezeichnet. Jedes mögliche Ergebnis erhält im Nachhinein seine rituellen Weihen, verabreicht von Wort- und Schriftgelehrten der Sportjournalistenzunft. Diese Kaste unterliegt strengen Regeln des Kommentars. Dies lässt sich am Beispiel der Beurteilung von Schiedsrichterentscheidungen – grundsätzlich Schelte genannt, weil nie die Zunft, sondern im Zweifelsfall immer das Individuum kritisiert werden darf – oder an der von Fanverhalten aufzeigen.

An den benutzten Adjektiven zeigt sich der Status quo oder die Ansage, die ausgegeben wurde. Nehmen wir die Behandlung des Themas Korruption: Zuerst kann nicht sein, was nicht sein darf. Bestechung und Korruption kommen im Fußball nicht vor, so wird stereotyp behauptet. Der Fußball ist sauber. Wer anderes sagt, ist ein Nestbeschmutzer. Oder es wird argumentiert, dass wir Fans es doch so haben wollten, unser Sommermärchen zum Bespiel; deshalb seien wir selbst schuld, wenn wir im Schmutz wühlen, und es uns – das Sommermärchen – kaputtmachen. Die heiligen Kirchen DFB, UEFA und FIFA sorgen schon gut für uns und unser Wohlbefinden als Fußballfans. Ist der Fall so weit recherchiert, zumeist von Journalisten anderer Zünfte, die Tatsachen zu bedrängend sind, sodass weitere Leugnungen die Sache nur noch verschlimmern würden, erfolgt ein Strategiewechsel, und derselbe Journalist, der vorher brav gebüttelt hat, bezeichnet sich nun als investigativ, während die Verbände versprechen, für Aufklärung zu sorgen, die immer mit dem Beiwort lückenlos versehen wird, so wie ein Hattrick immer lupenrein sein muss und eine träge Spielweise pomadig. Dieses Adjektiv »lückenlos« darf man inzwischen in seiner Formelhaftigkeit als Indiz für die folgende Salamitaktik verstehen: Nun darf auf Einzeltäter, die inzwischen von der Kirche Fußball exkommuniziert wurden, auf die sogenannten schwarzen Schafe eingeprügelt werden. Sie müssen immer als Ausnahmen von der Regel zu gelten haben, sonst trügen sie nicht diesen Namen, denn der Konzern selber hat ausschließlich aus weißen Schafen zu bestehen. Oberstes Gebot ist, dass der reibungslose Ablauf der Spiele immer geschützt bleiben muss. Es ist zu viel Geld im Spiel. Wenn das Mütchen gekühlt und einige Faktenfetzchen in opulenten Pressekonferenzen zur Veröffentlichung vorgelegt wurden, wird die Aufklärung, die in der Hauptsache aus Lücken bestand, für beendet erklärt, oder es beginnt der lange Prozess des Aussitzens und der Verjährung.

Wenn der sprichwörtliche Fisch bis ganz nach oben stinkt, wie am Beispiel des FIFA-Präsidenten Blatter erlebt, wenn es gar nicht anders geht, weil das ganze Gebäude aus Korruption, Vetternwirtschaft, Vorteilsnahme, Steuerhinterziehung und Bestechung zu wanken beginnt, wird ein Rollenträger kurzfristig durch einen anderen aus demselben Stall mit denselben Tugenden eines Mafia-Paten ersetzt. Wirklich wie Kriminelle behandelt werden nur die Fans auf den billigen Plätzen, die mit Feuer gespielt haben. Die anderen Brandstifter, die vorbestraften Steuerhinterzieher allen voran, agieren wie die Saubermänner, die sich vorher einer Geldwäsche unterzogen haben.

Wenn es um Ethik oder Glaube geht, sind die Heuchler und Pharisäer nicht weit. Wo beginnt eine Geschichte oder anders gefragt: Wo beginne ich sie zu erzählen? Die 50+1-Regel ist eine Vorschrift in den Statuten der Deutschen Fußball-Liga. Sie besagt, dass es Kapitalanlegern nicht möglich ist, die Stimmenmehrheit bei Kapitalgesellschaften zu übernehmen, in der Fußballmannschaften ihre Profimannschaften ausgegliedert haben. Erlaubt ist hingegen, dass sich die Mehrheit des Kapitals im Eigentum privater Investoren befindet. 50+1 besagt, dass der Mutterverein mehr als 50 Prozent der Stimmenanteile innehaben muss. Damit soll verhindert werden, dass ganze Fußballvereine von einem Geldgeber gekauft werden, wie dies in England beispielsweise der Fall ist. In Deutschland hat dies aber dazu geführt, dass die Sponsoren zwar nicht alle Macht innehaben, aber einem Verein so viel Geld zukommen lassen können, dass dieser über einen außerordentlich hohen Etat verfügt, bei dem viele andere Vereine nicht mithalten können. Welchen Einfluss diese Sponsoren hinter den Kulissen ausüben, lässt sich denken. In der Bundesliga hat dieser Sponsorenfußball mit Konzernvereinen wie Bayer Leverkusen begonnen. Inzwischen zählen in der 1. Liga der VFL Wolfsburg, 1899 Hoffenheim oder RB Leipzig dazu. Dies hat natürlich auch zur Folge, dass einige Traditionsclubs kaum noch Chancen haben, in die 1. Bundesliga aufzusteigen oder sich dort zu halten.

Parallel zu dieser Entwicklung sind die Vereine kaum noch auf die Eintrittsgelder über Stehplätze angewiesen, die zumeist von den Mitgliedern von Fanclubs und den Kuttenträgern genutzt werden. Je teurer die Eintrittskarten, umso besser werden deren Inhaber behandelt. Fußballfans auf Stehplätzen wird schnell mit Kollektivstrafen gedroht, wenn Einzelne gegen Regeln verstoßen. Obwohl zwischen Vertretern von Fankollektiven und DFB ausgehandelt wurde, in Zukunft keine Kollektivstrafen mehr auszusprechen, dürfen zum Beispiel Fans von Borussia Dortmund nicht mehr ins Hoffenheimer Stadion, weil einige den Mäzen des Vereins, Dietmar Hopp, mehrfach beleidigt hatten. Vor einiger Zeit nun haben sich Fans unterschiedlicher Vereine abgesprochen und bei mehreren Spielen Banner entrollt, auf denen Hopp im Fadenkreuz abgebildet war. Die Schiedsrichter waren angewiesen, das Spiel zu unterbrechen, wenn derartige Pöbeleien, Geschmacklosigkeiten und Beleidigungen geschehen. Dies taten sie dann auch. Eine weitere Parallelgeschichte: Immer wieder werden farbige Spieler während eines Spiels von den Rängen herunter beleidigt und beschimpft. Folglich hätten auch diese Spiele unter- oder abgebrochen werden müssen. Dies geschah noch nie. Stattdessen wurde ein Spieler, der wegen ständiger Beleidigungen irgendwann genervt reagierte, wegen eines harmlosen Foulspiels vom Platz gestellt. Nach dem Spiel Hoffenheim gegen Bayern München, bei dem dieses Banner mit Hopp im Fadenkreuz zum ersten Mal gezeigt worden war, echauffierte sich ein Vereinsboss von Bayern München über alle Maßen, forderte harte Strafen, sprach von Todesdrohungen und meinte salbungsvoll, sich für den deutschen Fußball schämen zu müssen. Für die Trainingslager seines Vereins in Katar, wo Menschen beim Stadionbau wie Sklaven behandelt werden, hat er sich nicht geschämt. Natürlich wurden diese Plakate im Fernsehen gezeigt, sorgten sie doch für Quote. Die Fans konnten leider auf diese üble Art und Weise auf sich und ihr Anliegen aufmerksam machen. Am nächsten Spieltag versuchten sie es mit pfiffigeren und originelleren Plakaten und differenzierten Aussagen, auf denen auch die berechtigte Kritik am DFB deutlich gemacht wurde. Diese wurden nicht im TV gezeigt. Das Böse zeigt Wirkung und macht Quote, differenzierte Kritik bleibt unerwähnt. Dies sind die Gesetze des Marktes.

Wie leicht lassen sich Spiele manipulieren, zum Beispiel durch einen falsch gepfiffenen Handelfmeter oder indem ein Spieler wegen Geringfügigkeiten vom Platz gestellt wird. In jedem Spiel ergeben sich für mehrere dieser Varianten diverse Gelegenheiten. Sollten diese wider Erwarten ausbleiben, gibt es immer noch die brachialeren Methoden wie beim Relegationsspiel Karlsruher SC gegen den HSV. Der Schiedsrichter gab kurz vor Schluss einen Freistoß für den HSV in aussichtsreicher Position, der mit Sicherheit keiner war. Dieser wurde verwandelt. Der HSV blieb in der 1. Bundesliga. Hat mal jemand ausgerechnet, wie viele Millionen dieser falsche Pfiff und das daraus resultierende Tor wert waren? Wie bei Geldwäsche und Briefkastenfirmen praktiziert, kann ein Schiedsrichter über Strohmänner irgendwo in der Welt eine Wette abschließen oder er kann von wem auch immer unter Druck gesetzt werden. Der Druck ist ohnehin schon so hoch, dass man sich wundern muss, dass nicht in jedem Spiel eklatante Fehlentscheidungen getroffen werden. Ich unterstelle keinen Schiedsrichter oder Funktionär etwas persönlich, aber die Versuchung in einer Gesellschaft beziehungsweise in einer globalisierten Welt, in der permanent zwielichtige Geschäfte abgeschlossen werden, ist einfach zu groß; es gibt Gelegenheiten zu Hauf, nicht nur für professionelle Diebe.

Andere spielentscheidende Kriterien mehren sich. Möglicherweise wird die Weltmeisterschaft in Katar gewinnen, wer sich am besten auf die Hitze vorbereitet. Apropos Katar: Berthold Brecht fragte in einem Gedicht, wer das siebentorige Theben erbaut hatte. Lesen oder hören wir noch etwas über das Heer der Arbeiter, die unter Sklavenbedingungen die Stadien in Katar bauen?

All die Skandale, sie sind es nur für Außenstehende. Intern bedeuten sie nichts, denn der Fußball ist eine Welt für sich, mit eigenen Regeln, Moralvorstellungen und Gerichten. Eklatante

Verstöße einflussreicher Personen werden nur wahrgenommen, wenn der Druck von außen zu groß wird. Dies dauert lange, denn außerhalb geschieht vom inneren Blickpunkt aus nichts besonderes, die beiden Welten scheinen kaum verbunden miteinander, und wenn, dann sind es zwielichtige Vereinbarungen, die unterschiedlicher nicht verstanden oder interpretiert werden könnten. Natürlich sagen Herr Beckenbauer, Herr Niersbach oder Herr Zwanziger die Wahrheit, es handelt sich um ihre Wahrheit, die des internen Blickes, der ein völlig anderer ist. Ich nehme an, sie haben tatsächlich nicht gewusst, was sie unterschrieben haben, ein Priester vertraut seiner Kirche nicht unbedingt, aber er ist überzeugt, dass sie alles richtig macht. Und außerdem: Wer Brot und Spiele, ein Sommermärchen will, der soll nicht fragen und sich zufriedengeben, schließlich handelt es sich von vornherein um ein Märchen und um nichts anderes. In Märchen werden Bettler zu Königen, und diese wiederum tragen keine Kleider. Hat der Pharao jemals die Menschen gesehen, die seine Pyramiden erbauten? Hatte er eine Vorstellung davon, wie viele bei Unfällen starben? Wollte er es wissen? Gab man einem Gottkönig Informationen darüber? Was unterschrieben diese Herren beim DFB oder bei der FIFA? War es höflich, nach dem Inhalt überhaupt zu fragen? Nicht nur Schiedsrichter treffen Tatsachenentscheidungen. Sie sind nur Vasallen eines großen Ganzen, dessen Herrscher selbst darüber befinden, was die Wahrheit sei und für wen sie gilt. Für einen Arbeiter aus Nepal oder dem Sudan, der beim Bau der Stadien in Katar Hilfsarbeiten verrichtet, gilt sie bestimmt nicht. Er ist lebender Teil des Materials, nicht einmal Produkt. Eine Lichtgestalt dagegen wird in ihren menschlichen Proportionen nicht wahrgenommen, sie schimmert in einem blendenden Glanz von Gold, und irgendwann nimmt sie selber auch nur noch Licht wahr, eben nicht die, welche im Schatten wirken.

Irgendwann, fast unmerklich – der Prozess ist wohl längst eingetreten – bestimmt der Ritus, das heißt das gewünschte Ergebnis den Spielverlauf dermaßen, dass er zur Formsache wird. Dies muss nicht bedeuten, dass Real oder Bayern immer gewinnen, sondern die Choreografie des Geldes wird zum ausschlaggebenden Faktor. Es heißt nicht umsonst, dass der Pokal nicht etwa seinen individuellen Prozessverlauf hat, sondern seine eigenen Gesetze. Es geht immer darum, dass der Ritus (das Gesetz) sich im Sinne eines optimalen Ergebnisses durchsetzt. Die Spieler selbst müssen deshalb Heroen bleiben. (Großspurig wird der eine oder andere gar als Fußballgott bezeichnet.) Halbgötter zu Lebzeiten sind die Ausnahme, denn die Religion im Dienst des Geldadels lässt sich die Macht nicht nehmen. Außerdem verlieren Einzelspieler schnell ihren Status, selbst bei einer kleinen Krise. Auch Spieler, die vormals Fußballgott genannt wurden, purzeln bei schlechteren Leistungen von den Wolken ihres Götterhimmels, wie Titanen im archaischen Griechenland, Rom oder Indien. Und das Spiel verlangt dem Einzelnen dermaßen Spitzenleistungen ab, dass er selten sein Leistungsniveau auf Dauer halten kann. Nur ausnahmsweise gelingt es einem Spieler, auf dem Höhepunkt seiner Karriere oder kurz danach, dieselbe zu beenden.

Mögliche Novizen des Fußballs werden ihren Eltern schon in jungen Jahren mit hohen Summen abgekauft. Formal gelten Elternrechte bis zur Volljährigkeit, aber das Kind wird nun in einem klosterähnlichen Fußballinternat erzogen. Dort lernt es die Welt des Fußballs von Anfang an, ihre Regeln, ihre Ideologie, ihr Arbeits- und Leistungsverständnis. Manche bleiben für immer in dieser Fußballwelt. Noch bevor sie ihre Profi-Karriere beginnen, gehören sie der Religion Fußball mit Haut und Haaren. Nach ihrer Profi-Karriere werden sie Manager, Trainer, Funktionäre,

Scouts, Berater oder Fernsehkommentatoren. Manchmal wird auch eine neue Rolle eigens für sie erfunden. Die Welt außerhalb des Fußballs lernen sie niemals real kennen, weil sie ihr lange entfremdet sind.

Als der vormalige Präsident von Bayern München entgegen seinem Naturell so schnell mit seinem Urteil einverstanden war und seine Gefängnisstrafe antrat, fragte ich mich immer wieder nach dem Grund. Eigentlich hatte ich erwartet, dass er in gewohnter Weise großmäulig aufbegehrt. Was, wenn er nicht nur privates Geld, sondern das seines Vereins verzockt und vor der Versteuerung versteckt hatte? Schließlich war er zu dieser Zeit reichlich durchgeknallt und konnte dieses nicht mehr von jenem unterscheiden. Wären dem FC Bayern München die Gewinne seiner Meisterschaften wieder aberkannt worden? Wäre der Verein wegen Vorteilsnahme und illegalen Wettbewerbsverbindungen aus den Profi-Ligen verbannt worden? Hätte er Ausgleichszahlungen an die anderen Vereine, die betrogen und um die Früchte ihrer Arbeit gebracht worden waren, entschädigen müssen?

Manchmal frage ich mich, wann der Spuk für mich vorbei sein wird, und ich die Lust verliere. Noch agiere ich, nicht wie ein religiöser Fanatiker, eher wie ein Junkie. Ich will eine größere Distanz zur Droge, weniger Abhängigkeit, ohne ganz verzichten zu müssen. Aber ich werde immer wieder rückfällig. Ins Stadion gehe ich schon seit einigen Jahren nicht mehr. Eines Tages werde ich mich überwinden, den Fernseher auslassen, nicht, weil ich so willensstark sein werde, sondern weil das Produkt immer synthetischer wird. Der Ritus allein turnt nicht an.

Krieg führende Affen

Die Schimpansenforscherin Jane Goodall hat nachgewiesen, und dies wurde auch in einem Film bereits im letzten Jahrhundert dokumentiert, dass ein Clan von Schimpansen sich zusammenrottete, um gegen einen anderen Krieg zu führen, welcher innerhalb seines Territoriums über ein günstiges Nahrungsangebot aus frischen Früchten verfügte. Dabei wurden auch Tiere des angegriffenen Clans getötet, die anschließend von den Siegern aufgefressen wurden.

Da Schimpansen und wir heutigen Menschen gemeinsame Vorfahren haben und zudem genetisch nahe Verwandte sind, ist der Gedanke naheliegend, dass auch Frühmenschen, vor allem, wenn Nahrungsmittel knapp waren, Krieg gegeneinander führten. Wahrscheinlich gibt es nicht den einen Grund, warum die Neandertaler ausgestorben sind. Die Evolution lehrt uns, dass zumeist mehrere und unterschiedliche Kausalitäten zum Aussterben einer Art führen. Es muss nicht unbedingt als Widerspruch verstanden werden, dass wir Homo sapiens sapiens zu einigen Prozenten Neandertalergene innehaben und möglicherweise zugleich diese Menschenart bekämpft und dadurch zu ihrer Ausrottung beigetragen haben.

Haben Schimpansen ein Über-Ich? Verfügen sie über eine primitive Form oder eine Vorform von Ethik oder Moral? Jedenfalls haben die Menschen eine solche entwickelt, und dies kann nicht ohne biologischen Grund geschehen sein. Zum anderen vermitteln uns Forscher aber die Ansicht, in der Natur setze sich nur das Starke durch. Daraus haben die Nazis das sozialdarwinistische »unwerte Leben« propagiert, um psychisch kranke und behinderte Menschen zu ermorden. Indem die Evolution uns Menschen die Ethik mitgegeben hat, oder anders ausgedrückt, das Denk- und Einfühlungsvermögen bezüglich ethischer Zusammenhänge, legt dies den Schluss nahe, dass diese Fähigkeit, wie mehr oder weniger alle anderen, zum Überleben der Art beitragen.

Genetisch betrachtet haben wir mit den Menschenaffen – nomen est omen – das meiste gemeinsam, offenbar auch das Führen von Kriegen. Nun könnten Schlaumeier – wie viele Generationen vor uns – auf die Idee kommen, Kriegführen helfe der menschlichen Art, zu überleben. Sind weniger Menschen auf der Erde, teilen sie sich großzügiger deren Ressourcen zum Überleben und zeugen wieder mehr Nachkommen. Krieg als nicht ganz so natürliche Auslese. In Anbetracht zunehmender Ressourcenknappheit wäre nebenbei auch noch etwas gegen die rigorose Ausbeutung des Planeten getan. Selbst das Gewissen ließe sich beruhigen, da wir uns wie unsere nächsten Verwandten, die Affen, artgerecht verhielten. Aber solcher Art Schlussfolgerungen sind im wahrsten Sinne des Wortes zutiefst unmenschlich. Und so sollten sie auch bezeichnet werden. Juristisch betrachtet wird das Töten in einem Krieg legitimiert. Eine solche Gesetzgebung muss nicht nur angezweifelt werden, sie ist nicht legitim und zeugt von einem verächtlichen Zynismus im Umgang mit Macht. Ein nationales Gesetz darf sich niemals über ein grundsätzliches Normenverständnis erheben. Und schließlich heißt es in den zehn Geboten nicht, du sollst nicht morden, sondern du sollst nicht töten. Auch eine natürliche Hemmung vor dem Töten sollte nach bundesdeutscher Gesetzgebung nicht ausreichen, um vor einem erzwungenen Militärdienst zu bewahren beziehungsweise als Kriegsdienstverweigerer anerkannt zu werden. Man brauchte schon wenigstens einen tiefer gehenden Gewissenskonflikt, um vor dem Grundgesetz bestehen zu können, als es den Grundwehrdienst noch gab. Dieses Grundgesetz mit dem Paragraphen 4 Absatz 3 gab es übrigens schon, bevor die Bundeswehr auf Drängen der Westmächte wieder eingeführt wurde.

Neben den Wissenschaftlern, welche die natürliche Auslese als wesentliche Triebfeder der Evolution begreifen, gibt es diejenigen, welche der Anpassung das Wort reden. So sei der Erfolg des Menschen, sich auf der ganzen Erde ausbreiten zu können, selbst in Wüsten und arktischen Regionen, darauf zurückzuführen, dass er so überaus anpassungsfähig sei. Diese Extreme in der Argumentation von einerseits hoher Anpassung an die Natur, andererseits deren Beherrschung (durch Technik) will mir nicht schlüssig erscheinen. Sie spiegelt viel mehr ein krudes Menschenbild von führen und geführt werden, von Führern und Untertanen. Gerade in der heutigen Zeit ist (wieder) zu beobachten, wie Führertypen die Macht an sich ziehen, um Menschen zu beherrschen und auszubeuten. Nichtemanzipierte, autoritätsfixierte Menschen neigen zu Unterwerfungen, eine Art von Extremismus, der vorgibt, aus der Mitte der Gesellschaft zu kommen beziehungsweise diese zu repräsentieren. Evolutionär betrachtet berufen sich die Nazis auf den Sozialdarwinismus, während Kapitalisten und Neoliberalisten die angebliche Stärke, die sich immer durchsetze, herbeibeten. Mir scheint hingegen folgerichtig, dass es eher Kreativität, Neugierde und Mut neben einer Anpassung an natürliche Gegebenheiten braucht, statt Unterwerfung und den Glauben an ein Führertum. Und früher oder später, so beweist die Geschichte hinreichend, ist diesen Führern ihre Macht zu Kopf gestiegen, und sie haben ihre Untertanen in Not und Elend gestürzt. Folgerichtig bilden sowohl die Forderung, sich die Erde untertan machen zu wollen, als auch einseitige Anpassung und Unterwerfung unter ein Führertum zwei Seiten derselben extremistischen Medaille.

Die Entwicklung von Technik und das Führen von Kriegen stehen in einem Zusammenhang. Je spezialisierter, höher entwickelt die Technik, desto größer die Effektivität des Tötens. Schon in der Gegenwart oder aber in näherer Zukunft – so genau wollen wir es gar nicht austesten – besteht die Möglichkeit, die Menschheit mithilfe hoch entwickelter Technik auszurotten. Gibt es einen genetischen Code, der uns davor schützen kann, uns selbst zu zerstören? Das interessante Phänomen hierbei ist, dass die Evolution gewöhnlich dafür sorgt, dass die Art überlebt, indem sie sich vermehrt. Beim Menschen ist es genau umgekehrt. Er hat als einzige Menschenart überlebt, und er hat keine natürlichen Feinde mehr. Folglich wird er sich selbst zum größten Feind.

Als einzigen Ausweg aus diesem biologischen Dilemma sehe ich das Bewusstsein des Menschen. In diesem Zusammenhang stelle ich dem trivialen Begriff der künstlichen Intelligenz den der ethischen Intelligenz gegenüber. Nur die genetisch bedingte Ethik kann uns davor bewahren, uns früher oder später nicht selbst auszurotten. Schimpansen können nicht nur Krieg führen, sondern auch Werkzeuge gebrauchen, und sie sind zu sozialem Handeln fähig. Wem diese genetisch bedingte Ethik als zu schwach ausgeprägt erscheint, kann sich mit der Perspektive befassen, dieses primitive, unfertige, ethische Bewusstsein, ob unserer kognitiven und emotionalen Intelligenz so schnell als möglich zum Erblühen zu bringen. Ich nenne bewusst diese zwei Intelligenzformen, die sich in einer, der Intelligenz, vereinigt, damit sie nicht in primitiver Weise – sogenannte Kopfmenschen gegen sogenannte Bauchmenschen – ausgespielt werden können. Die Vernunft ist leider von einem Erkenntnis- zu einem Hoheitsbegriff mutiert. Technik allein wird uns nicht weiterhelfen, schon gar nicht das, was wir vollmundig als künstliche Intelligenz bezeichnen, denn sie erfasst immer nur Quantitatives, Zählbares. Auch wenn versucht wird, Lernen immer mehr anwendungsorientiert zu gestalten, nur noch ziel- und ergebnisorientiertes zu lehren und zu prüfen, wird die Qualität und das individuelle Denken nicht verschwinden, allein aufgrund dessen, dass wir es verleugnen. Es bedeutet auch, Menschen würden wieder um der Sache willen streiten. Was wir zurzeit medial hochgepuscht erleben, ist ein gleichförmiges Denken, aber aus unterschiedlichen Lagern heraus. Entweder du stehst auf der einen Seite und reproduzierst deren vorgestanzte Behauptungen oder eben auf der anderen, als ginge es nicht um prozesshaftes Nachdenken, sondern um den Streit um Wahrheiten. Aber Wahrheiten, wenn es denn statt Erkenntnisse welche sein müssen, stehen am Ende eines Denkprozesses, nicht an deren Anfang. (Ich spreche von Denk-, nicht von Gerichtsprozessen, aber selbst dort wird die vermeintliche Wahrheit zum Schluss als Richterspruch verkündet.)

Evolutionär betrachtet haben wir es also mit einem Sowohl-als-auch zu tun, mit der Flexibilität, sich auf Situationen einstellen zu können, als auch diese zu beeinflussen. Evolution ist dabei weit entfernt von Manipulation oder Beherrschung, den Prozess des Entwickelns betreffend. In der aktuellen Umsetzung geht es auch in der Natur um quasi kriegerische Auseinandersetzungen, um Fressen und Gefressenwerden – dies ist nicht zu leugnen. Wir Menschen neigen dazu, die Bezeichnung mit dem Inhalt zu verwechseln, also das, was auf der Packung draufsteht, wichtiger zu nehmen, als das, was sich in ihr befindet, wobei sich das, was als Produkt bezeichnet wird, sich immer mehr vom tatsächlichen Inhalt unterscheidet. Magritte malte eine Pfeife und schrieb darunter: Dies ist keine Pfeife. Er hätte auch eine Pizza malen und darunter schreiben können: Diese Pizza enthält kein Pferdefleisch. Indem der Mensch das Rad erfunden hat, musste dies nicht zwangsläufig dazu führen, dass er Kriegswagen baute. Er hätte es auch dabei bewenden lassen können, Wagen als Transportmittel herzustellen (wenn er ethisch gedacht und einen entsprechenden Beschluss gefasst hätte).

Wenn wir denn schon so stolz auf unsere Intelligenz sind, warum wollen wir denn die Verantwortung für das Ergebnis unseres Denkens delegieren? Stolz ist doch ein ethischer Begriff. Die Intelligenz als solche hat sich evolutionär entwickelt, darauf brauchen wir also keinen Grund zu haben, stolz zu sein. Als Individuum stehen wir für deren ethische Anwendung. Leider haben wir allzu oft keinen Grund, auf das, was wir tun oder unterlassen, stolz zu sein.

Wie bereits Sigmund Freud erkannt und ausgeführt hat, kann das Gewissen die Verantwortung für unser ethisches Handeln nicht bewältigen. Wir können nicht den Affen in uns dafür verantwortlich machen, wenn wir Kriege führen oder zu anderen Bösartigkeiten neigen. Werbepsychologen wissen allzu gut, wie das Gewissen manipuliert werden kann. Das Ich ist Herrin/Herr im Haus, auch wenn es nicht immer danach handelt, und zu dieser Verantwortung sollte es auch stehen. Es lohnt sich allemal, darüber zu reflektieren, damit dieses Ich möglichst selbstbewusst agieren kann. Ja, es geht um Identität. Diese gehört dem Individuum. Das Volk oder andere Zusammenkünfte wissen damit nichts anzufangen, außer es durch die Mühlen des Affekts, des Drills und der Unterwerfung zu pressen.

Die Natur mag in mancher ihrer Ausführungen als grausam erscheinen, in ihrer Entwicklung ist sie behutsam, behäbig, langatmig entschleunigt. Der Mensch hat mehrere Millionen Jahre gebraucht, um sich von einem affenähnlichen Wesen zum heutigen Menschen zu entwickeln. Wir Menschen konnten nur durch schnelles, flexibles Denken und Handeln als Fluchttiere überleben. Aber wir haben uns vor nicht allzu langer Zeit vom Gejagten zum Jäger entwickelt. Genetisch betrachtet sind wir aber immer noch Fluchttiere. Dies bringt uns offenbar dazu, immer weiter und immer wieder Situation zu konstruieren (Fakt oder Fake?), die dieses Spiel von Jagen und Gejagtwerden wiederholt. Jedes große Unternehmen wird von einem noch größeren geschluckt, mächtige Nationen beuten weniger mächtige wirtschaftlich aus oder bekriegen diese, wenn sie sich nicht unterwerfen wollen. Das Lamm, die Kuh, das Schwein werden immer wieder zur Schlachtbank geführt.

Aber wir sind weder Fluchttiere noch primitive Jäger. Können wir dies ob unserer rückständigen Gene nicht begreifen? In meiner Hoffnung neige ich eher zu der Annahme, wir verleugnen unser Reflexionsvermögen, die Möglichkeiten unserer Intelligenz.

Krieg führende Affen Teil 2

Neuere Forschungen haben ergeben, dass die einzelnen Bäume des Waldes auf subtile Weise miteinander vernetzt sind. Nicht nur koordiniert ein Baum das Wachstum in sich, zum Beispiel durch chemische Kommunikationsverbindungen zwischen Wurzeln, Stamm und Krone, sondern die Bäume bilden eine Gemeinschaft, welche untereinander Informationen austauscht, um die Ressourcen eines Waldes zu koordinieren. Nicht nur Bäume alleine bilden dieses diffizile, wechselseitig abhängige Ökosystem, sondern alle anderen Pflanzen, Pilze und Tiere des Waldes sind in dieses involviert und bilden so ein Ganzes. Junge Bäume konkurrieren miteinander um das Licht und damit einen Platz zu leben. Nur wenige von ihnen erreichen das Erwachsenenalter. Die alten Bäume, die bereits einen Platz zum Leben und Wachsen haben, mischen sich in diesen Konkurrenzkampf nicht ein, damit der Wald als Ganzes überlebt. Ich verwende aus Mangel an Alternativen ethische Begriffe, also solche, die auf menschliches Handeln Anwendung finden, in Ermangelung biologischer für diesen Vorgang. Ein ethisches Empfinden von Bäumen ist selbstverständlich nicht nachzuweisen. Dem Mythenforscher und Schriftsteller Tolkien ist es in poetischer Weise gelungen, Bäume, die Ents, zu personifizieren und sie mit genau diesem ethischen Bewusstsein auszustatten, als hätte er die biologische Gemeinschaft des Waldes erkannt, lange bevor es einen wissenschaftlichen Beweis dafür gab. Man könnte an dieser Stelle auch so unterschiedliche Werke wie die von Johann Wolfgang Goethe, James Fenimore Cooper, Henry Thoreau oder Robert Walser anführen.

Am Beispiel des Waldes wird klar, dass sich in der Natur nicht einseitig das Starke durchsetzt oder dass permanente Konkurrenz herrscht, sondern ganz im Gegenteil das Einzelne sich für die Gemeinschaft einsetzt beziehungsweise sich zurücknimmt. Die Natur praktiziert etwas aus biologischen Gründen, was wir Menschen uns erst als Teamwork erarbeiten, weil wir über derartige Instinkte im Lauf unserer Entwicklung nicht mehr verfügen beziehungsweise durch unsere monolithische Stellung in der Evolution nicht mehr oder keinen Zugang dazu haben. (Um nicht missverstanden zu werden: Vernetzung ist kein Wert an sich; erst der Inhalt des Vernetzten, also die Kooperation, macht es dazu.)

Leider habe ich mich bei meinen Überlegungen bezüglich Krieg führender Affen nur mit den Schimpansen befasst und die Bonobos nicht beachtet. Sie sind mit diesen nahe verwandt und sehen ihnen ähnlich. Ihre Art hat sich vor Jahrmillionen in Afrika auf der anderen Seite des Kongo entwickelt, der aufgrund seiner Breite eine natürliche Grenze bildet. Da diese Spezies in ihrem angestammten Territorium immer ausrechend Nahrung finden, führen Bonobos nicht nur keine Kriege gegeneinander, sondern haben weit weniger aggressives Verhalten als Schimpansen entwickelt. Der Zusammenhalt innerhalb der Gruppen ist zudem größer. Beide Arten sind in gleicher Weise genetisch mit uns Menschen verwandt.

Sind Menschen also untereinander aggressiver, weil sie sich um begrenzte Ressourcen streiten, beziehungsweise wird heftige Aggression ausgelöst, sobald Ressourcen knapp werden oder auch nur knapp zu werden drohen? Wenn wir bedenken, dass der Konkurrenzkampf auf einem entfesselten Weltmarkt forciert, also quasi künstlich erzeugt wird, um Wachstum zu generieren, scheint dies zuzutreffen. Die Situation stellt sich so dar, als befänden wir uns in einem ständigen Überlebenskampf, selbst wenn ausreichend Nahrung vorhanden ist. Dadurch, dass wir Konsumgüter wie Smartphones oder Autos als zum Überleben gehörig ansehen und dafür Unmengen von Ressourcen benötigen, glauben wir verblendet, es ginge ums Überleben, wenn nicht gerade das nackte. Wenn Menschen in Kriegsgebieten oder auf der Flucht tatsächlich kämpfen müssen, um zu überleben, fehlt es uns deshalb zunehmend an Einfühlungsvermögen in deren Situation, beziehungsweise, wir sind zu sehr mit dem vermeintlich eigenen Überleben beschäftigt, um uns um andere zu kümmern.

Tatsächlich ist es nun aber so, dass uns die zunehmende Klimakatastrophe als Menschheit fundamental bedroht. Dies löst – siehe Wald als Ökosystem – auch in uns ein Gemeinschaftsgefühl aus, um sich als kreative Individuen in Kooperation und Solidarität gegen diese Zustände zu wehren. Diejenigen, welche dem permanenten Konkurrenzkampf und ewigen Wachstum das Wort reden, haben sich quasi in eine evolutionäre Sackgasse manövriert, denn ein einzelner Baum wird nicht wachsen, und damit unnötig Energie verschwenden, wenn er und der gesamte Wald ums Überleben kämpfen. Als falscher Ausweg wird in Form einer psychischen Abwehr von Realität das Kleinreden oder Verleugnen von Krisen und Katastrophen propagiert. Aber selbst wenn eine Brücke nicht gleich von Einsturz bedroht ist, wird man sie auch aus Kostengründen frühzeitig renovieren, denn je maroder sie wird, umso höher die Kosten ihrer Instandsetzung. Natürlich kann man sie auch ganz verfallen lassen, bis sich eine Renovierung auch aus Kostengründen nicht mehr lohnt, um sie dann ganz neu zu bauen, um damit noch mehr wirtschaftliches Wachstum, sprich Profit zu generieren, und dies mit dem Erhalt von Arbeitsplätzen zu begründen. Selbst wenn man das Argument anführte, dass sich ein Wald, der zum Beispiel durch Brände geschädigt wurde, wieder erholt, sind die Folgen von Zerstörung um ein Vielfaches schneller als die von Regeneration. Bis eine junge Eiche die Menge des Chlorophylls eines erwachsenen Baums erzeugt, braucht sie an die zweihundert Jahre. Ein intakter Wald im Rhythmus von Werden und Vergehen braucht noch wesentlich länger. Außerdem sind die Ressourcen des Planeten als Gesamtökosystem endlich – schließlich bewohnen Menschen die gesamte Erde – und irgendwann kommt, kapitalistisch gesprochen, die dicke Rechnung für alle, welche unweigerlich zur Insolvenz führt.

Schimpansen führen Kriege, aber, mal ganz abgesehen von ethischen und moralischen Einwänden, haben diese keine destabilisierende Funktion für ihr Ökosystem. Indem wir Menschen mit unserem technischen Know-how weiter wie höher entwickelte Affen gelebt haben, genauer gesagt wie Schimpansen, denn wie Bonobos zu leben ist uns inzwischen aufgrund der Ressourcenknappheit verwehrt, sind wir an der Grenze des Wachstums beziehungsweise des Konkurrierbaren angekommen. Wir können schon lange nicht mehr wie die Siedlertrecks in den USA im neunzehnten Jahrhundert weiter nach Westen gehen, denn wir sind längst schon wieder im Osten angekommen, also kann es keine Win-win-Situation mehr geben, nirgends. Auch ein USA-First geht nicht, denn das bedeutet für die anderen Second und Third bis dieser Mehrverbrauch auf diesem inzwischen kleinen Planeten wieder in den USA ankommt, wobei deren Arme arm geblieben sind und nun noch ärmer werden. Also triebhaft-evolutionär haben wir unser Potenzial längst ausgeschöpft.

Bleibt nur noch das Bewusstsein. Wir können nicht länger so tun, als würden wir immer wieder neu vom Baum der Erkenntnis essen und aus dem Paradies vertrieben werden, beziehungsweise unsere Zeit damit vertrödeln, uns dorthin zurückzusehnen oder den Eingang zu suchen oder das Tor davor aufbrechen zu wollen. Stattdessen sollten wir mit den Früchten vom Baum der Erkenntnis etwas anfangen, selbst wenn wir fest daran glauben, genetisch so programmiert zu sein, dass wir nicht anders als gierig und destruktiv sein können. Erkenntnis ist nämlich mehr als ein moralisches Prinzip, eine aus dem Affekt geschlossene Entscheidung oder eine rationale Schlussfolgerung. Indem es aus all dem besteht, ist es mehr als das, zukunftsweisend. Der Ausdruck *Zukunftsfähigkeit* strotzt nur so vor Anmaßung. Die Fähigkeit lässt sich erst mit dem Blick aus der Vergangenheit, wenn das Werk geschaffen ist, einigermaßen belegen. Vielmehr geht es darum, weiter zu denken und dabei keine Beschränkungen hinzunehmen. Wenn ich zum Beispiel »Verzicht« nicht einmal denken darf, bin ich weit davon entfernt, Verzicht zu leisten. Wenn ich mir eine Definition von »Wohlstand« anpredigen lasse, ohne selbst darüber nachzudenken, was Wohlstand für mich bedeutet, stehe ich arm da. Aus dem Austausch über individuelles Denken entstehen gemeinsame Ideen, aus diesen entwickeln sich demokratische Beschlüsse, die gemeinsam in die Tat umgesetzt werden. Wenn das ökonomische Ziel vorgegeben ist, bedeutet dies, die Evolution auf den Kopf stellen zu wollen. Was nicht sein soll, darf nicht einmal mehr gedacht werden.

Was ich mit dieser Streitschrift zu belegen versuche: Wir handeln nicht gegen unsere Natur oder nennen wir es evolutionären Code, wenn wir selber denken, wenn wir uns weiterentwickeln. Dies bedeutet zugleich, dass wir die Entwicklung der anderen Lebewesen auf dieser Erde, die quasi im paradiesischen Zustand verblieben sind, wahrnehmen, achten und anerkennen. Sie sind weder unserer Entwicklung voraus, noch wir der ihren – dies wäre wieder ein Vergleich in Konkurrenz. Wir leben miteinander und aufeinander bezogen. Dies ist keine moralische Forderung, sondern eine Erkenntnis. Bewegen wir unseren Geist!

Der launige Gott

Es gibt nur einen Gott, und der ist selbstverständlich ewig und universell. Früher erwartete er in seinen christlichen Häusern, dass die Männer ihre Kopfbedeckung abnahmen. Entweder ist er launig oder er geht mit der Zeit, jedenfalls legt er heute keinen Wert mehr darauf. Da ein Gott kein Geschlecht haben kann, frage ich mich, warum die Frauen in christlichen Kirchen die Hüte auflassen durften. Hatte Gott möglicherweise Verständnis dafür, dass sie sich die Frisuren verdarben, wenn sie die Hüte abnahmen? Oder Gott ist weiblich und Frauen gegenüber toleranter. Oder gerade aus diesem Grund ist er ein Mann. Von seinen islamischen Anhängern erwartet er Strengeres, vor allem von den Frauen. Sie sollen Kopftücher tragen, ihr Haupt verhüllen oder gar ihren gesamten Körper. Warum ist er mit moslemischen Frauen so streng, mit Männern eher nicht? Nun, vielleicht ist Gott doch ein Mann. Aber was soll uns das sagen, wenn er so launig oder so wenig neutral den Geschlechtern gegenüber ist? Es gibt auch Gegenden, da verlangt er Kopftücher, während er Arschgeweihe – inzwischen etwas aus der Mode gekommen – akzeptiert. Hat Gott ambivalente Gefühle oder erwartet er Inkonsequentes? In manchen Religionsgemeinschaften erwartet Gott, je nach Zugehörigkeit zu einer Glaubensrichtung, recht Unterschiedliches: Locken, Kopftücher, Hüte, Kappen, Mützen. Auch zum Essen von Haustieren, überhaupt zu Fleisch beziehungsweise zu Tieren hat er die unterschiedlichsten Gebote erlassen.

Es gibt Gläubige verschiedener Religionen, die behaupten, nur der Gott ihrer jeweiligen Regionsgemeinschaft oder Glaubensrichtung sei der wahre. Ich könnte daraus schließen, es gebe verschiedene Götter. Das kann ich mir bei einem universellen Gott allerdings nicht vorstellen. Andererseits kann ich auch nicht glauben, er habe sich nur eine kleine Gruppe ausgeguckt, die, sagen wir mal, keine Gotteshäuser bauen und niemals irgendwelche Kopfbedeckungen tragen würden, um ihn zu ehren. Eher könnte es sein, da die Menschen nicht wissen, was Gott von ihnen will, etwas anzunehmen, was er von ihnen wollen könnte beziehungsweise dass er überhaupt etwas von ihnen wollen könnte. Diese Annahme gilt jedoch in fast allen Religionsgemeinschaften als Gotteslästerung, Gott etwas zu unterstellen, was die Menschen in ihn und seinen Willen hineinprojizieren. Also offenbart sich der Wille Gottes möglicherweise darin, dass er macht, was er will. Ob dies einen Sinn macht und gegebenenfalls welchen, ist Auslegungssache. Die Projektion ist eine Projektion ist eine Projektion.

Es könnte auch sein, dass es uns Menschen gar nicht gibt? Wir repräsentieren nur die unterschiedlichen Träume der Göttin oder des Gottes.

Oder wir erkennen überhaupt erst, dass es Gott gibt, indem wir ihn uns wünschen und ihm – weil uns dies nicht genügt, dass er nur da ist – eine Erwartung unterstellen, die er uns Menschen gegenüber habe.

Sprechende Tiere

Für mich gibt es keinen Zweifel, sie können es.

Bei einer Reise durch Namibia beobachtete ich zwei junge Elefantenbullen an einer Wasserstelle im Etosha-Nationalpark. Sie tranken nicht aus dem kleinen See, sondern direkt an der Öffnung, wo das Wasser frisch aus der Leitung sprudelte. Dann sah ich aus einiger Entfernung eine Großfamilie, bestehend aus Kühen und Jungtieren, die ich von vorherigen Besuchen des Gebiets kannte. Die Tiere witterten das Wasser und beschleunigten ihr Tempo. Einige der durstigen Jungtiere überholten die Leitkuh und stürmten mit flatternden Ohren auf die Wasserstelle zu. Dort angekommen, begannen sie sofort gierig zu trinken. Die Leitkuh näherte sich langsam, ohne getrunken zu haben, den beiden jungen Bullen. Von meinem Platz im Auto auf der anderen Seite der Wasserstelle sah es so aus, als würden sie eine Unterhaltung beginnen. Ich hörte ihr untergründiges Grummeln, das mal anhob und dann wieder in ein gleichmäßiges Murmeln überging. Nach einiger Zeit verließen die beiden Junggesellen ihren exklusiven Platz an der künstlichen Quelle, und die Leitkuh nahm diesen ein, um ihren Durst zu löschen. Nach und nach folgten ihr alle Tiere der Herde. Zum Schluss tranken auch die Kleinen von dem frischen Wasser. Dann nahmen alle ein Bad und die beiden Bullen nahmen ihren Platz an der Tränke wieder ein und saugten mit ihren Rüsseln das frische Wasser ein. Das kleinste Tier brauchte nach dem Bad die Hilfe seiner Mutter, die ihren Rüssel ausstreckte, um ihm über die Uferböschung zu helfen. Anschließend wurde es gesäugt. In dieser Ruhephase hörte ich wieder das entspannte Grummeln der erwachsenen Tiere, die ihr Bad beendet hatten, als wären sie in eine Unterhaltung vertieft, kurz unterbrochen vom aufgeregtem Trompeten der Jüngeren, die noch immer im Wasser tobten.

Selbstkritisch muss ich mich fragen, ob ich einer Projektion erlegen bin, die Szene nach allzu menschlichen Vorstellungen interpretiere? Tiere können in Kommunikation miteinander treten, dies belegt das Beispiel in jedem Fall. Ob diese Art der Kommunikation bei allen Tiere als Sprache bezeichnet werden kann, sei dahingestellt. Sicherlich ist die Definition von Sprache von einer einzig menschlichen ausgegangen. Bei der ursprünglichen Vorstellung, die einen Mythos gebildet hat, war dies offenbar anders, wenn wir uns den Inhalt der Mythen vergegenwärtigen. Wenn ich also nicht von der menschlichen Sprache auf andere Kommunikationsformen ableite, sondern das Prinzip umkehre, könnte es neben der spezifisch menschlichen Sprache viele andere geben. Für uns Menschen scheint es schwer vorstellbar, dass es sprachliche Formen gegeben hat, bevor menschliche Wesen auf der Erde existierten. Dies mag dadurch begründet sein, dass eine wissenschaftliche Definition von Sprache zu einer Zeit entstand, als eine homozentrierte Sichtweise vorherrschte, ähnlich einer terrazentrierten vor Galilei. Auch setzte sich die von Darwin entdeckte Sichtweise, dass auch Tiere Werkzeuge benutzen, erst allmählich durch.

Sprache gehört für uns sowohl zur Natur, indem uns die Fähigkeit des Spracherlernens angeboren ist, während der sprachliche Ausdruck zur Kultur gerechnet wird. Tiere dagegen gehören eindeutig zum Bereich der Natur. Deshalb sollen sie angeblich keinen sprachlichen Ausdruck haben (dürfen) beziehungsweise wird ihre Kommunikation nicht als Sprache bezeichnet. Aber indem Tiere zum Beispiel die jungen Triebe von Bäumen abfressen, tragen sie für offene Landschaften, die Bildung von Kulturlandschaften bei. Gehört zur Bildung von Kultur

Bewusstsein? Ist es erst dann Kultur oder als Kultur zu bezeichnen, wenn wir sie als solche bezeichnen, also abstrahieren können? Aber wir schaffen Kultur auch unbewusst. Freud hat das Vor- und Unbewusste entdeckt und sich mit der Deutung von Träumen beschäftigt. Die Weise der Erkenntnisgewinnung durch Reflexion ist ein Fortschritt, nicht durch Technik bewirkt, sondern durch Rückschau, auch in der Beschäftigung mit Mythen beziehungsweise des mythischen Zusammenhangs in der Bildung von Denken und damit auch von Sprache, um Denkvorgänge zu beschreiben. Kultur bildete sich also sowohl durch Erkenntnis und geplantes als auch durch unbewusstes und affektives Handeln. Künstler haben immer wieder versucht, Werke möglichst aus dem Unbewussten entstehen zu lassen. Das Primitive in der Kunst führt zu kreativen Werken, während das Primitive in der Technik zu keiner Renaissance führte.

So könnten wir Entwicklung und Fortschritt anders definieren: Je primitiver die Kulturstufe, desto näher ist sie dem Natürlichen. Oder in aktuellen Zusammenhängen: Je primitiver die Kulturstufe, umso weniger schadet sie Umwelt und Klima. Natürlich gilt auch das Argument, dass zum Beispiel nach der Einwanderung von Menschen auf dem australischen Kontinent innerhalb kurzer Zeit alle großen Tierarten ausgestorben sind. Daraus ließe sich wiederum folgern, dass, in je größeren Zusammenhängen wir denken, beziehungsweise Globalisierung nicht als Markt, sondern als wechselweise Abhängigkeit betrachten, Lebensgrundlagen sichern, auch die von Menschen als einem Teil davon.

Die Regulierung durch Anwendung von Technik (allein) bleibt jedenfalls zweifelhaft, nicht nur weil Technik selber beziehungsweise deren Herstellung Raubbau an Ressourcen zur Grundlage hat. Auch das Zwischenmenschliche und Soziale leiden unter der Anwendung von Technik, weil diese suggeriert, Solidarität, Einfühlsamkeit und Mitmenschlichkeit durch diese beziehungsweise die Regeln des Umgangs in Verbindung mit dieser, die Priorität des Handelns schafft. Ich will hier keinesfalls die Anwendung von Technik verteufeln, es geht mir um deren Priorisierung und deren absoluter Vormachtstellung, die damit eine eindimensionale, menschenzentrierte Weltsicht durch die Hintertür wieder favorisiert. Selbst mit dem festen Willen, einen Ausgleich durch Nachhaltigkeit oder Investition in Umwelttechnik zu schaffen, lässt sich eine natürliche Entwicklung durch Nichteingreifen oder einfach die Abstinenz von Menschen nicht ersetzen.

Zusammengefasst lässt sich sagen, dass Technik sich grundsätzlich von Natur wegbewegt und diese in ihrer Entwicklung nicht ersetzen kann. Die Sprache betreffend lässt sich eine merkwürdige Spaltung konstatieren: Zum einen wird Sprache immer differenzierter und komplexer, zum Beispiel in der Beschreibung wissenschaftlicher Zusammenhänge, zum anderen verkümmert Alltagssprache, vor allem wenn Affektives zum Ausdruck gebracht wird (hate speech). Die Anwendung und Vermischung unterschiedlicher Sprachen schafft sowohl kreative Freiräume als auch Entdifferenzierung. Diese Entdifferenzierung lässt sich auch an der Zurücknahme von Fachwissen oder beruflichen Rollen erkennen. Es scheint so, als reduzierten wir uns zukünftig nur noch auf die Rollen von Kunden und Anbietern.

So entwickelt sich Kultur nicht nur, aber auch zu einer Art Unnatur. Jedenfalls entwickelt sich Fortschritt im menschlichen und sozialen Sinn nicht unbedingt qualitativ weiter, eher ist das Gegenteil der Fall. Der Fortschritt bringt uns zwar, bildlich gesprochen, nach vorne, aber es entbehrt zunehmend eines Sinns, weil wir nicht mehr wissen, was wir da vorne wollen. Wer immer first ist, kommt irgendwann hinten an, wenn der Kreis sich geschlossen hat.

Natürlich können Tiere miteinander sprechen, Elefanten, Wale – über den Gesang von Buckelwalen gibt es seit Längerem eigene Sprachforschungen, und Delfine praktizieren eine Art Teamwork, das differenzierte Kommunikation erfordert –, Affen, Elstern oder Papageien. Wenn zwei Mitglieder eines Clans von Menschen eine Quelle bewachen und von den Mitgliedern eines anderen Clans erschlagen werden, weil dieser die Quelle alleine nutzen will, was ist dies dann? Der Wille zu überleben? Deshalb besonders menschlich oder unmenschlich? Das Beispiel ließe sich auch auf das Beispiel eines Staudamms an einem Fluss übersetzen, indem ein Land einem anderen im wahrsten Sinn des Wortes das Wasser abgräbt.

Überfallen Raubfische oder -vögel einen Schwarm Sardinen, bleiben immer noch genügend übrig, um sich zu vermehren. Die Natur sorgt immer wieder diffizil für Ausgleich. Wir Menschen haben durch unser beherrschendes Verhalten die Natur aus dem Gleichgewicht gebracht. die Fähigkeit dazu sollte uns nicht zu Kopfe steigen. Die Natur hat unendlich viel Zeit, sie bekommt den Ausgleich wieder hin. Wir sind dagegen eine kleine Firma, pardon Spezies, die nicht so lange warten kann beziehungsweise gar nicht so viele Vorräte sammeln oder Rücklagen bilden kann, um nicht früher oder später pleitezugehen. Wenn wir also das Natürliche verloren haben, hilft nur Nachdenken und das Praktizieren von Solidarität, nicht nur unter uns Menschen, sondern mit dem Natürlichen selbst.

Ich bin sicher, sogenannte primitive Kulturen wussten dies, obwohl es ihnen nicht unbedingt in unserem heutigen Sinn bewusst war. Sie wussten natürlich auch selbstverständlich, dass Tiere sprechen können. Davon zeugen auch ihre Mythen. Sie unterscheiden nicht zwischen menschlichen und tierischen Wesen, kennen Mischwesen, und es schien für sie selbstverständlich, dass Tiere, genauer gesagt andere Tiere, zuerst auf der Erde lebten, und Menschen also von Tieren abstammen. Je genauer sie hinhörten, umso eher verstanden sie deren Sprache. Da sie selbst noch weitgehendst Naturwesen waren, äußerte sich ihre Transzendenz entweder unmittelbar, oder sie ließ sich auf unmittelbarem Weg erreichen. Der Mensch erlangte keine Weisheit, sondern er lebte mit ihr, indem er der Sprache der Natur lauschte.

Wir erklären einen Bären, der nicht handelt wie ein Mensch und dessen Regeln nicht beachtet, zum Problembären. Dies gibt uns das von uns verfasste Recht, ihn zu töten. Wenn wir Menschen diese Definition nicht innehätten, wären wir für alle anderen Lebewesen auf dieser Erde womöglich Problemmenschen. Unsere Sprache, Ausdruck unseres Handelns, oder auch umgekehrt, wäre eine primitive, unnatürliche, besser gesagt eine barbarische.

Ich verfehle ständig das Thema, indem hier von der Sprache der Tiere nur wenig die Rede ist. Auch muss ich zugeben, dass ich kaum über Detailwissen darüber verfüge. Offenbar tappe ich in eine typische Denkfalle, indem ich zwar zu der Erkenntnis gelange, dass Tiere sprechen können und diese mich aber wieder zurückführt zu dem, was wir Menschen tun, unterlassen, oder wie wir nicht unterlassen können, einfach weiterzumachen. Eigentlich weiß doch fast jeder Mensch, dass Tiere sprechen können. In einem Zeichentricksketch von Loriot soll ein Hund in einer Fernsehsendung sagen: Fischers Fritz fängt frische Fische. Er bellt aber nur etwas Unverständliches. Daraus ließe sich simpel schließen, dass ein Hund nun mal nicht wie ein Mensch sprechen kann oder dass der Mensch reichlich blöd ist, wenn er dies erwartet.

Wir Menschen müssten umdenken und umlenken, uns konsequent wieder in Richtung Natur bewegen. Unnatürlich, wie wir sind, können wir natürlich nicht wieder zu denen werden, die wir einmal waren. Aber es müsste uns ein Anliegen werden können, die Sprache der Tiere zu verstehen, nicht mit Vokabelheft, sondern in deren Sinn, etwa in einer Weise, wie es Franz von Assisi nachgesagt wird. Jedenfalls stelle ich es mir so vor. Womöglich ist der Zeitpunkt verpasst, uns so zu entwickeln, dass wir uns wieder als Menschen gleichen, sozial und zwischenmenschlich. Dann werden wir aussterben wie vorher Saurier, Säbelzahntiger oder Mammuts, wenn auch aus etwas anderen Gründen, indem der Klimawandel nicht über uns gekommen ist, sondern wir ihn selbst herbeigeführt haben. Aber genetisch betrachtet haben wir uns von den Jägern und Sammlern, die beispielsweise durch eiszeitliche Steppen zogen, noch nicht weit entfernt.

Der Satz im Neuen Testament »Wenn ihr nicht werdet wie die Kinder ...« verstehe ich weder als Drohung noch ist er eins zu eins umzusetzen. Erwachsene können nicht wieder werden wie Kinder. Aber als Vorsatz, es immer wieder zu versuchen, macht es einen Sinn. Darin gleichen wir dem Sisyphus. Wenn er nämlich nicht mehr seinen Stein rollt, macht er nur Unsinn, holzt Regenwälder ab, fischt die Meere leer und füllt sie mit Plastik, rottet Tierarten aus und baut Atomkraftwerke. Wem das Steinerollen zu unproduktiv ist, der kann ja im Schweiße seines Angesichts die vorhandenen Felder bewirtschaften. Aber bitte ohne Glyphosat. Strenge er seinen Kopf an, wie er ohne Gift zu guten Erträgen kommt.

Der Iokaste-Komplex

Warum ist der Komplex nach Ödipus benannt und nicht nach Iokaste? Sicher, Ödipus ist der Protagonist, es ist seine Geschichte, die Geschichte eines jugendlichen, eines dramatischen Helden. Es handelt sich auch um einen Mythos, der Ödipus und seine Lebensgeschichte dazu benutzt, das Inzesttabu und das Vaterrecht zu rechtfertigen. Laios, der Vater selbst, ist, wie später Ödipus auch, von vornherein seinem Schicksal ausgeliefert. Dieses Schicksal ist die Projektionsfläche, auf der die eigentlichen, unbenannten Machthaber agieren: Die Bewahrer des Schicksals, die Königsmacher, das System hinter dem System, das eigentliche Patriarchat? Falls es dieses System gar nicht geben sollte oder es unerkannt bleibt, handelt es sich um eine paranoid zu diagnostizierende Vorstellung. Letzten Endes sind also, wie im griechischen Drama obligat, alle Beteiligten ihrem Schicksal ausgeliefert.

Die Vorstellung einer Mutter-Sohn-Regierung ist viel älter als das Patriarchat, stammt aus Zeiten im Dunkel der Geschichte der Menschheit, in denen noch nicht zwischen Religion, Mythos und Herrschaft unterschieden wurde. (Letztendlich tun wir dies heute noch immer nicht.) Wie Robert Graves nachzuweisen wusste, war die Frau göttlich, der Mann sterblich (der als Erntekönig mit dem Wechsel der Jahreszeiten seine Herrschaft immer wieder abtreten musste). In vorgeschichtlicher Zeit wurden diese Könige am Ende ihrer kurzen Herrschaft geopfert. Dieser alte Mythos wurde, sozusagen unbeabsichtigt, mit Jesus, der sich wie ein Erntekönig vorgeschichtlicher Zeit am Kreuz opferte oder geopfert wurde, neu belebt. Die Popularität Marias beim Volk, der Himmelskönigin, durch keines der vier Evangelien begünstigt, trug ein Übriges

199

dazu bei. Auf diese Weise haben sich matriarchalische Haltungen im Christentum bis heute bewahrt.

Hinter der Geschichte von Ödipus verbirgt sich also die viel ältere Geschichte von Iokaste. Ihr Einfluss schmälerte sich mit dem Aufkommen patriarchalischer Herrschaft immer mehr. Warum sonst erkennt nicht nur der Sohn seine Mutter nicht, sondern auch diese nicht ihren Sohn? Warum muss Ödipus sein Schicksal alleine tragen? Warum schließlich beruft sich Freud nur auf den Sohn, der die Mutter begehrt? Denn die Mutter begehrt doch auch den Sohn.

Sicher geht es im Patriarchat, vordergründig betrachtet, um die Herrschaft der Männer gegenüber den Frauen, aber es handelt sich auch um die Herrschaft der Väter gegenüber den Töchtern und Söhnen (Bob Dylan *Masters of War, With God on your side*). In Zeiten der Not nehmen Frauen die Herrschaft wieder an sich, um sie nachher freiwillig wieder abzugeben. Iokaste, eine Trümmerfrau? Und die Söhne sollen, wie Isaac, froh und dankbar sein, nicht auf grausame, barbarische Weise geopfert zu werden, sondern dank des freundlichen Eingreifens von oben mit dem Leben davonzukommen, wenngleich für den Rest des Lebens traumatisiert, seelisch verkrüppelt. Wusste Sarah von Abrahams schrecklichem Vorhaben? Hat sie es gebilligt oder ihren Sohn zu retten versucht? Sind Frauen gottesfürchtiger als Männer? Vielleicht weil der Gott männlich ist?

Natürlich lässt sich einwenden, dass im Fall von Ödipus nicht der Vater den Sohn umgebracht hat – es ist beim missglückten Versuch geblieben –, sondern der Sohn den Vater. Aber Ödipus sicherte die Herrschaft, indem er sofort an seine Stelle trat, König und Vater wurde.

Für kurze Zeit darf sich Ödipus einbilden, er sei (Be)Herrscher (seines Schicksals). Und Iokaste? Hat sie ihn gecoacht, ihm ihre

Erfahrung im Umgang mit der Macht vermittelt? War sie die geheime Herrscherin, wie Mütter üblicherweise meinen, die Söhne mögen im Leben ihren Mann stehen, aber ihnen gegenüber für immer in zugewandter Abhängigkeit bleiben? Oder war sie eine Hyperverdrängerin, die ihr Schicksal und das ihres Sohnes nicht einmal erahnen wollte? Wollte sie die Macht, die ihr verblieben war, in jedem Fall erhalten?

Ödipus war der König, und somit machte er tatsächlich Politik, aber nur so einflussreich und so lange, wie es das Schicksal oder die Götter zuließen. Heute ist vom Schicksal nur noch das individuelle übriggeblieben, wenn auch sehr verkümmert. An seine Stelle traten Konzerne, die durch ihr Handeln bestimmen, ob und welche Alternativen für die Politik übrigbleiben zu verkünden. Die weisen Seher heißen heute Wirtschaftsweisen oder Wahlforscher. Als solche erklären sie uns Wählern in ihren Schnellanalysen entweder, dass das bürgerliche Lager gewonnen hat, oder falls nicht, die Lagerbildung der Vergangenheit angehört.

Ödipus und seine Schwestern und Brüder werden schon in der Krippe darauf vorbereitet, dass sich das Leben nicht nach Bedürfnissen, sondern nach der Verfügbarkeit für den Arbeitsmarkt richtet, während Iokaste und Laios dies engagiert praktizieren. Irgendwann wird ein Ödipus ohne Urvertrauen, aber mit der nötigen Institutionssozialisation seinem Vater den Platz mit einem noch neoliberaleren Ellbogencheck streitig machen. Und die ganze Familie wird den Konzernen dankbar ergeben sein, weil diese die Menschenopfer nicht wieder eingeführt haben, und weil wir keinen Hunger leiden müssen.

Das seiner Herrschaft beraubte Schicksal wütet in den Seelen der Menschen, vergiftet ihre Eingeweide. Güte verwandelt sich in Missgunst und Neid, Mitgefühl in Gier, Liebe in Hass. Geblendet und uns selbst blendend überleben wir in einer Welt als Teil einer Masse, einzig durch den Wachstumsmythos geeint.

Führung und Leitung

Im Bücherschrank meiner Eltern standen in den Sechzigerjahren mehrere Ordner des Arbeitgebers meines Vaters, der Vorarbeiter bei Buderus am Hochofen war, mit dem Titel *Richtig führen*. Nur wenige Jahre später lernte ich in der Schule, dass es mit dem Führen, vor allem mit dem Führerprinzip seit 1945 gründlich vorbei war. Deshalb wunderte ich mich im Nachhinein über die Ordner. Mein Vater würdigte sie nie eines Blickes, nicht etwa aus politischen Gründen, sondern weil sich seiner Ansicht nach die Sesselfurzer mal wieder etwas am grünen Tisch ausgedacht hatten, das man in der Praxis nicht brauchen konnte. Wieder später lernte ich, dass man zwischen Führer, namentlich dem einen, und Führung unterschieden sollte. Man ging sogar so weit, zu behaupten, das eine habe mit dem anderen außer dem Wortstamm nichts zu tun, oder aber die Aussagen im Ordner im Bücherschrank meiner Eltern meinten klarstellen zu können, dass nach dem Zeitalter der falschen Führer der Nationalsozialisten nun das richtige Führen der Unternehmensführer komme.

Leitung, so wie ich sie als Supervisor gelernt habe, respektiert Fachlichkeit und differenziert sich durch Rolle, Aufgabe und Entscheidungskompetenz. Durch fachlichen Meinungsaustausch, Debatte und Diagnostik ist auch, Entscheidungen betreffend, ein Bottom-up gewährt.

In Fortbildungsangeboten oder bei Kongressen erlebe ich häufig, dass beide Begriffe synonym verwendet werden. Tatsächlich nimmt aber Führung in Unternehmen zu, indem Entscheidungen fast ausnahmslos Top-down getroffen werden. Dies ist möglich, indem Fachlichkeit in den Hintergrund gerückt wird, wenn nicht gar unberücksichtigt bleibt, während Gewinninteressen und Anpassungsdruck zunehmen, was entweder zur Entdifferenzierung von Rollen und Aufgaben führt, oder indem es etwa zur Managementaufgabe erklärt wird, hebelt es Rollen zugunsten von Hierarchie aus und führt zu dieser. Zunehmend wird alles und jedes zur Managementaufgabe erklärt oder zur Geschäftsführung gewandelt, ordnet sich jegliche Aufgabe dem Führen von Geschäften unter. Die Praktiker, diejenigen, die letzten Endes den Auftrag ausführen, sind oft kaum oder gar nicht ausgebildet und/oder dieser Geschäftszweig wurde outgesourct. Damit reproduziert sich das Führerprinzip selber, indem die so abhängig Werktätigen zunehmend auf Führung angewiesen sind, oder scheinselbständig Werktätige hetzen von Auftragserledigung zu Auftragserledigung.

Ein Begriff beziehungsweise ein Phänomen wie *Meinungsführerschaft* hat in einem demokratischen System mit differenzierten Rollen und hoher Fachlichkeit keinen großen Einfluss, beziehungsweise sie kommt erst gar nicht zustande. Selbst fachlich gut ausgebildete Arbeitnehmer*innen trauen sich aber immer weniger, ihren Standpunkt zu äußern, aus Angst, Nachteile oder gar ihre Entlassung in Kauf nehmen zu müssen. Die sogenannte Renitenz hat Hochkonjunktur, obwohl oder gerade weil dieser Begriff kaum schlüssig definiert werden kann.

Es kann nicht um gute oder böse Führer oder gutes oder böses Führen allein gehen, das Führen als solches bewirkt sowohl Demokratie- als auch Emanzipationsfeindliches, beziehungsweise, wenn die Differenzierung von Auftrag, Rolle und Fachlichkeit nicht von Anfang an erfolgt, kann es oft zu spät sein. Bildlich gesprochen wabert das Faschistoide oft im Sumpf beziehungsweise schreiben Autor*innen nicht zufällig von einem Sumpf, in dem das Braune unter der Oberfläche wabert. Indem das Führen verharmlost wird, aber nicht zufällig im Dienst des Kapitalismus und einer Wachstumsideologie steht, verschwinden dessen Folgen quasi im seelischen und strukturellen Untergrund. Dort führen sie ein unreflektiertes Eigenleben, bis sie dann entweder offen und radikal wieder an die Oberfläche treten oder selbstverständlich und unhinterfragt autoritäre bis diktatorische Strukturen herausgebildet haben.

Leute wie Trump, Erdogan oder Orban fallen nicht vom Himmel oder springen mit einem Fallschirm von einem Finanz- oder Parlamentsgebäude herunter, sie bilden sich in einem Sumpf von Unternehmen, die sich auf das Geschäfteführen und -machen beschränken als einzigem Ziel, dem sich alle unterordnen.

Dabei geraten sie bei ihrem Weg zum Aufstieg kaum in Konflikt. Das Menschenverachtende und Undemokratische wird von den Massen hingenommen, im Zweifelsfalle juristisch weggebügelt, Informationen unterdrückt oder verfälscht. Kritisch wird es erst, wenn das Führerprinzip durch Rassismus und Vorteilsnahme mit dem des Geldscheffelns von Großunternehmern in Konflikt gerät. Dann ist plötzlich bei den Mächtigen und Einflussreichen die Empörung groß. Auf einmal geht es vermeintlich um Menschenrechte und Demokratie. Tatsächlich wurde laut Führerprinzip falsch, nicht im Sinne der Ausbeutung geführt. Die Ideologen von Rechtsdraußen sind hingegen empört, dass auch weiße Männer radikal ausgebeutet wurden.

Menschen engagieren sich für eine Sache. Sie werden zu Wortführern, indem sie andere von ihrer Sache überzeugen. Dabei spielen nicht nur Sachargumente eine Rolle, sondern auch Ausstrahlung, Glaubwürdigkeit, und was man etwas schwammig als Imagination bezeichnet. Macht bedarf immer der Kontrolle und Gegenmacht, sonst läuft sie Gefahr, sich zu verselbstständigen. Sowohl den Führenden als auch den Geführten kann es passieren, dass ihr Ziel die Mittel heiligt, destruktive Impulse schleichend, emotionalisiert, fanatisch die Oberhand gewinnen. Gibt sich eine ursprünglich informelle Gruppe eine demokratische Struktur – Führung mündet in Leitung – ist diese Gefahr zumindest geschwächt. Dazu gehört natürlich die Einsicht, nicht alles oder das angestrebte Ziel nicht um jeden Preis erreichen zu wollen. Diese Einsicht fällt erfolgsverwöhnten Männern oft schwer, weil sie Nachgeben mit Schwäche verwechseln, die als unmännlich gilt. Die Demokratie und demokratische Strukturen sind Werte an sich. Wird Demokratie als Mittel zum Zweck betrachtet, spielen diese Werte allenfalls eine sekundäre Rolle und zumeist eindimensionale Ziele treten an ihre Stelle.

Ein gutes Beispiel für eine unterdrückte Leitungsstruktur bilden zurzeit die Gelbwesten in Frankreich. Zuerst gab es informelle Führer und Wortführer, welche das Engagement angefeuert und gebündelt haben. Aus Angst, dass sich neue Eliten herausbilden, die korrumpierbar sind, und auch davor, von Macron gespalten oder über den Tisch gezogen zu werden, ließen sie es nicht zu, sich eine demokratische Struktur zu geben und Vertreter in entsprechende Gremien zu wählen. Diese Angst ist natürlich berechtigt, indem der Staatspräsident sich Strukturen und eine Auftragslage und eine mediale Präsenz in seinem Sinn schaffen kann. Er beutet also die Möglichkeiten der Demokratie und ihrer Strukturen und auch die des Rechtsstaates aus, zum Beispiel indem eine starke Polizeipräsenz bei Demonstrationen gegen seine Politik eskalierend wirkt, wenn nicht gar provoziert. Die Gelbwesten selbst stellen undemokratische Forderungen. Zunehmend mischen sich gewaltbereite Gruppen unter die Demonstranten, die deren Ruf schaden. Da es weder eine Differenzierung der Forderungen noch demokratische Strukturen und Rollenträger gibt, bilden sich neue Gruppen, zum Beispiel die Rotschals, die gegenteilige oder differenzierende Forderungen stellen.

206

Es kommt gar nicht so selten vor, dass Führer und Diktatoren ihre Karriere mit hehren Zielen beginnen. Sie prangern Benachteiligungen und ungerechte Zustände an. Kommen sie an die Macht, gelingt es ihnen nicht, diese zu teilen. Im Gegenteil versuchen sie, alle Macht auf sich zu konzentrieren, um die eigenen Ziele leichter umsetzen zu können. Dazu gehört auch, dass sich die Massen mit der Führerfigur identifizieren. Wie bei zunehmender Kapitalisierung Reiche reicher und Arme ärmer werden, gibt es beim Führerprinzip keinen Mittelstand, sondern nur Freunde und Feinde. Sprache wird ebenso behandelt. Es gibt nur mehr extreme Auf- und Abwertungen, der Superlativ hat dauernde Hochkonjunktur.

Die Nahtstelle zwischen der anfänglich spontanen, informellen Führung und dem selbstverständlichen Streben nach Macht, um Ziele durchsetzen zu können, sollte in besonderer Weise eine zu reflektierende sein. Die Macht steigt uns, wie der Volksmund sagt, nicht nur zu Kopf, sondern auch zu Herz. Fanatismus und Machtgier werden nicht nur durch kühle Berechnungen, sondern auch durch unreflektierte Affekte erzeugt.

Das im Alltag angewendete Führungsprinzip erfährt kaum Beachtung. Erst wenn Schlimmes passiert ist, Menschen zu Schaden gekommen sind, Gesetze übertreten und vor allem Geschäftspartner geschädigt wurden, ist die Empörung groß. Aber oft erschöpfen sich die Verfahren in der Suche nach Einzeltätern. Das Führerprinzip hinter den Machenschaften als eines der wesentlichen Ursachen bleibt unerkannt oder jedenfalls unangetastet.

An den Ausrichtungen großer Konzerne lässt sich gut erkennen, wie demokratische Strukturen nur dazu genutzt werden, Macht zu konzentrieren. Aufsichtsräte arbeiten ehrenamtlich und laienhaft, mit anderen Worten, sie blicken nicht durch und werden für vergleichsweise wenig Arbeit fürstlich bezahlt, in nicht wenigen Fällen als eine Art Schweigegeld zu verstehen. Die eigentlichen Führungsfiguren sitzen im gehobenen Management. Sie werden als Macher bezeichnet, sind aber die Befehlsgeber derjenigen, die machen, aber nicht so genannt werden. Um Vorhaben zwecks Gewinnen durchsetzen zu können, werden demokratische Strukturen möglichst ausgehebelt, das heißt, es werden so schnell wie möglich Fakten geschaffen, und ein Heer von Juristen wird beschäftigt, um Aufklärung, Abwägung, Verhandlung, Debatte, vor allem Kontrolle, also demokratische Grundprinzipien zu vermeiden.

Sogenannte Führungskräfteentwickler sehen ihre Aufgabe darin, ihr Klientel mit aufgepeppten Methoden immer wieder neu zu programmieren. Es geht immer wieder top-down in die Köpfe hinein. Das eigene Handeln zu reflektieren soll auf Seiten des Klientels möglichst vermieden werden. Frau/Mann könnte ja zu Erkenntnissen gelangen, welche den Zielen der Gewinnmaximierung im Wege stehen. Das Pendant zur Gewinnmaximierung für die Firma ist die Selbstoptimierung für die Führungskraft. Wenn der Geiz nicht mehr geil ist, sogar die Geilheit selbst in Frage gestellt ist, werden möglicherweise wieder humane Werte aus der Klamottenkiste geholt. Diese werden in ihrer Definition so pervertiert, dass sie sich dem Ziel der Gewinnmaximierung unterordnen. Dem Flüchtling wird zum Beispiel ein Job unter miesen Bedingungen angeboten, die den Mindestlohn unterlaufen. Als Nebeneffekt werden die Gewerkschaften ausgehebelt und somit Lohnforderungen gedrückt. Interessant ist in diesem Zusammenhang auch zu beobachten, dass die Sozialarbeiterin oder der Erzieher, die humanere Werte einfordern, nicht gehört oder als naiv abgekanzelt werden, solange das Geschäft läuft. Wenn es dann der Führungskräfteentwickler oder irgendein überbezahlter Führungskräftecoach einige Jahre später bei passender konjunktureller Gelegenheit in der Talkshow verkündet, man müsse doch wieder etwas menschlicher miteinander umgehen, geht ein erfreutes Raunen der Zustimmung durch die Menge. Eine Demokratie kommt nicht ohne Sozialstaat, und dieser nicht ohne Umverteilung und Verzicht aus. Dies wissen die meisten Menschen oder ahnen es zumindest. Aber es bedarf erst einer Führungsfigur, die es verkündet. Mit dem Umwelt- und Klimaschutz ist es ähnlich. Entweder ist die Erkenntnis gerade mal brauchbar fürs Geschäft, oder es muss ein Geschäft daraus gemacht werden, oder es bleibt nichts anderes übrig, als zu warten, bis die Bedrohung so offensichtlich und -kundig ist, dass etwas getan werden muss. Die Dramaturgie ist so schnell und so superlativ, wie das digitale Netz sein sollte – es geht um nichts mehr oder weniger als die Rettung der Menschheit.

Mit einer Definition allein, wann das Führen zur Führung und diese im Faschismus endet, beziehungsweise mit dem Streben nach einer korrekten Grenzziehung werden wir das Problem nicht lösen.

Zu allen Zeiten der Geschichte hat es Führer und auch Führerinnen gegeben. Jesus wird gar gleichnishaft mit einem guten Hirten verglichen, seine Anhänger folgerichtig mit Schafen. Dass es sich um einen guten Hirten handelt, lässt, auf heutige Zeit bezogen, an ein Gute-Kita-Gesetz denken. Nicht die/der emanzipierte Bürger*in oder Fachleute prüfen und entscheiden, wie sie das Gesetz finden, sondern es wird manipulatorisch vorgegeben, trägt den Positivismus, der keiner ist, gar im Namen – die moderne Bezeichnung lautet populistisch –, was wir für gut halten sollen. Demokratie ist nicht alternativlos, obwohl mir keine bessere Staatsform einfällt. Möglicherweise geht es auch nicht um Demokratie oder Nicht-Demokratie, sondern darum, wie reif und differenziert die jeweilige Demokratie sich gestaltet. Und diesbezüglich lassen sich bei einigem Nachdenken auch Alternativen finden. In einer Demokratie braucht es Kontrollmechanismen von außen, um Überschreitungen zu vermeiden. Beim Führerprinzip sind diese mehr dem Gewissen und der Selbstreflexion des Führers selbst überlassen. (Ich gebrauche die männliche Form, weil das Führerprinzip über Jahrtausende patriarchalisch geprägt ist.) Dies ist nicht ungefährlich, vom Walten einer Person abhängig zu sein. Zwei Führer kann es nicht geben. Sind es tatsächlich zwei, kann von einer Art Gewaltenteilung und so zumindest einer Annäherung an demokratische Strukturen gesprochen werden. Dann gibt es noch die Hausmeier, Großwesire und Kanzler in Diensten von Kaisern und Königen. Diese bilden zwar eine Gegenkraft, sind aber mit weniger Macht ausgestattet. Man kann dies als eine Art Hilfskonstruktion des Führerprinzips ansehen. Die Verbindung mit dem Göttlichen, also geweihte Führer, suggeriert: Nicht der Herrscher tut das Gute, sondern, was der Herrscher tut, ist ob seines göttlichen Segens das Gute.

Große Konzerne überschreiten um des Profits willen demokratische Strukturen. Sie brechen auch das Gesetz. Die Bezeichnungen Dieselskandal oder gar Schummelsoftware verwischen Fakten oder verharmlosen diese. Demokratie und Sozialstaat dämmen das Führerprinzip in Bezug auf Reichtum, also der Gewinnmaximierung durch hierarchische Strukturen und Machtverhältnisse ein. Diktatur und Konzernokratie gehen Hand in Hand, solange es ähnliche Interessen gibt und Reichtum auf beiden Seiten aufgeteilt ist. Es gibt keine armen Diktatoren, und ihr Reichtum ist von ihren Bürger*innen – absolutistisch legitimiert – gestohlen.

Vertreter rechtsradikaler Parteien können sich nur über undemokratische Aussagen profilieren. Sobald sie sich demokratisch eingliedern, verlieren sie ihren Einfluss, sie werden nicht mehr gebraucht, denn Demokratie können andere Parteienvertreter*innen in der Regel besser, und das Sachlich-Fachliche in der Politik kann nur im demokratischen Kontext konzeptionell gedacht werden.

Vor Kurzem behauptete der österreichische Innenminister Kickl, dass »der Grundsatz gilt, dass das Recht der Politik zu folgen hat und nicht die Politik dem Recht«. In einer Demokratie gehört es zu den Aufgaben eines Innenministers, gerade umgekehrt, das Recht im Zweifelsfall vor der Politik zu schützen. Es definiert den Rechtsstaat als solchen. Die Aussage ist also als undemokratisch oder faschistoid zu bezeichnen. Später hat Kickl, nachdem es heftige Proteste und Rücktrittsforderungen hagelte, seine Behauptung zurückgenommen. Ein solcher Vorgang zeigt den so gern als wehrhaft bezeichneten Aspekt von Demokratie, aber zugleich deren Empfindlichkeit, indem der sprichwörtliche Bock zum Gärtner wird. Eine sogenannte fremde Macht stürmt nicht von außen mit kriegerischen Mitteln gegen die Grenzen einer Nation, sondern der Demokratiefeind wächst quasi von innen heraus.

Auch Beratung und die/der Berater*in sind der Demokratie verpflichtet. Ihr Beratungsansatz kann niemals alternativlos sein. Als Produkt – ein bestimmter, so definierter, näher bezeichneter Beratungsansatz – begibt sie sich in eine Konkurrenz. Als Beratung ohne institutionelle Macht ist sie hingegen vorerst ohne Konkurrenz. Wird dies außer Acht gelassen und der Einstieg in den Kontrakt erfolgt über den Beratungsansatz, belebt die Konkurrenz zwar das Geschäft, aber die Entscheidungskriterien orientieren sich an den vermeintlichen Vorteilen des Produkts, und es sind häufig nicht die besten Produkte, die sich auf dem Markt durchsetzen, sondern die am besten beworbenen und protegierten und solche, welche die Gewinnmaximierung oder Geschäftsführung als oberstes oder erstes Ziel anerkennen oder zumindest nicht hinterfragen.

Indem sich die Frage nach dem Führerprinzip stellt, ergibt sich auch die des Geführtwerdens. Information über und Werbung für gehen in einer Art falscher Allianz ineinander über. Fakten, die keine sind, bewirken Faktisches. Markt- und Meinungsführer lassen das Geführtwerden nicht nur als Erleichterndes, sondern auch als Normales und Selbstverständliches erscheinen. Der Slogan »Bild dir deine Meinung« ist als Werbung nicht nur witzig, sondern in seiner Mehrdeutigkeit auch perfide. Er kann nicht nur als »Wir bilden dir schon deine Meinung« oder als »Bild dir deine Meinung, wir liefern dir die von uns ausgewählten Zutaten« auch in seiner Befehlsform als Widerspruch in sich selbst verstanden werden wie in »Sei Spontan!« Wem so befohlen wird, dem ist schon jegliche Lust auf Spontaneität vergangen, und einem, dem vom Bildner befohlen wird, er soll sich bilden, ist schon die Freiheit des Denkens gestutzt. Situationen werden in ihrer Ursache und Wirkung immer komplexer. Reflexion geschieht, wenn überhaupt, unter ständig schwierigeren Bedingungen, Entscheidungssituationen münden damit nicht zufällig in Überforderungsgefühle. Dies überfordert häufig auch Beraterinnen und Berater, die hinzugezogen werden, um zu helfen. Der Beratungsansatz wird nicht selten rigider, um gewünschte Ergebnisse zu erzielen, beziehungsweise die äußere Hülle, das Verfahren, das jeweilige Beratungsprodukt wird aufgebläht und in den Vordergrund geschoben. Oder es wird gleich Führung in Anspruch genommen: Einführung, Durchführung, Marktführung, Meinungsführung! Oft ist der Standpunkt schon vorgefertigt, die Bewertung vorgenommen, die Seiten klargestellt, bevor sich eine Meinung gebildet hat. Das Geführtwerden kommt in der Maske eines demokratischen Prinzips daher, der Wahl. Wir dürfen wählen zwischen gleichen und ähnlichen Produkten, zwischen Parteien, die sich ständig mehr einander angleichen. Ungewohnte Denk- und Handlungswege werden schnell als extremistisch verleumdet, aufgrund von Schlüsselwörtern abgeurteilt, ohne den Sinn verstanden zu haben. Das Führerprinzip und das selbstverständliche Geführtwerden bedingen so einander wechselseitig.

Vor einiger Zeit wurde mir die Leitung einer Supervision für eine Gruppe angeboten, die sich in einer Seminarreihe zu *Leitung und Führung* fortbildete. Ich lehnte den Auftrag mit dem Hinweis ab, ich würde es nicht gut finden, die beiden Begriffe synonym zu verwenden. Außerdem hätte ich, allein schon aufgrund der deutschen Geschichte, Schwierigkeiten mit dem Begriff *Führung*. Nun, bei einem so heiklen Thema hätte ich mich etwas differenzierter ausdrücken sollen, das sehe ich ein. Ich erhielt eine scharfe Mail zurück, in der jeder Zusammenhang des Seminars mit Epochen deutscher Geschichte zurückgewiesen wurde. Ich lernte daraus, dass ein Begriff, der erst einmal gesetzt wurde, nicht einfach wieder infrage gestellt werden kann. Die Setzung fungiert wie eine Definitionsmacht, ähnlich der Baustelle am Stuttgarter Hauptbahnhof. Und so präsentiert sich auch Führerschaft: Sie ist nicht gewählt, sondern gesetzt.

Das alte Rom wurde von zwei demokratisch gewählten Konsuln regiert. In Kriegszeiten wurde ein Diktator als alleiniger Machthaber bestimmt. Dieses Prinzip konnte nicht gehalten werden, weil der Diktator während des Krieges so viel Macht erlangt hatte, dass sie ihm nicht mehr genommen werden konnte, und er gab sie auch nicht freiwillig wieder ab.

In der Salvador-Allende-Straße

Neulich fuhr ich mit dem Fahrrad durch diese Straße. Sie befindet sich in meiner Heimatstadt Frankfurt am Main. Beim Googeln – das will ich mir eigentlich abgewöhnen – stoße ich zuerst auf diese Straße, dann erst auf die Person, nach der sie genannt ist. Letzte Woche wurde in den Nachrichten über Chile berichtet. Die Menschen dort gehen in Massen auf die Straßen, um gegen mangelnde Transparenz von Regierungsbeschlüssen, unzumutbare Preiserhöhungen und miserable Gesundheitsversorgung zu protestieren. Dahinter steht eine Politik des extremen Neoliberalismus, die wenige reich macht und viele ins Existenzminimum treibt. Daran dachte ich kurz, als ich durch die Allende-Straße fuhr.

Später fragte ich mich, wie es dazu gekommen war, eine Straße nach Salvador Allende zu benennen. Wäre es damals, 1973, zu vermeiden gewesen, dass er als Präsident von einer Militärjunta gestürzt und er und viele tausend Chilenen auf brutale Weise ermordet wurden? Was hatte er gemacht? Die Regierung hatte unter seiner Präsidentschaft auf demokratischem Weg begonnen, Fabriken zu verstaatlichen. Was ist dies für ein merkwürdiges Phänomen: Der Vorwurf des Kommunismus hat brutales, massenhaften Morden zur Folge. Wie konnte dieser miese Zaubertrick gelingen, allein durch die Benennung des Wortes »Kommunismus« bei Massen den Teufel an die Wand zu malen?

Zurzeit erfahren wir in diesem Land, dass Rechte Morde begehen, bis man die unglaublich destruktive Gefahr erkennt, die von ihnen ausgeht. Genauer gesagt, genügten nicht einmal Morde, sondern die Erkenntnis wuchs erst, als ein konservativer Politiker umgebracht wurde. In dem oben genannten Fall ging es nur um

Besitzverhältnisse, um Teilhabe. Mit der Verhaltenspsychologie habe ich seit jeher so meine Schwierigkeit. Sie ist mir, was unser Denken und Fühlen angeht, mit ihrem Reiz- und Reaktionsschema zu undifferenziert. Aber wurden in diesem Fall nicht einfach primitive Reflexe bedient? Es genügte, einem herbeifantasierten Kommunismus eine teuflische Fratze aufzusetzen. Die Massen werden konsumfreudig und affektiv aufgeladen. Wenn nicht dieser enthemmte Affekt das Handeln bestimmt, ist es angepasstes, kaltes, genormtes Verhalten. Differenziertes Denken, die Reflexion von Gefühlen ist verbannt in gesellschaftliche Nischen.

Was ist von Kommunismus und Sozialismus zu halten? Die Frage ist schwer zu beantworten, weil er niemals wirklich praktiziert, allenfalls in herausgebrochenen Teilen unter denkbar schwierigen Bedingungen umgesetzt wurde. Auf dem Weg zum Ziel hat er sich korrumpiert, radikalisiert, monopolisiert oder wurde wieder zerschlagen. Eine Theorie lässt sich wie ein Ideal nicht eins zu eins in die Praxis umsetzen. Mit dem technischen Fortschritt breitete sich in der Neusteinzeit männliche Herrschaft aus. Von der Erfindung des Rads war es im alten Ägypten nur ein Schritt bis zum Bau von Kriegswagen.

Und was würde schließlich passieren, wenn sich die Proletarier aller Länder vereinigt hätten? Die Dialektik der Aufklärung lehrt uns, dass auf These wieder Antithese folgt. Die Mächtigen werden wieder mit der alleinigen Macht überfordert sein und sie missbrauchen. Am Anfang tun dies vielleicht nur einige wenige und nicht in großem Umfang. Aber es wird passieren. Es wird zunehmen. Die Antithese zum Neoliberalismus muss sich entfalten. Es ist an der Zeit.

Dies bedeutet nicht Systemwechsel, sondern Rückführung in solide, demokratische Verhältnisse – und Kontrolle. Jede Macht braucht eine Gegenmacht, die sie kontrolliert.

Hätte ein US-amerikanischer Präsident seinen in Chile zündelnden Geheimdienst stoppen können? Hätte er dies überhaupt gewollt? Hat er gar im Geheimen mitgezündelt? Ich habe keine Belege für das eine oder gegen das andere. Denke ich die Welt und das Handeln der Menschen nur in juristisch beweisbaren Zusammenhängen, komme ich nicht weit, vor allem nicht mit dem Denken. Es geht nicht nur um ein Narrativ, eine Vorstellung, wie es gewesen sein könnte, was für Ursachen es hatte und welche Folgen es haben wird. Es geht um Ideale, auch um die von mir selbst und meinem Handeln, und es geht um die Verantwortung dafür. Dies ist ein ethisches Prinzip.

Hätte Europa verhindern können, dass Pinochet und seine brutalen Schergen die Herrschaft herbeiputschten? Hätten sie Einfluss nehmen können auf den Handels- und Nato-Partner USA? Damals waren die USA als Partner noch verlässlicher. Heute geriert sich Trump als Gewinner, der alles nehmen will. Selbst unter diesen Bedingungen agiert die EU zurückhaltend und wenig selbstbewusst. Wenn schon USA first, dann wenigstens EU second oder third. Hauptsache es bleiben noch genügend Geschäftsverbindungen. Ich bin überzeugt, Europa und die USA hätten Pinochet verhindern können, wenn sie es wirklich gewollt hätten.

Und später: Die gefangenen Menschen im Stadion von Santiago de Chile waren Wirklichkeit, für alle Welt sichtbar. Die Existenz der Folterkeller war bekannt. Vor einigen Tagen wurden Geheimpapiere veröffentlicht, die belegen, dass in China tausende Uiguren, also chinesische Staatsbürger, gefangen gehalten, einer Gehirnwäsche unterzogen, ihre Persönlichkeit systematisch zerstört wird. Die Appelle von Politikern, die China besuchten, haben also nichts genützt. Mit diesen Regimen darf man keine Geschäfte machen. Sie geben nichts auf Menschenrechte. Und

Firmen wie Volkswagen, die dort Fabriken betreiben, muss man unterstellen, dass sie es deshalb tun, weil die Arbeitsbedingungen dort für sie günstiger sind als in Europa. Sie nehmen Menschenrechtsverletzungen in Kauf. Im Kapitalismus gehen Geschäfte über Menschenleben. Es passiert. Gewollt? Ungewollt? Kollateralschäden! Für die Opfer macht es keinen Unterschied. Die Chinesen nennen sich auch Sozialisten. Weder rechtfertigt dies noch beweist es etwas. Unmenschlichkeit ist nicht durch Regime gerechtfertigt, gekaufte Menschlichkeit, die nur auf dem Papier existiert, durch eine büttelnde Justiz bestätigt, auch nicht.

1973 war ich achtzehn Jahre alt. Ich erinnere mich weniger an die Berichterstattung von damals, eher, was ich später darüber gelesen habe, an den Film von Constantin Costa Gavras (*Vermisst*) und den Roman von Isabelle Allende (*Das Geisterhaus*). Die Politik im Ausland hatte versagt. Allende und seine Genossen und tausende chilenischer Bürger wurden brutal hingerichtet. Die Vertreter der Staaten nahmen es in Kauf, zu versagen. Sie wollten nicht helfen, und sie wollten die Verantwortung für ihr Tun nicht übernehmen. So geschieht es. So geschieht es immer wieder. Es geschieht niemals genau gleich. Insofern wiederholt sich Geschichte nicht. Angeblich soll man deshalb nicht vergleichen. Der wahre Grund ist, dass verleugnet wird, man könne aus der Geschichte lernen, man könne Reue zeigen, Menschlichkeit lernen. Gutmenschentum ist Ideologie, dem Über-Ich entsprungen. Praktizierte Menschlichkeit ist Ich-Leistung und echte Solidarität.

Ich schreibe Untergangsszenarien. Immer weiter! Immer wieder!

»Jeder nehme sein Kreuz auf sich und folge mir nach.«

Ich bin nicht religiös. Ich wüsste auch nicht, wem ich folgen sollte, weder einem Gott noch einem Menschen. Der Satz beeindruckt mich trotzdem. Es geht darum, so verstehe ich es jedenfalls, das eigene Schicksal anzunehmen und dies zu tun, was ich für das Menschliche halte. Wir haben diese Unterscheidungsfähigkeit in uns, wenn wir an sie und unsere Bereitschaft, danach zu handeln, glauben.

Politisch betrachtet kann das Böse zum Guten definiert werden und umgekehrt. Es gibt diverse rationale Tricks und geistige Betrügereien, den politischen Gegner zu diffamieren, seine Meinung zu desavouieren und die eigene zu idealisieren. Im Zweifel helfen Drohungen. (Hier erfolgt kein Rundgang durch die verbale Folterkammer.) Aber diese winzige Hoffnung bleibt noch: Wir können es tatsächlich besser wissen oder falls nicht, können wir es lernen.

Jobcenter

Das klingt schön. Als wäre ein Jobcenter ein Ort, wo sich unkompliziert, sprich easy, einen Job besorgen kann, wer gerade einen braucht. So hört sich Deutsch heute an, obwohl die Bezeichnung aus der amerikanischen Werbesprache kommt, gerade deswegen eine angenehme Assoziationskette auslösend. Jobcenter klingt dann fast so wie Einkaufscenter. Du bekommst etwas Passendes, Voraussetzung ist natürlich, du hast Geld. Ich wähle diese Anredeform, weil es ums Einkaufen geht, denn als Kunde wirst du gern zu Werbezwecken geduzt. Das schafft Nähe und vermeintlich Gleichheit. Dabei wird verdeckt, dass der riesengroße Unterschied darin besteht, dass die einen Ware zum Verkauf anbieten, die anderen diese kaufen.

Aber inside Jobcenter hört der Spaß sofort auf, denn sie oder er hat kein Geld, aber dies zu haben, ist natürlich die wichtigste Voraussetzung, um Kundin oder Kunde zu sein. Und wer in diesem Land nicht Kunde ist, dem geht es wie einem Tim Thaler, der seine Lächeln verkauft hat. Er ist ein niemand, hat seinen Status, damit sein Ansehen und seine Würde verloren. Wenn der Kunde König ist, obgleich immer öfter ein Gurkenkönig, weil ihm ein mieses Produkt verhökert wird, dann ist sein Gegenüber in diesem absolutistischen Getriebe der Untertan. Von daher braucht ihm auch nichts angeboten zu werden, beziehungsweise, er muss nehmen, was er offeriert bekommt, falls überhaupt etwas da ist. Die Teilhabe steht ihm eigentlich wie jedem Bürger zu, und er sehnt sich nach Gleichheit und baut darauf, dass er in diesem Land auch so behandelt wird. Tatsächlich wird er damit gelockt. Aber für das Jobcenter ist er natürlich ein fauler Kunde, weil er kein Geld hat, gar noch welches fordert. Und deshalb muss er gelockt werden – statt ins früher so biedere Arbeitsamt, ins nun coole Jobcenter. (Wer sich nicht locken lässt, umso besser, bekommt nichts und taucht in keiner miesen Statistik auf.)

Wie alle gelockten Konsumenten und späteren Abhängigen wird er zum Bittsteller, zum Junkie, von dem gefordert wird, dem Bedingungen gestellt werden, der, wie in einer Geldgesellschaft üblich, zuerst geben muss, bevor er bekommt, und sei es, nicht das letzte Hemd, aber die letzte Alterssicherung. So lange du Kunde bist, kannst du vorausschauend, planend, präventiv denken, im Jobcenter und als Abhängiger erweist sich dies als Fehler. Dort erscheinst du am besten mit ganz leeren Taschen, sonst machen sie dich nackt. Und der Abhängige in der ihn abhängig machenden Szene bekommt schlechten, nicht selten auch gestreckten und gepanschten Stoff. Dazu gehören Fortbildungen, die so sinnlos sind wie die Jobs, für die sie fortbilden, oder harte Arbeit, die schlecht bezahlt wird. Natürlich geben die Zeitarbeitsfirmen denen die schlechtesten Jobs, die sich am wenigsten wehren können. Noch beliebter sind Jobs mit Pseudobezahlung, eine Art Placebojob. Du musst zwar arbeiten, aber du wirst nicht entlohnt. Du bekommst ein Almosen, das dir jederzeit wieder entzogen werden kann. Sollst nur ja nicht denken, dein Dealer lässt dich so einfach los. Wenn du einen echten Job willst, musst du dich bewähren, aber das liegt natürlich ausschließlich an dir. Allerdings können die Jobcenter ein Bewerbertraining anbieten. Da lernst du dann, wie du den Job am besten bekommst. Wie du ihn dann ausführst, ist etwas ganz anderes. Du musst von der Regierung lernen. Sie macht Placebo-Gesetze, die Bürger beruhigen und Unternehmern freie Hand lassen. Als Bewerber musst du dich gut darstellen. Was du arbeitest und wie, spielt dann keine Rolle mehr. Du kannst dich ja später wieder neu erfinden – was nur geht, wenn du einen Job hast, denn Arbeitslose dürfen ihren

Status nicht ohne Job verlassen – oder du machst ein Dokumentatiostraining, bei dem du lernst, dass das, was du arbeitest, dadurch einen Nutzen erhält, indem du es gut darstellst, also entsprechend dokumentierst. Dazu brauchst du keine Fachlichkeit in deinem Job, aber detaillierte Computerkenntnisse.

Auch Mitarbeiter*innen von Jobcentern arbeiten nach Quote. Der Sinn der Arbeit, die Tätigkeit als solche spielt kaum eine Rolle. Der große Rest an Arbeit, die getan werden muss, bleibt für die Massen an den Fließbändern: Produktion am Fließband, Pflege am Fließband, Operationen am Fließband, Waren auf dem Laufband, Schlachten am Fließband, Kriegswaffen vom Fließband, Töten am Fließband, Sterben am Fließband, im Jemen, in Syrien, auf den Böden, unter denen die Rohstoffe lagern oder zumindest vermutet werden. Aber das Leben macht nicht den faktischen Unterschied aus, sondern die Quote: Von TV-Sendungen, Flüchtlingsanerkennungen, Abgasen, Frauenanteilen, Giftausstoß. Zum Gift: Es ist nicht entscheidend, dass es dich krank macht, sondern wie viel du legitimerweise einatmen darfst.

Und möglicherweise hast du endlich einen Job in Aussicht, zwar keinen fair bezahlten, aber immerhin einen, der dich und deine Familie einigermaßen über Wasser hält, da beschließt der Unternehmer, ihn nicht dir zu geben und stattdessen einen Flüchtling einzustellen, dem er aufgrund irgendwelcher halblegaler Schleichwege keinen Mindestlohn zu zahlen braucht. Damit brüstet er sich dann auch noch, der Unternehmer, als habe er ein gutes Werk getan, denn der Flüchtling ist ja noch ärmer dran, denn er hat weder eine Wohnung noch eine Aufenthaltserlaubnis, und seine Familie darf er erst nachkommen lassen, wenn er einen Job hat, aber nur, wenn ihm das Glück hold ist und er an keinen Quotenschluri von Amts wegen gerät, der unter allen Umständen aufsteigen will und um jeden Preis erst mal jeden Antrag ablehnt.

(Entsprechende Ablehnungssoftware in korrekter Formulierung hat er als Baukastensystem auf seinem Computer gespeichert, womöglich gibt es auch eine entsprechende App). Denn wenn der Entscheider jemanden anerkennt, ohne ausreichende, juristische Gründe dafür zu haben, wird er seinen Job schnell los. Wenn er aber einen nicht als Flüchtling anerkennt, obwohl ihm dies zusteht, verhält er sich brav wie die Mehrheit seiner Zunft und hat Chancen auf Beförderung. Frauen, Kinder, Alte, psychisch Kranke – am besten abschieben, denn sie leisten nichts und liegen dem Staat nur auf der Tasche. Es bleiben dann junge, arbeitsfähige Männer mit Frust- und Hormondruck übrig.

Wenn du als Arbeitsloser depressiv wirst ob dieser Zustände, macht dies nichts, denn nur du hast ein Problem. Wenn du dagegen wütend wirst und deine Wut womöglich auch noch öffentlich Kund tust, wirst du als Wutbürger beschimpft, und man wirft dir vor, du schlägst nach der Hand, welche dich schützt. Solange du die Üblichen wählst oder gar nicht, geht alles seinen gewohnten Gang. Wenn du dich jedoch in deiner Wut den Rechtsradikalen anschließt und der AfD deine Stimme gibst, wirst du hofiert und mit Angeboten gelockt. Dies soll nicht verschwiegen werden, damit du wieder in die alte Bahn zurückkommst. Danach beginnt das fiese Spiel von vorne. Aber was ebenfalls und auf keinen Fall verschwiegen werden darf: Sich mit Nazis einzulassen, und sei es nur mal so, ist gefährlich und kommt dich früher oder später teuer zu stehen. Erst einmal an der Macht, werden sie ihre Eliten ranlassen, oft dieselben gewendeten, die sie vorher bekämpft haben. Und diese werden es viel schlimmer treiben mit den sogenannten kleinen Leuten, denn sie gehen davon aus, dass Menschen nicht gleich sind. Und wehe, du gehörst zu den Ungleichen! Musst dir nicht einbilden, dass du zu ihrer neuen Elite gehören würdest. Alle, die ihnen nicht ausdrücklich nutzen, werden schnell zu den Ungleichen aussortiert.

Solange du Arbeit hattest und bedenkenlos konsumieren konntest, wurde dir suggeriert, das Leben sei der sprichwörtliche Ponyhof. Die Leute beim Jobcenter glauben dies noch immer, nur mit dem kleinen Unterschied, dass es für ihr eigenes, nicht für dein Leben gilt. Deine Reha besteht nun darin, dich wieder in einen Status zu hieven, der nicht »Arbeitsloser« genannt wird oder in den Statistiken als solcher auftaucht.

Die Lage ist aussichtslos. Die einzige Alternative, die ich sehe, ist eine politische Wende in der Sackgasse, was heißt, zurück zu sozialstaatlichen Verhältnissen und der mehr Demokratie, die schon mal gewagt worden war. Die Würde kann nur gefunden werden im Zwischenmenschlichen, verordnet ist ihr nicht zu trauen. Monopolisierten Einrichtungen wie Jobcentern ist grundsätzlich nicht zu trauen. In einem Staat, der die Widersprüche zwischen demokratischen Verhältnissen auf der einen und hyperaktivem, weitgehendst ungesteuertem Kapitalismus und sogenannten liberalisierten Märkten andererseits nicht mehr steuern kann, droht ein Sozialdarwinismus besonderer Härte. Wir brauchen keine andere Staatsform oder ein anderes System, viel mehr sollten Demokraten die Demokratie wieder zurückgewinnen, die in den letzten Jahrzehnten arg gebeutelt wurde. Korruption, Geldwäsche, Ausbeutung und andere Bosheiten lassen sich nicht abschaffen oder ausrotten, bekämpfen und klein halten lassen sie sich schon. Ein Arbeitsamt, das Arbeit zu fairen Bedingungen vermittelt und, wenn es keine anzubieten hat, Arbeitslosengeld und/oder -hilfe zahlt, ist mir allemal lieber als ein Jobcenter, das nachgewiesenermaßen seine Klienten menschunwürdig behandelt.

Kapitalflucht

Nein, wir wissen es besser, auch wenn mit dieser Bezeichnung etwas anderes suggeriert werden soll: Beim Kapital handelt es sich nicht um ein scheues Tier, das beim geringsten Anlass, zum Beispiel eine korrekte Steuerabwicklung, sofort die Flucht ergreift, es kann überhaupt nicht fliehen. Denken wir an Flucht, fallen uns sofort Unschuldige ein, die fliehen mussten, zum Beispiel die Heilige Familie vor dem Kindermörder Herodes nach Ägypten oder Richard Kimble, der zu Unrecht wegen Mordes gesuchte. Aber das Kapital ist gar nicht so arm, wie man uns weismachen will, und da es, wie gesagt, selber gar nicht zu flüchten imstande ist, müssen wir uns mit den Fluchthelfern befassen. Die bleiben im Hintergrund und meinen, sich erlauben zu können, uns zu drohen, nicht offen, eben mit dieser Worterfindung »Kapitalflucht«. Etwa so: »Wenn ihr zu viel vom Kapital fordert, verhelfen wir ihm zur Flucht ins Ausland, und ihr bekommt gar nix.« Dabei handelt es sich in ihren Augen, wie gesagt, um eine Flucht Unschuldiger, und deshalb fühlen sie sich wie die letzten Abenteurer. Sie suchen geeignete Schlupflöcher, erforschen unwegsames Gelände und verhandeln mit ausländischen Kapitalfluchthelfern, Abenteurern wie sie. Falls wir uns auf diesem Abenteuerspielplatz nicht mittummeln wollen, bleibt uns nur die Rolle des Biedermanns oder Statisten. Und falls das Abenteuer im Ausland mal misslingt, das Kapital noch schlechter behandelt wurde als daheim, dann kommt es, etwas abgemagert, wieder zurück. Dies geht allerdings nur, wenn die erste Flucht angekündigt und korrekt abgewickelt war. Hier endet das Abenteuerspiel, oder haben Sie schon mal einen Pokerspieler erlebt, der sein Geld verzockt hat, und es zu Hause wieder ersetzt haben will?

Steuerfahnder

Der Öffentlichkeit entgehen jährlich nicht Millionen, sondern Billionen an Steuern, weil das Geld illegal ins Ausland geschafft, anderweitig versteckt, unterschlagen oder auf sonst einem kriminellen Weg zum Verschwinden gebracht wurde. Es erstaunt immer wieder, wie in solch sich tröge gebärdenden Szenen eine solche Fantasie zum Erblühen kommt, bei einem zumeist anderen Klientel gerne als kriminelle Energie bezeichnet.

Eine erste Frage: Warum werden nicht mehr Steuerfahnder eingestellt? Inzwischen ist nachgewiesen, dass diese, wenn sie auch nur einigermaßen aufgeweckt arbeiten, ein Vielfaches von dem, was ihre Einstellung kosten würde, erwirtschafteten. Und wenn mehr Leute angestellt werden, geschieht dies so gut wie immer auf öffentlichen Druck hin. Warum ist dies so? Eine Regierung sollte sich doch freuen, wenn sie über mehr Steuergelder verfügen kann. Zudem müsste sie sich nicht länger den Vorwurf gefallen lassen, dass sie zu wenig gegen Kriminalität tut und damit, zumindest indirekt, für mehr Steuergerechtigkeit sorgt.

Diese Frage lässt sich sehr schwer sachlich beantworten, denn die schriftstellerische Fantasie setzt sich fast automatisch in Gang, um sich eine Geschichte auszudenken, wie es sein oder gewesen sein könnte. Nebenschauplatz: Früher waren an markanten Stellen in Buchhandlungen Romane und Erzählungen zu finden. Diese sind inzwischen in weiter hinten liegende Regale verbannt. Die Renner in Buchhandlungen sind Flitterware von Susanne Fröhlich bis Heiko Lustig – und Krimis. In der Belletristik und im Fernsehen werden Verbrechen begangen, wird gemordet, was das Zeug hält. Und keine Bank kann bad genug sein. Offenbar haben Menschen eine Vorstellung davon, wie es tatsächlich so zugeht in diesem, unserem Lande und in der globalen Welt. Die These, dass es gerade nicht so zugehe, sondern beschaulich und eintönig und die Menschen deshalb nach dem Thrill zumindest als Fantasiefutter lechzen, gilt nicht mehr, denn die Realität in Form von Polit-, Autobranchen- und Steuerskandalen überflügeln oft noch die Realität des Erdachten. Der Unterschied zur Krimihandlung besteht darin, dass die Gangster nicht auftreten wie abgefeimte Schurken in US-amerikanischen B-Filmen oder deutschen Vorabendserien, sondern dass sie daherkommen wie seriös wirkende Sparkassenangestellte auf mittlerer Leitungsebene.

Von Kavalieren und deren Delikten will ich hier nicht schreiben, denn selbst die Diagnose ist schon so gesellschaftsfähig, dass sie nur noch müdes Schulterzucken hervorruft.

Der andere Weg wäre der von mühevollen Recherchen, den engagierte Journalist*innen dankenswerterweise auf sich nehmen. Selbst in EU-Staaten wie Malta oder der Slowakei können sie dabei ihr Leben verlieren. Ja, so weit sind wir wirklich gekommen und so nah sind uns die Verhältnisse wie schon in scheinbar längst vergangenen Zeiten wieder gerückt: Chicago, Al Capone, Mafia, Korruption auf allen Ebenen und wild um sich ballernde Ganoven. Aber selbst ohne Gefahr für Leib und Leben sind die Wege lang und mühevoll. Alle Spuren müssen gelesen, alle Beweise bis ins kleinste Detail erbracht werden. Und dann gibt es noch viele mächtige, schützende Hände, die versuchen, auf gerichtlichem oder politischem Weg eine Veröffentlichung recherchierter Fakten zu verhindern. Auch hier könnte man wieder fragen: Warum geschieht dies, und warum geschieht es in dieser Weise? Ich denke dabei nicht an die Kriminellen selber, sondern an diejenigen, welche sie derart schützen. Dass dem Recht Genüge getan werden muss und dass erst mal die Unschuldsvermutung gelten muss, ist doch klar. Auch und gerade in diesem Kontext divergiert der politische Einsatz hinsichtlich unterschiedlicher Personengruppen. Es ist nicht nötig, hier Beispiele über Pauschalvorurteile anzuführen und von Leuten zu berichten, die mit den sprichwörtlichen Samthandschuhen angefasst werden.

Ich tue mich schwer, mein Thema nicht zu verfehlen, nicht nur, weil mir so viele Zusammenhänge einfallen, sondern weil Steuerhinterzieher, vor allem solche, welche das nötige Kapital dazu haben, sich hinter einer Mauer von Juristerei, Lobbygruppen und sogenannten öffentlichen Meinungen verstecken können. Dazu täuschen öffentlichkeitswirksame Auftritte über so manchen Skandal hinweg. Es handelt sich um eine Art Rollenfach. Je mehr sich dieses Rollenfach, wie zum Beispiel im Fall Hoeneß, im Laufe der Jahre medial manifestiert hat, umso schwieriger ist es, dass er aus diesem herauskippen oder herausgekegelt werden kann. Er ist und bleibt der, als der er immer angesehen war. Ein kleiner Makel poliert möglicherweise gar das Image auf. Außerdem kann er mit demonstrierter Reue weitere mediale Aufmerksamkeit erregen und seine Fans in ihrer Meinung über ihn bestätigen. Im Knast wurde er bestimmt zuvorkommend, jedenfalls korrekt behandelt. Niemand hat versucht, ihm nachts Handschellen anzulegen, ihn gegen seinen Willen in ein Flugzeug zu verfrachten und in ein Land abzuschieben, wo ihm ein unfaires Verfahren, Folter oder gar der Tod drohte. Dies passiert Menschen, die im falschen Land geboren wurden. Sie haben kein Unrecht getan, außer hier zu sein. Zurück zu Herrn Hoeneß: Weil er an diesem Ort war, kann er behaupten, er wisse, wie es dort zugeht. Man würde ihm sicher glauben, wenn er weiter behaupten würde, alles sei gar nicht so schlimm und die Medien würden in diesem und jenem Fall mal wieder maßlos übertreiben.

Und wenn es denn mehr Steuerfahnder gäbe: Würden die auch auf die richtig schwergewichtigen Hinterzieher angesetzt? Es gibt Staatsanwälte, die sich darauf spezialisiert haben, jedem Hartz-4-Empfänger, der ein paar Euro zurückzahlen müsste, weil er inzwischen einen schlecht bezahlten Job bei einer Zeitarbeitsfirma gefunden hat, auf der Spur zu sein und versuchen, ihn gerichtlich zu belangen. Natürlich geschieht dies im Namen des Rechts. Aber immer wieder komme ich zu der Frage: Warum ist dies so? Ich spreche nicht – dieses Mal – von individuellen Ursachen, also davon, warum Menschen Konstruktives oder Destruktives tun, mir geht es hier um soziologische, gesellschaftliche und politische Hintergründe. Oder anders gefragt: Wie weit wirken sich Abhängigkeiten und Gegenabhängigkeiten oder auch nur Zusammenhänge aus?

Das Beispiel der hessischen Steuerfahnder, die vor einigen Jahren auf einer heißen Spur waren und kurzerhand für verrückt erklärt und vom Dienst suspendiert wurden, kennen Sie wahrscheinlich. Inzwischen wurden sie rehabilitiert und der Gutachter, der sie mit windigen Worthülsen aus der psychologischen Trickkiste dahin gebracht hatte – über die Richter rede ich an anderer Stelle – verurteilt. Aber welch brachiale und arrogante Weise, vorzugehen! Man glaubte sich offenbar so sicher, beziehungsweise, das Terrain war offenbar so von einem Obrigkeitsdenken des vorletzten Jahrhunderts geprägt, dass man sich so wenig politisch absicherte. Das Ergebnis scheint dies ja zu bestätigen. Es konnte nicht nachgewiesen werden, woher die Anordnung wirklich kam. Ich kann eigentlich noch nicht einmal nachweisen, dass es diese Anordnung gab, und folgerichtig darf ich es auch nicht behaupten, es habe sie gegeben. Dass ich nicht glaube, dass es sie nicht gegeben hat, was zählt das schon? Der frühere Innenminister und jetzige Ministerpräsident Volker

Bouffier ist schließlich mit der Queen von England über den Römer spaziert, und er hat den DFB-Pokal, den die Eintracht sich erkämpft hatte, in Händen gehalten und in die Höhe gereckt. Sollte er oder einer seiner Untergebenen wirklich den Auftrag gegeben haben? Die Empörung darüber ist verjährt anlässlich der medienwirksamen, alles überdeckenden Ereignisse.

Trotzdem kann ich von der Frage nicht lassen: Welche Steuerhinterzieher wurden damals geschützt und aus welchem Grund? Ich könnte auch fragen, ab welcher Realität fängt eine Wirklichkeit an, die auch als solche behandelt wird? Man hätte die Steuerfahnder sicher eleganter auflaufen oder abziehen lassen können, die Mittel dazu hätte man allemal gehabt, auch wenn man die Öffentlichkeit offenbar gar nicht fürchtete und den Skandal gar nicht als solchen wahrnahm, sondern als einen selbstverständlichen, bürokratischen Opportunismus. Also nach dem Motto: Wer so verrückte Sachen macht und sich als Steuerfahnder mit den ganz Großen anlegt, muss schon selber verrückt sein, ob renitent oder größenwahnsinnig bleibt dahingestellt. Allein schon die verschwurbelte Vokabel »Renitenz« zeugt von der Vorstellung eines Obrigkeitsdenkens von anno dazumal oder von Männerfantasien, wie sie Klaus Theweleit beschrieben hat. Hier sind Menschen nicht gefolgt, beziehungsweise, sie sind Spuren gefolgt, der sie per eigener Einsicht in sogenanntes normalbürgerliches Denken auf keinen Fall hätten folgen dürfen. Es gibt offenbar eine Welt neben der so auch gesetzlich formulierten, die in anderen Selbstverständlichkeiten denkt und lebt. Und für diese »falsche« Einstellung, für dieses in jenem Sinne dreiste Vorgehen, mussten sie bestraft und für andere ein Exempel statuiert werden. Es ist wie mit dem Hund, dem treuen Diener, dem man, wenn noch jung und ungestüm, die Nase in die eigene Pisse steckt, damit er ein für alle Male unterlässt, was er nicht tun soll.

Ich bin mir bewusst darüber, mir diese affektgeladene Deutung der Zusammenhänge zu leisten oder zu gönnen, weil ich die wahren Zusammenhänge niemals erfahren werde, und falls irgendwann doch, sind sie so schal und alltäglich geworden, so verstaubt und vorgestrig, dass kein Mensch sich mehr für sie interessiert. Politik geht eben so, das weiß doch jeder. Alles andere gilt zumindest als naiv.

Natürlich ist es schwer, beispielsweise Cum-Ex-Geschäfte als kriminell nachzuweisen. Womöglich täusche ich mich auch, und Fachleuten gelingt dies viel leichter, als ich es mir laienhaft vorstelle. Wo viel kriminelle Energie am Werk ist, entwickeln auch Fahnder ihren Ehrgeiz. Inzwischen kommt es auch zu Anklagen – immerhin. Aber offenbar braucht es einige Zeit. Warum? Geht es nur um den sachlichen Durchblick? Braucht es eine Art Karenzzeit, um den Paradigmenwechsel vorzubereiten? Ich meine die Tatsache, dass wirklich angeklagt und verurteilt wird. Müssen erst Spuren verwischt werden, damit es wieder einmal nur die ewigen Bauernopfer erwischt? Vor allem soll das Gesamtsystem nicht beschädigt werden. Dieses ist nämlich zu mächtig geworden, um zu fallen. Und außerdem könnte nicht nur das sprichwörtliche Kapital flüchten, sondern gleich die ganze Bank. Dann gibt's gar keine Steuern mehr. Konservative Regierungen müssen dies nicht fürchten, weil sie die Systeme, gegebenenfalls auch gegen geltendes Recht oder unter Auslassung dessen, schützen. Dies wird ihnen nicht verübelt, im Gegenteil ihre Befürworter wählen sie deshalb. Sozialdemokratische hingegen bekommen das große Zittern, weil sie glauben, sich weder das eine noch das andere leisten zu können. Dafür werden sie von oben und unten gleichermaßen bestraft. Am Beispiel des derzeitigen Innenministers Seehofer lässt sich gut erkennen, an welchen Stellen er den Rechtsstaat im Munde führt, sprechen und zur Anwendung kommen lässt, und an welchen andere diesen gegen ihn und seine Maßnahmen einfordern.

Im Fall der Steuerfahnder könnte man zu dem Schluss kommen, die hessische Landesregierung habe auf dem Recht gesessen, und es gemäß eigener Art (neu) ausgebrütet, nicht in seiner formalen Anwendung, sondern in seiner Grundauffassung von Rechtsstaat und Demokratie. Die jetzigen Steuerfahnder werden den Hinterziehern von damals nicht auf die Spur kommen. Diese Spuren sind endgültig verwischt und/oder übertrampelt. Die aktuellen Hinterzieher sind direkt oder indirekt vorgewarnt. Möglicherweise haben sie sich auch inzwischen Legitimationen beschafft. Es ist ähnlich wie mit Atomstrom. (Auch hier hatte Herr Bouffier seine Finger im Spiel.) Konzerne machen damit Geschäfte in Größenordnungen, welche für Normalverdiener schwer vorstellbar sind. Sie versuchen mit allen Mitteln, ihr Geschäft aufrecht zu erhalten. Und wenn es doch nicht mehr klappt, man über Jahre aufs falsche Pferd gesetzt hat, lässt man sich – keine Sorge – königlich abfinden. Herr Bouffier lässt großzügig Pflichten verstreichen und hilft so, die Kassen der Atomstromkonzerne noch reichlicher zu füllen. Mit diesen Mitteln lässt sich leicht die neue Konkurrenz in der Windenergiebranche an die Wand drücken und ein neues Monopol aufbauen. Im Zweifel müssen Konzerne nicht mit Steuern betrügen, sie zahlen sie einfach woanders, in Irland, Luxemburg oder den Niederlanden, selbst wenn sie dort kaum Geschäfte machen, oder sie erhalten einfach staatlich garantierte Steuervergünstigungen.

Je mehr Geld jemand hat, umso weniger Steuern muss sie oder er, prozentual gesehen, bezahlen. Selbst wenn es keine sogenannte Reichensteuer gäbe, diese nur für das Vermögen, was sie besitzen, genau so viel Steuern bezahlen wie beispielsweise ein Hartz-4-Empfänger, könnte diese Regierung großzügig marode Brücken sanieren, Schulgebäude renovieren und Schlaglöcher in Straßen beseitigen lassen. Und wenn dann auch noch Steuerfahnder ihre Arbeit ungehindert machen könnten ... Es ist gar nicht auszudenken.

Oder doch: Gibt es eigentlich schon eine Vorabendserie »Der Steuerfahnder! ... greift ein«? Ein knallharter Typ, der sich weder von korrumpierbaren oder kleinmütigen Chefs noch von brutalen Gangstern oder deren bösartigen Bossen beeindrucken lässt. Das würde unserer empörten, von verdruckster Politik gebeutelten Seele Genugtuung verschaffen. Dazu passte ein Nazi-Politiker, der die korrupten Politiker anprangert und dann selbst beim Steuerhinterziehen erwischt wird. Oh, das gibt's ja schon. Seine Fans stört das gar nicht. Die Rolle ist schon ... wie bei Hoeneß.

Es geht also gar nicht um die Fakten, sondern um das Bild, welches wir von ihnen haben, beziehungsweise, wie wir diese Fakten bewerten. Beispiel: Wenn ein Politiker der FDP Steuern hinterzieht oder als Anwalt seine Klientel beim Steuerhinterziehen hilft und anschließend den Vorsitz in einem Gremium unternimmt, das sich mit Steuerhinterziehung befasst, so handelt es sich dabei um einen ganz normalen Vorgang. Man könnte auch sagen, dass es sich bei diesem FDP-Politiker um den so oft von seiner Partei geforderten Fachmann handelt. Dies ist keine Idee für eine Satire, sondern so geschehen. Ich erzähle jetzt nicht noch einmal die Geschichte der Verkäuferin aus einem Supermarkt in Berlin, welche angeklagt und verurteilt wurde, weil sie ein Flaschenpfand einbehalten hatte.

Lässt sich die Sache allmählich wieder auf Null stellen? Ich meine, die Steuerfahnder machen ganz normal ihre Arbeit. Wer Steuern hinterzieht und erwischt wird, erhält die dafür vorgesehene Strafe. Die legitimen Schlupflöcher? Müssten eigentlich vom Gesetzgeber geschlossen werden. Das ist also Politik, nicht

Sache der Steuerfahnder. Die Politik könnte sich von Lobbyisten helfen lassen, von Vertretern des Rechts, meine ich, und nur dessen Vertreter.

Zurück zur Vorabendserie: Der korrupte Rechtsdraußen tritt wieder auf und wird erwischt. Im Gegensatz zur Realität gibt es auch, nicht nur, das wäre zu unwirklich, eine breite Empörung. Oder wir verlagern das Ganze ins Abendprogramm: Der Steuerfahnder wird hinter der gläsernen Hochhausfassade einer Bank zusammengeschlagen. Mit blutverschmiertem Gesicht auf dem kalten Betonboden sitzend blickt er hinauf zu den hell erleuchteten Fassaden. Die Übermacht ist zu groß. Er hat Angst. Er weiß, er wird aufgeben. Wir Zuschauer bleiben in unsere bequemen Fernsehsessel gedrückt allein und betroffen zurück.

Virtuell

Virtualität ist die Eigenschaft einer Sache, nicht in der Form zu existieren, in der sie zu existieren scheint, aber in ihrem Wesen oder ihrer Wirkung einer in dieser Form existierenden Sache zu gleichen (Wikipedia). Etwas vereinfacht könnte ich auch sagen, virtuell ist so zu tun als ob.

Das Wort virtuell ist von lateinisch *vir*, der Mann, abgeleitet. In einer kulturellen Zwischenphase bedeutete es einmal – vielleicht ist dies ja auch heute noch so – die Fähigkeit zu denken. Folglich könnte man – frau nicht unbedingt – zu dem Schluss gelangen, nur Männer hätten diese Fähigkeit inne. So könnte wiederum man argumentieren, diese Herleitung sei unfair oder anachronistisch, also nämlich überwunden, denn heute spreche kein Mensch mehr Frauen die Fähigkeit zu denken ab.

Nun ist es aber so, dass es kein Zufall ist, dass wir von »man« statt »frau« sprechen. Das Patriarchat hat eine lange Geschichte – evolutionär betrachtet eher eine kurze –, die bis in die Gegenwart hinein, wenn auch mehr oder weniger verdeckt, verschlüsselt und mit Worten verklausuliert, fortwirkt.

Außerdem sollte der Mann sich bezüglich Virtualität nicht aus der Verantwortung stehlen. Denn wie die Schweizer Kuckucksuhren, Kräuterbonbons und das Rasen mit schnellen Autos jenseits ihrer Grenzen erfunden haben, so haben die Männer das Virtuelle, dem sie sogar ihren Namen gegeben haben, auserkoren. Also muss was dran sein, und es sind nicht wenige, die dieser Scheinrealität frönen, allen voran der derzeitige US-Präsident. George Orwell hat uns damit vertraut gemacht, dass diese Virtualität sich hervorragend zur Politik, namentlich zur Macht- (welche Politik ist dies nicht?) und zur Herrschaftspolitik eignet.

Nur in einem hat sich Orwell gründlich getäuscht: Es ist nicht nötig, einen Mann zu foltern, damit er sagt, zwei und zwei sei nicht vier, sondern fünf. Es wird ihm so einfach oder schnell über die Lippen kommen wie das Wort »Negativzinsen«. Auch Controlling, Selbstkontrolle, Zielvorgaben oder SUV lassen sich mit diesem Kanon singen.

Es geht darum, so zu tun als ob (um dann etwas anderes zu machen). Es ist ähnlich wie in der DDR: Es gab eine offizielle Verlautbarung und eine inoffizielle. Offiziell war die Tankstelle geschlossen und nachts wurde dort inoffiziell getankt. Offiziell, besser gesagt, justiziabel – auch so ein Wort, das nur so tut als ob (es um Gerechtigkeit ginge) – achten deutsche Firmen in Bangladesch die Menschenrechte, tatsächlich kommen Menschen in maroden Fabrikgebäuden, in denen sie für deutsche Firmen arbeiten, zu Tode, weil keinerlei Sicherheitsgesetze eingehalten werden. Waffen aus deutschen Firmen werden an Staaten wie Saudi-Arabien verkauft, die damit Zivilisten im Jemen umbringen.

Das ist Virtualität: So zu tun als ob oder als Zeichen von Männlichkeit!

Der Mann ist Vater von Kindern, indem er sie zeugt. Alles Weitere kann er der Frau überlassen. Wenn er sich aus jeglicher Verantwortung stiehlt oder gar nichts tut, muss er aber zahlen. Geld ist quasi zum Synonym für das Virtuelle geworden. Wahrscheinlich haben das Wissen um die Zeugung und die Erfindung des Geldes, auch wenn dieser Vorgang geschichtlich nicht parallel verlaufen sein sollte – die Beschleunigung der Herrschaft des Mannes gleichermaßen beflügelt. Die Erfindung des Geldes im Neolithikum gilt neben der Sprache als das Symbol menschlichen Fortschritts. Da der Mensch sesshaft wurde, war es nur mehr hauptsächlich der Mann, welcher fort-schritt, denn die Frau blieb zu Hause bei Kind und Herd.

Sicher, früher gab es auch herrliche Frauen und dämliche Männer. Aber in der Regel bestimmten die Männer – nicht alle, sondern nur solche, denen das Privileg dazu verliehen war –, wer das eine oder andere zu sein hatte. Inzwischen nähern wir uns diesen alten Zeiten wieder an, indem fast nur noch Mittellose in Gefängnissen landen. Reiche müssen im Zweifelsfall zahlen. Aber gerade dies haben sie ja, um sich frei zu kaufen – Geld. Ein Konzern wie VW, der massenhaft betrogen hat, handelt im Grunde virtuell. Sie taten so, als ob sie die Umweltauflagen einhielten. Nachdem das Verbrechen veröffentlicht war, plusterten sie sich erst mal nach Machomanier auf, taten so, als handelte es sich um ein Kavaliersdelikt – Kavaliere sind eine besondere Sorte Männer – und riefen Entwicklungsforen ein, an der sich sogar die Kanzlerin beteiligte, als sei nichts Unrechtes geschehen. Man stelle sich vor, ein Mafiaboss beriefe einen Gipfel in Davos, pardon, in Palermo ein und der italienische Staatspräsident würde kommen. Manager der mittleren Ebene des Volkswagenkonzerns wurden in den USA verurteilt. Wenn ganz Große angeklagt wurden, behaupteten sie immer, von allem nichts gewusst zu haben. Sie verwiesen die verbrecherischen Fakten in eine für sie virtuelle, eine Zweit- oder Scheinwelt, mit der sie angeblich nichts zu tun hatten. Ihre Leugnung von Vater- oder Urheberschaft ist zutiefst männlich. Feigheit gilt als unmännlich und ist damit zugleich ein Ausdruck von Männlichkeit. Es ist wie bei einem Hund, der so lange Zähne zeigt, bis er sich einem stärkeren Hund unterwirft. Aus demselben Grund hassen vornehmlich Männer Wölfe, weil die ihnen zeigen, wie sie selbst sind, machtbewusst und im Zweifelsfall unterwürfig.

Virtuelle Vorstellungen beziehen sich auch auf den Planeten selbst. Der frühere Kanzler sprach von blühenden Landschaften in den neuen Bundesländern. Er sah sie schon vor seinem geistigen Auge. Abgesehen davon, dass er sich etwas in die Tasche log, wollten die Menschen in den neuen Bundesländern keine blühenden Landschaften, sondern Arbeitsplätze. Die konnten ruhig auch nach Arbeit aussehen. Wenn etwas blühen sollte, dann die Konjunktur. Aber dann kam erst mal die Treuhand und verscherbelte alles, was noch etwas Wert und Bestand hatte. Wer im Kapitalismus nicht spurt oder in Geldnöte gerät, muss auch das letzte Ersparte rausrücken (siehe Griechenland). Und wer dann nichts mehr hat, kann auch auf dem Markt nichts mehr investieren. Der Junkie gerät immer mehr in die Schuldenfalle seines Dealers oder Dealmakers. (Die Unterschiede zwischen den einen oder anderen sind kaum der Rede wert.)

Der Planet erscheint in virtuellen Vorstellungen auf Leinwänden oder in Computersimulationen. Die Erde leuchtet in den schönsten Farben. Und dann das: Klimakatastrophe, kahl geschlagene Regenwälder, schmelzende Pole, Permafrostböden tauen auf, Unwetter nie gekannten Ausmaßes, verheerende Brände, Dürren folgen auf Dürren. Das Virtuelle hat Hochkonjunktur: Es wird jede Menge Vorstellungskraft aufgewendet, um zu beschwichtigen, zu verheimlichen, umzudeuten, zu lügen, zu fantasieren, herauszuschneiden, was nicht passt, einzufügen, was konform erscheint, zu manipulieren, zu täuschen, zu drohen, zu tricksen. Aber auch die virtuelle Welt ist eine stoffliche. Wenn der Film zu Ende, ist die Leinwand weiß und leer.

Es kommt heraus, wenn wir so tun als ob. Selbst um die Schuldfrage oder ein Verursacherprinzip geht es schon lange nicht mehr, geschweige denn um Nutzungs- oder Verschmutzungsrechte.

Stellen wir uns einmal vor, eine zukünftige Regierung würde sich wirklich in die Situation von Menschen einfühlen, die aus ihrem Herkunftsland geflüchtet sind, weil dort Krieg oder große

Armut herrschte, aus einem Abschiebegefängnis wirklich ein Ankerzentrum machen, wo sie menschenwürdig leben könnten und ihnen ein wirkliches Asyl gewährt würde. Wenn virtuell einmal bedeutete, dass der Mensch denkt, dann heißt dies doch, dass er sich etwas vorstellen, dass er seine Fantasie anwenden kann, etwas denkend und einfühlend planen kann. Wenn er dadurch auch seine Angst überwinden kann, die ihn festhalten ließ, an Besitz, Normen, Gewohnheiten und Vorurteilen, kann er Alternativen entwickeln, zu einer Ökonomie, die immer nur wachsen muss, und weil sie dies nicht kann, Zerstörung produziert, zu einer Finanzpolitik, die unterstützt, statt beherrscht, zu einer demokratischen Macht, die wieder wirklich unabhängig und geteilt ist und sich kontrollieren lässt, weil sie weiß, wie leicht sich Macht verselbständigt und zur Herrschaft wird.

Ist dies unrealistisch? Naiv? Vielleicht ist eine so verstandene Virtualität in ihren denkerischen Anfängen immer unrealistisch und auch naiv, sollte es sogar sein, um nicht zaghaft allzu früh in die ausgetretenen Pfade des Status quo, des Weiter-So zurückzufallen.

Die schöne, neue Welt

Gestern (24. 10. 2019) holte ich eine Freundin auf dem Hauptbahnhof ab. Wie meistens bei solchen Gelegenheiten war ich zu
früh und schlenderte noch etwas durch einen der großen Buch-
und Zeitschriftenläden. Ich hielt Ausschau nach einer bestimmten Literaturzeitschrift, die ich jedoch nicht fand. Dafür entdeckte
ich eine Fülle anderer Magazine, die sich auf die unterschiedlichsten Themen spezialisiert haben. Schon die Titelbilder, zum
Bespiel bei Musikmagazinen, stellen nicht nur die Kategorie klar,
sondern auch visuell dar. Wenn du ein Rocker bist, dann bist du
kein Folker, kein Jazzer, Punker, schon mal gar kein Klassik- oder
gar ein Schlagerfan. An ihrer Haartracht oder an der Kleidung
könnt ihr sie erkennen. Die Kategorisierung verästelt sich. Es gibt
nicht einfach nur Reisezeitschriften, sondern solche, die sich mit
bestimmten Zielen, Ländern, innerhalb der Länder Regionen,
Angeboten oder Landschaften, mit Hobbys, Tätigkeiten oder
Vorlieben befassen. Natürlich geht es auch um die Art und vor
allem das Image des Reisens. Es gibt Reisemagazine für Passive
und Aktive, für Reiche (mehr) und Arme (weniger), für Individualisten und Normalos. Gewünschte Vorurteile werden bestätigt
oder infrage gestellt. Das wichtigste Ziel muss nicht der Ort sein.
Es gibt eine Zeitschrift für Yoga, die sich mit den Orten befasst,
wo sich dies am besten praktizieren lässt. Es gibt Zeitschriften für
geheime, verwunschene, besondere, womöglich gefährliche Orte.
Mit jeder neuen Kategorisierung, die ich entdecke, frage ich mich,
ob diese einer Individualisierung entspricht, also der Mensch
dort findet, was er sucht oder schon so lange gesucht hat, oder ob
der Prozess umgekehrt verläuft, und das Interesse erst geweckt
wird. Möglicherweise hat es nicht einmal geschlafen, und es ist

gar nicht erwacht, sondern es hat sich erst gebildet. Es ging also nicht um ein Thema oder einen Inhalt, sondern um den Weg von Gehirnströmen oder allenfalls Assoziationsketten, die sich aus dem Unbewussten speisen.

Einerseits bildet sich Werbepsychologie etwas darauf ein, ein Angebot auf dem Markt implantieren zu können, das gar nicht nachgefragt ist, andererseits suggerieren sie, es ginge um ein Produkt, das wir wollen oder schon immer gewollt haben, mehr noch, das zu unseren Grundbedürfnissen gehört wie Essen und Trinken.

Während ich die Stände abging und einzelne Zeitschriften aus den Regalen nahm, um darin zu blättern, war ich zuerst überrascht von dem vielfältigen Angebot, dann angeregt und kurze Zeit später entwickelte ich das merkwürdige Gefühl, in die Nischen meiner Interessen- und Gedankenwelt verfolgt zu werden. Ich will nicht, dass über meine geheimen Orte geschrieben wird, denn dann sind sie ja nicht mehr geheim. Auch möchte ich keine geheimen Orte entdecken, die bereits ausgekundschaftet und ausführlich beschrieben sind. Ich fragte mich, ob ich zu den Leuten gehöre, die nicht teilen wollen oder können oder die sich zur Avantgarde oder Speerspitze einer Bewegung zählen oder die, wie der amerikanische Pionier, immer weiter nach Westen wollen, obwohl auch dort die Wildnis längst derjenigen der Netzwelt gewichen ist. Meine besonderen Orte sind zudem solche meines persönlichen Geworden-Seins, auch mit und an diesen Orten, haben womöglich keine zu Werbungszwecken brauchbare Sensation, erregen auch nicht unbedingt eine Illusion. Sie sind eben meine Orte, nicht im Sinne einer Inbesitznahme, sondern einer Vertrautheit, womöglich auch einer mit dem Fremden, das sich bei genauerem Hinschauen erst entdecken lässt. Und auch diese Einordnung meiner selbst soll sich kategorisieren lassen, oder falls ich mich dagegen wehrte, müsste ich mich dafür rechtfertigen. Und auch wenn ich mich auf einem entlegenen Eiland versteckte, würde man mich als Konsument dort aufstöbern und einer Nischenkategorie zuordnen. Falls ich mir dies nicht gefallen lassen sollte, würde ich als Realitätsverweigerer gelten, oder man würde mir einen Verfolgungswahn bescheinigen.

Als ich mir diesen Schreck und seine möglichen Ursachen bewusstgemacht hatte, blieb ich bei der Frage haften, ob diese Zeitschriften mit ihrem vielfältigen Angebot nicht doch (oder trotz alledem) den Menschen in seiner Individualität bestätigen oder Ausdruck dessen Ausrichtung sind. Selbst wenn der Geist, der weht, wo er will, an diesen besonderen Orten wehte, brauchte es aber die differenzierte Wahrnehmung und individuelle Sensibilität, diesen zu erfassen, wandte ich mir bei diesem inneren Dialog ein. Eine Psychologiezeitschrift titelt, immerhin fragend, ob wir von dieser Sensibilität gar zu viel haben, um in dieser Welt zurechtzukommen. Dagegen wehre ich mich natürlich, weil ich, so gut ich kann, über ein Zuviel oder Zuwenig selber bestimme und keine vermeintlich objektive oder zielgerichtete Kategorie.

Der Mensch im Computerzeitalter lässt sich immer wieder neu einspeisen. Er nennt dies angeberisch, sich selbst neu erfinden, um die Scham zu verbergen, dass er sich nach der Maschine richtet. Dies ist nicht schwer, da Scham zu den noch nicht wieder entdeckten Gefühlen zählt im Gegensatz zum Beispiel zur Gier – wobei es in der Regel die anderen sind, welche gierig alles an sich reißen und verschlingen wollen. Und deshalb fällt es auch nicht schwer, bereitwillig an eine Künstliche Intelligenz zu glauben wie der Mensch im Mittelalter und noch bis in die Neuzeit hinein an Himmel, Hölle und Fegefeuer glaubte. Individualität wird also so umdefiniert, als sei es die Wahl über das Einzuspeisende. Das unbedingt Angesagte wird ja angeblich freiwillig und in vollem

Bewusstsein und selbstverständlich mit Überzeugung gewählt. Die ironische Brechung dieses Satzes wird vom Konsumenten nicht nur geduldet, solange ich sie auch auf mich selbst beziehe, sondern gar selber von diesem angewendet. Angewendete Ironie und praktizierter Zynismus sind Ausdruck zeitgemäßer Individualität.

Die Sprache ist in diesem Kontext Mittel zum Zweck. Mit ihr lässt sich Gutes und Wertvolles wie Böses und Übles anrichten. Zu beachten ist aber, die Worte aus dem korrekten Fundus zu nehmen. Sie soll kein Eigenleben entwickeln. Sprechen als das Suchen differenzierender Worte, um einen Sachverhalt möglichst genau zu beschreiben oder zu erklären, wird zur Anwendung von Sprache mit vorformulierten Begriffen. Womöglich ist dies in der Tendenz schon immer so gewesen, aber im Zeitalter der zu überblickenden im Gegensatz zu einer durchblickenden Globalisierung fällt dies besonders auf. Mögliche Alternativen einer Bildung von Sprache existieren allenfalls in Nischen. Es gibt kaum (macht)politische Alternativen. Selbst Diktaturen verschanzen sich formal hinter demokratischen Strukturen. Als Unrechtsstaaten gelten solche eines anderen Systems, vorzugsweise eines antikapitalistischen. Sprache in ihrer Anwendung nähert sich Globalisierungsformen an, wird selbst zu einem Teil von Globalisierung. Möglicherweise wird es in nicht allzu ferner Zukunft nur noch wenige Sprachen geben. Kreative Prozesse von Sprachverständnis entwickeln sich nur noch an der politischen oder regionalen Peripherie, beispielsweise in Kanaksprachen, im Denglischen oder als Suchbewegung von Individuen. Dies mag ein gewichtiger Grund sein, warum Peter Handke der Nobelpreis für Literatur verliehen wird. Von seinen Kritikern wird er inzwischen nicht selten als Rassist beschimpft, weil er zum Beispiel das Wort »Muselman« verwendet hat, obwohl er doch angeblich wüsste, wie dieses Wort von bestimmten, also rassistischen Kreisen, verwendet würde. Als Rassist gilt nicht, solange nicht juristisch nachgewiesen ist, wer sich abwertend und diffamierend gegen andere äußert, sondern wer Worte aus der Kategorie des Unkorrekten verwendet. Für Erdogan ist jeder Kurde, der einer kurdischen Organisation angehört, ein Terrorist.

Zurück zum Alltäglichen: Schicken wir Nachrichten über Dienste, werden uns entsprechende Formulierungen angeboten. Noch handelt es sich um simple Verben und beschreibende Adjektive. Der Vorgang der Wortfindung, ein individueller, kreativer, auch politischer, entfremdet sich zunehmend in uns oder wird uns freundlich abgenommen. (Möglicherweise werden zukünftige Generationen selbstverständliche Wortfindungsstörungen haben, nicht unbedingt pathologische, wenn sie diese Maschinen nicht zur Verfügung haben.) An der Rechtschreibung und auch an differenzierender Formulierung mangelt es bereits heute.

Eventuell werden Menschen der Zukunft nicht mehr erfassen, was Demokratie ist, aber sie werden diese anwenden können, was auch immer dies dann heißt. Schon heute durchdringen wir nicht mehr die Möglichkeiten und Bedeutungen von Demokratie oder auch die Verletzlichkeit ihrer Grenzen beziehungsweise entwickeln sie nicht weiter oder wagen es nicht mehr. Es wird zunehmend schwieriger, was bei immer weniger gewagter Demokratie bedeuten wird, (wieder) mehr zu wagen. Ähnliche Überlegungen ließen sich anstellen, wie Intelligenz in Zukunft definiert wird, wenn sogenannte Künstliche Intelligenz die Definitionshoheit gewonnen haben wird. Wenn das Monster regiert, wird es behaupten, es sei der Mensch und wird den Menschen als Monster benennen. Oder es wird behaupten oder gar nach eigenen Kriterien belegen, das Monster sei als Monster humaner (oder in diesem Fall monsterischer) als der Mensch.

Es handelt sich sowohl um eine Art des Sprachgebrauchs – nach zukünftiger Definition wäre es keine falsche – als auch um einen psychischen Abwehrmechanismus, wenn wir behaupten, es gibt einen Dieselskandal oder wir wollen das Klima retten. In dem ersten Fall handelt es sich um einen Skandal bezogen auf Autokonzerne, die gegen geltendes Recht verstoßen haben, im zweiten geht es, wenn schon um eine Rettung, dann um die der Menschheit, denn das Klima ist für die Erde oder für sich selbst, was es ist. Auch wenn wir von Klimakatastrophe sprechen, meinen wir, dieses Faktum der Klimaveränderung erleben wir Menschen als Katastrophe. Mit dieser falschen Anwendung von Sprache entlarven wir uns weiterhin als hybride Möchtegernuntertanmacher und spielen damit den Leugnern in die Karten, die behaupten, das Klima sei von Menschen nicht beeinflusst und wir könnten weiter ausbeuten oder Beute machen.

Da sich technische Entwicklung von der Weiterentwicklung von Menschen abgekoppelt hat, verläuft Evolution möglicherweise anders. Dieser Gedanke hat natürlich auch etwas Größenwahnsinniges, denn warum sollte menschliche Evolution anders verlaufen als die anderer Lebewesen? Aber ich stelle mir vor, dass sich technische Entwicklung verbessert und Menschen (deshalb) zugleich dümmer oder weniger intelligent werden. Zyklen wie die der als Aufklärung bezeichneten wechseln sich mit solchen primitiver Gläubigkeit oder Realitätsverleugnung ab. Realität ist ja auch das, was wir glauben, beziehungsweise die faktischen Folgen dieses Nichtglaubens. Das Zeitalter von 1984 ist angebrochen.

Die Renaissance der Seife

Die Seife ist wieder im Kommen. Heute kündete ein umfangreicher Artikel in meiner Tageszeitung davon. Vor einiger Zeit hörte ich mir einen Vortrag, der eigentlich zu einem anderen Thema angekündigt war, über die umwelt- und kommunikationsschädigenden Folgen der Nutzung von Smartphones an. Weder habe ich aufgehört, Seife zu benutzen, noch besitze ich ein Smartphone. Meine Gründe dafür konnte ich in der Zeitung lesen beziehungsweise mir in dem Vortrag anhören.

Gelegentlich schreibe ich in einem Blog und verfasse häufiger Leserbriefe. Manchmal finde ich einige Zeit später meine Formulierungen oder Argumente in Interviews oder Sachbeiträgen wieder. Bin ich ein Influencer? Ich kannte den Ausdruck bis vor Kurzem noch gar nicht. Wahrscheinlich ist der Einfluss wechselseitig unbewusst. Irgendwo habe ich mal was gelesen oder gehört, das ich später als meine eigene Idee oder eine neue Erkenntnis weitergegeben habe. Deshalb könnte ich mich eigentlich freuen, lebe ich doch inmitten einer Massengesellschaft und arbeite, wenn auch nur ein winziges Stück – schließlich bin ich auch ein sprichwörtliches Rädchen im Getriebe – an ihrer Weiterentwicklung mit.

Ein Stück Seife ist einfach verpackt, erfüllt seinen Zweck und vergeht durch Benutzung. Kein unnötiges Plastik! Trotzdem bin ich unzufrieden. Hätten Politiker schon vor dreißig Jahren auf Wissenschaftler, Umweltschützer und kritische Bürger wie mich gehört, wäre es womöglich nicht zu den Umweltschäden und der Klimakatastrophe gekommen. Nach der Wiedervereinigung – ich erinnere mich noch genau daran – habe ich mir große Sorgen gemacht. Nicht so! dache ich. Das ist ja wie eine feindliche Übernahme. Das darf man mit den Leuten nicht machen. Es kam dann in der Folge noch viel schlimmer.

Und jetzt das politische Desaster in Thüringen! CDU und FDP haben sich zu Bütteln der AfD machen lassen. Das ist, wenn überhaupt, so schnell nicht wieder gutzumachen. Zuerst war jedes Mittel recht, um Bürger, womöglich mitdenkende, zu Konsumenten politischer Entscheidungen herabzuwürdigen, jetzt besetzen die Rechtsradikalen die einflussreichen Plätze in den Institutionen, und der mündige Bürger, der sich dagegen wehren soll, soll wieder resozialisiert werden.

Aber es ist nicht nur dieses Bedauern und dieser Ärger, der sich manchmal zu Zornesausbrüchen steigern kann, der mich umtreibt, es ist auch eine narzisstische Kränkung. Ich muss mitverantworten, dass es so weit gekommen ist, weil ich nicht genug getan habe und mir dies von jungen Leuten, die jeden Freitag demonstrieren, vorwerfen lassen muss. Ich fühle mich auch von der eigenen Generation nicht gehört und an den Rand gedrängt. Zudem brauchte diese womöglich nicht meine Worte, sondern meine Taten.

Meine Mutter erzählte oft die Geschichte von dem Nazi in unserem Dorf, der seine Hakenkreuzfahne im Frühjahr 45 noch hisste, als die Amerikaner schon an der Autobahn standen. Dann gab es einen Kanonenschuss, und er war der erste, der die weiße Fahne heraushängte. Die Gesellschaft ist voll von Wendehälsen und Opportunisten. Wenn es darauf ankommt, in einer gespaltenen Gesellschaft, muss mir klar sein, auf welcher Seite ich stehe. Und dies hat immer Konsequenzen. In einer konsum- und profitorientierten Gesellschaft bedeutet dies immer auch Einbußen genau in diesem Bereich. Würde ich nicht weiterhin Seife und kein Smartphone benutzen, sollten meine diesbezüglichen Kritiken bescheidener ausfallen.

Irgendwann kann ich dann auch nicht mehr behaupten, auch nicht vor mir selber, Konsum sei die eine, Demokratie eine andere Sache. Nein, geht nicht mehr. Der Konsument in mir, ganz zu schweigen vom Geschäftsmann, versucht dem Demokraten das Wasser abzugraben. Ich könnte auch umweltfreundliche, demokratisch legitimierte Geschäfte machen? Ja, kann ich, aber die Grenzen bis hin zur Korrumpierbarkeit sind fließend.

Narzisstische Kränkbarkeit und demokratisches und humanes Bewusstsein sind und bleiben eine schwierige Gemengelage. Die Demokratie ist ja so empfindlich. Immerzu braucht sie streitbaren Einsatz, Schutz, Kompromiss, persönliche Verantwortung und mehr. Die einzige Belohnung besteht darin, zu ihrer Aufrechterhaltung beizutragen. Dieser Lohn kann gar nicht hoch genug eingeschätzt werden. Aber er taucht in einer nach der üblichen Weise zu konsumierenden Bilanz nicht auf. Wenn doch, muss ich mir eingestehen, bewusst oder unbewusst die Seiten gewechselt zu haben, denn ich habe ihre Möglichkeiten ausgenutzt, um meine persönlichen Geschäfte zu machen.

Natürlich kann ich mich auf sie und ihre Institutionen berufen. Wenn ich jedoch heute das Grundgesetz zitiere, das ist wie damals, als Väterchen Franz Joseph Degenhardt noch darüber sang, werde ich schnell mal als Kommunist abgetan. Dieser Reflex ist und bleibt abgefeimt, denn indem ich mich so als Demokrat oute, wird mir vorgeworfen, ich sei keiner, und zwar ausgerechnet von denen, die mal zumindest an ihrem rechten, nicht mehr ganz so demokratischen Rand stehen.

Ich muss mir diese narzisstische Kränkung – so kindisch ich sie auch finde, denn sie hat was von kindlichem Beleidigtsein und nicht mehr mitspielen wollen – vielleicht gerade deshalb immer wieder ins Bewusstsein rufen, immer wieder durch sie hindurch gehen. Selbstverständlich hat sie auch was Pharisäerhaftes, und deshalb ist sie auch beschämend, wenn ich ihr, das heißt mir, auf die Schliche komme.

Die Kunst besteht in der Sublimierung. Eigentlich bin ich ihr gegenüber misstrauisch, denn sie ist auch eine Form psychischer Abwehr. Oft fällt mir ihr Name nicht ein, wenn ich danach suche. Aber das mag daran liegen, dass sie mein Problem spiegelt, das der Kränkung über meine Halbherzigkeit. Sublimierung bedeutet, immer wieder den persönlichen und gesellschafts-politischen Alltag zu überdenken, kritisch zu hinterfragen, handelnd einzugreifen in dem Bewusstsein, die narzisstische Kränkbarkeit und ihre Folgen niemals endgültig hinter mir lassen zu können. Die Sublimierung wird immer nur situativ und unvollständig gelingen. Ich werde weiterhin Auto fahren, mir mein Haus nicht mit einer Flüchtlingsfamilie teilen, aber vielleicht gelingt es mir, nie wieder in ein Flugzeug zu steigen oder Flüchtlinge bei der Zahlung ihrer Miete zu unterstützen.

Verzicht wird immer auch Kränkungen oder Formen von Verlustgefühlen auslösen. Wir werden Konsum verlieren, denn so können wir nicht mehr weitermachen, wenn wir nicht uns selber verlieren wollen.

Begabung und Identifikation

In der Schule war ich schlecht in Mathe. Bis heute weiß ich nicht, ob mir die Begabung zu diesem Fach fehlt oder ob ich mich ihm verweigerte. Ich lehnte es geradezu ab, dass es nur eine Lösung geben und dass diese nicht Ergebnis meines Nachdenkens sein sollte, sondern schon objektiv feststand, bevor ich mich mit der Aufgabe beschäftigte. Ein Rätsel hat auch immer nur eine Lösung, aber es braucht einige Fantasie, um auf diese zu kommen. Nicht nur Kombinieren hilft, sondern auch die Möglichkeit, die Lösung zu erraten. Von daher spürte ich beim Rätsellösen einen gewissen Spielraum, innerhalb dessen ich mich frei bewegen konnte. Das Raten erzeugte zudem einen gewissen Schauder, indem der Ausgang und die Konsequenzen uneindeutig blieben, wie grundsätzlich das Raten und das Schätzen mit dem zwielichtigen im Bunde sind. Das Rechnen dagegen erschien mir als etwas Unbewegliches, sogar Starres. In der Mathematik bin ich so früh gescheitert, dass ich das Stadium gar nicht erreichte, in welcher Kombinationsgabe und Fantasie möglicherweise gebraucht wurden. Ich konnte gar nicht glauben, dass die Formel, die zur Lösung einer Aufgabe gebraucht wurde, vorgegeben war. Ich hätte sie nur auswendig lernen und anwenden müssen. Das Fach Mathematik war offenbar nur als Anwendung und Fingerübung zu gebrauchen, wobei ich grundsätzlich ein Faible für das Lernen zu lernen habe. Es gab in meinen Augen nicht wirklich etwas zu erforschen, denn das Ergebnis war ja bekannt.

Im Fach Deutsch verhielt es sich anders. Nachdem das Schreiben gelernt war, eröffneten sich nahezu unendliche Möglichkeiten für dessen Anwendung. Trotzdem war ich in diesem Fach ab meiner Gymnasialzeit nicht gut, denn ich versemmelte regelmäßig die Grammatikarbeiten und häufig auch die Diktate. Nicht, dass ich die Grammatik nicht verstanden hätte oder anwenden konnte, ich tat oft das Falsche, indem ich mich nicht an die Regelhaftigkeit hielt. Ich schrieb Wörter falsch, weil ich meinte, sie seien die Ausnahme von der Regel, oder umgekehrt wollte ich nicht wahrhaben – als ob es um »wahr haben«, also das Finden einer Wahrheit gegangen wäre –, dass es gerade in diesem Fall um die Ausnahme von der Regel ging. Oft fiel mir auf, wenn ich ein Diktat zurückbekam, dass ich eigentlich gewusst hatte, wie man das Wort schrieb oder den Satz bilden sollte, aber ich hatte es trotzdem falsch gemacht, weil ich mich entweder nicht auf mein Wissen verlassen hatte oder hinter der Lösung noch eine andere, raffiniertere vermutete. Ich fragte mich zum Beispiel, ob die jeweilige Lehrerin oder der Lehrer sich als eine Art Meisterin oder Meister begriff und mich, den Schüler, zum Denken anregen wollte. Ich erkannte nicht, dass es nicht um mich oder meine Mitschüler ging, sondern um die Schule und die zu erfüllenden Aufgaben.

Dies war in der Dorfschule, aus der ich gekommen war, völlig anders gewesen. Die Lehrerin kannte nicht nur mich und meine Begabungen und meine Art zu lernen, sie kannte meine gesamte Familie. Und ich war es dem Ruf meiner Familie schuldig, die geforderten Leistungen zu erbringen. Nur selten musste ich mich dafür anstrengen, jedenfalls habe ich es so in Erinnerung. Vielleicht verhielt es sich auch so, dass ich die Anstrengung als solche wenig verspürte, weil meine Bereitschaft oder mein Interesse hoch waren, erfolgreich zu sein. Ich fühlte mich als Individuum gesehen und das Lernen war mir nützlich.

Überhaupt war das Dorf anders, weil es zu klein war, um Massen zu bilden. Jede und jeder im Dorf wurde als Individuum betrachtet. Alle kannten sich mehr oder weniger. Noch wichtiger als das Individuum war die Familie. Deshalb galt es, deren Ruf auf keinen Fall zu schaden. Jedenfalls wurde niemand in einer Masse, weil nicht vorhanden, übersehen.

Im Gymnasium in der Stadt passte es (mir) von Anfang an nicht zusammen. Alles war mir fremd, und bevor ich die Fremdheit überwinden konnte, hatte ich Widerstände entwickelt. Hier zählte weder das Individuum noch die Familie, sondern die Klasse, der sie angehörte. Die wollten mich nicht, und ich wollte sie auch nicht, die Lehrer und all das, was diese Schule verkörperte. Ich verweigerte mich. Natürlich passten diverse Schablonen wie »Arbeiterkind«, »Klassenbewusstsein«, aber auch »Überflieger« oder »Faullenzer« zur Erklärung meines Verhaltens. Aber eigentlich fühlte ich mich grundsätzlich und von allen unverstanden, und ich verstand mich selber und meine Verweigerung nicht, die ich eher als ein Inmichzurückziehen erlebte. Dieses von allen – auch von meinen Eltern, die nicht unbedingt gewollt hatten, dass ich aufs Gymnasium ging, und von meinem älteren Bruder, der fleißig war, und der hätte gehen sollen, aber nicht gewollt hatte – Sich-unverstanden-Fühlen erlebte ich als traumatisch, und es warf mich völlig aus der Bahn meines Selbstbewusstseins.

Nochmals zurück zum Rätsellösen: Das Rätsel, wonach es der Mensch ist, der zuerst auf vier, später auf zwei und dann auf drei Beinen geht, kannte ich schon, bevor ich mich mit dem Ödipus-Mythos beschäftigte. Es sollte mir merkwürdig bleiben, dass es bei der Lösung ausgerechnet dieses Rätsels um Leben und Tod gehen sollte. Schließlich konnte es doch auch alte Menschen geben, welche nicht auf einen Stock angewiesen waren. Außerdem fand ich, man konnte das Krabbeln oder Gehen auf Beinen nicht mit dem Hilfsmittel eines Stocks gleichsetzen. Ein Bein ist ein Bein, und ein Stock ist ein Stock. Erst Jahrzehnte später kam mir der Gedanke, dass die machtbewusste Sphinx das Rätsel von seiner Lösung her entworfen haben könnte. Der Mensch sei es, welcher im Mittelpunkt der Schöpfung steht. Und bei jeglicher kultureller Entwicklung ist es immer wieder der Mensch, der denkt, der treibt, der verwirft, der zerstört und wieder neu aufbaut.

Was ich mich jetzt frage: Warum ist es eine Sphinx, welche dieses verhängnisvolle Rätsel einem Griechen stellt? Ich vermute, die alten Griechen kannten Sphingen aus Ägypten und Mesopotamien. Diese standen mit dem Tod in Verbindung, indem sie als Wächterinnen vor Totentempeln von Herrschern fungierten. Könnte man also den Mythos so deuten, dass der Rätsellöser Ödipus den Sieg des Lebens über den Tod davonträgt? Und außerdem stellt er damit klar, dass die griechische der ägyptischen und mesopotamischen Kultur überlegen ist beziehungsweise diese in ihrer jeweiligen Vormachtstellung ablöst.

Die Griechen wollten nicht wie die Ägypter durch Auswendiglernen einer Formel zum Heil im Jenseits gelangen, sondern durch Nachdenken und Kombinieren im Hier und Jetzt zum Erfolg im Leben gelangen, weshalb die Eindimensionalität aufgelöst wurde, was Formel oder religiöse Norm von Rätsel unterscheidet. Man gelangte durch Nachdenken zum Ziel. Dadurch entfernen sich Sprache und Schrift von Mathematik, indem sie die Formelhaftigkeit zugunsten einer spannenden Geschichte, die auch schlecht für Ödipus hätte ausgehen können, auflösen. Aber sein Schicksal holt Ödipus, den Menschen grundsätzlich, ein. Nicht erst durch das Brechen des Inzesttabus hat er Schuld auf sich geladen, sondern indem er aus dem alten, kulturellen Mythos der religiösen Formelhaftigkeit ausgetreten ist und einen neuen, den des Nachdenkens begründet, sich damit größere individuelle Freiheit genommen hat. Dies lässt die Gemeinschaft, verkörpert durch Adel, Staatsbeamte oder Priester, nicht durchgehen.

Seit Freud beschäftigen wir uns in Zusammenhang mit dem Ödipus-Mythos auch mit dem Komplex, der seinen Namen trägt. Bei den ältesten menschlichen Darstellungen überhaupt, lange vor der Erfindung der Schrift, handelt es sich um solche von Frauen mit stark betonten Geschlechtsmerkmalen (Venus von Willendorf), später von regierenden Frauen mit ihrem kindlichen Sohn. Viele Jahrhunderte später und über diverse Umwege fanden die Darstellungen der Himmels- oder Gottesmutter mit dem Gottessohn Eingang zu den zentralen Stellen in mittelalterlichen Kathedralen. Ein Patriarchat hatte nicht erst entstehen können, nachdem der Jäger zum Krieger geworden war und körperliche und technische Überlegenheit die entscheidende Rolle zum Überleben spielten – und Kriege zu führen war von Anfang an Sache der Männer –, sondern der Mann musste zuerst seine Rolle als Erzeuger erkennen, bevor er ein Bewusstsein von Macht entwickeln und nach ihr greifen konnte.

So mögen im Ödipus-Mythos diverse Konflikte zwischen der zu Ende gehenden Matrilinearität und dem erstarkten Patriarchat zu deuten sein. Kultur lässt sich nur durch Deutung verstehen, nicht erst im Nachhinein, sondern immer schon auch in der Gegenwart. Wer könnte sonst begreifen, dass ein Abschiebegefängnis als Ankerzentrum bezeichnet wird und eine Abschiebung von Flüchtlingen in Krisen- und Kriegsgebiete als Geordnetes-Rückkehr-Gesetz.

Es geht also beim Verständnis menschlicher Schicksale nicht um eine zu lösende Mathematikaufgabe, sondern um Erzählungen, nicht um die eine, sondern um mehrere, die Lösungen beinhalten oder vorerst um eine solche kreisen. Je nach Region und Stamm wurde entweder eine andere Geschichte, ein anderer Gründungsmythos erzählt, oder es gab diverse Variationen einer Urgeschichte oder Urszene. Konjunktiv und Indikativ bedingen einander. Um Realität begreifen zu können, bedarf es einer Vorstellung, mehrerer, auch unterschiedlicher Möglichkeiten. Ich verachte die Mathematik nicht. Sie soll den ihr gebührenden Platz innerhalb der Wissenschaften einnehmen und behalten. Ohne sie wäre uns manche überlebenswichtige Erkenntnis entgangen. Aber ich bin nicht mit ihr und ihrer Lösungsorientierung identifiziert.

Das Gymnasium erlebte ich, wenn nicht einseitig an Mathematikhaltungen, doch aber an Normen gebunden. Das Normative, eindimensional Lösungsorientierte, auch das sich zyklisch Wiederholende, das Rituelle sorgen für Beständigkeit in einer Kultur, bremsen aber, je dogmatischer sie sich entwickelt haben, im Gegenzug Fortschritt aus. Als Schüler war ich immer wieder auf den Kompromiss zwischen Selberdenken und Einpauken angewiesen, den ich als Rettungsversuch für das eine und als Widerstand gegen das andere erlebte. Anders gesagt: Es ging in der Institution Schule nicht darum, ein guter Schüler zu sein, sondern gute Noten zu schreiben. Und wer dies tat, wurde im Umkehrschluss ein solcher genannt. In meinem Leben konnte das Genormte niemals gegen das Kreative gewinnen. In dieser Schule musste ich aufgrund meines Widerstands scheitern. Ich fremdele bis zum heutigen Zeitpunkt mit dieser Erkenntnis, weil ich mich damals als schüchtern, ängstlich und angepasst erlebte. Aber womöglich sind es gerade die Schüchternen, die ihren Widerstand durch stille Verweigerung leben. Andererseits verband es mich mit meinen Nächsten, mich wie sie zu betrachten und mich für einen »faulen Hund« zu halten. Nun ja, ob Faullenzer oder Bohemien, diese Frage wird allzu schnell zu einer des Blickpunkts, und in einem Dorf gibt es keine Bohemiens, nur Außenseiter und Dorftrottel.

Während meiner Schulzeit wurde ich Messdiener. Ich begriff und akzeptierte den strengen Kanon der Gottesdienstordnung.

Dies gelang mir deshalb, weil ich eine persönliche Beziehung zu Gott pflegte, an den ich glaubte. Im Gebet sprach ich zu ihm, wie es mir inhaltlich gerade einfiel, jedoch ehrfurchtsvoll, demütig, mich geliebt und anerkannt fühlend. Beim Gottesdienst handelte es sich aber in meinen Augen um ein von Menschen geprägtes Ritual. Nach außen hin erfüllte ich dieses respektvoll, indem ich mir als Messdiener möglichst keinen Fehler im Handlungsablauf leistete. Nach innen fand ich dies nicht nötig. So lernte ich niemals das Confiteor, das Stufengebet des Messdieners, sagte stattdessen laut die ersten lateinischen Worte, zählte im Kopf bis einundzwanzig und verkündete dann zusammen mit dem Mitministranten, von dem ich wusste, dass er es genauso machte, laut ein Amen.

Ich lernte nur das bereitwillig, was mich interessierte, weshalb mich als frommes Kind oft der Bannstrahl von Schuld und Sünde traf. Solange ich glaubte, war mir deshalb die Beichte ein großer Trost und eine enorme Erleichterung. Noch stärker als Interesse wirkte die Identifikation mit etwas oder jemandem. Ich konnte nicht unterscheiden, ob ich mich mit Horst, dem Jungen, identifizierte, der Förster werden wollte, oder mit Erich Kloss, der die Bücher über das Leben im Försterhaus geschrieben hatte, oder ob ich einfach nur von den Geschichten begeistert war. Außerdem geriet ich mit zunehmendem Alter in einen Konflikt mit mir selbst, nämlich zwischen dem (kindlich) Glaubenden und dem Wissenden. Mit dem geistigen Angebot Erwachsener, dem Glauben das Gefühl und dem Wissen den Verstand zuzuordnen, konnte ich bald nichts mehr anfangen. Wenn ich mich mit einer Sache identifizierte, tat ich dies immer auch mit einer gewissen Begeisterung. Also waren sowohl Ratio als auch emotio im Spiel. Das Nachdenken selbst begeisterte, auch die Gefühlswelt, die es auslöste.

Um mich nicht auch mit dem Teufel oder dem Teuflischen zu identifizieren oder zumindest »Sympathy for the Devil« (Rolling Stones) zu empfinden, musste ich mich von dem kindlichen Gott, an den ich geglaubt hatte, distanzieren. Damit waren ethische Vorstellungen integriert und nicht mehr ausschließlich eine Frage religiöser Gebote. Erst viel später fand ich heraus, dass ich mich mit den im Neuen Testament verkündeten Werten identifizieren konnte, ohne mich in diesem Zusammenhang Glaubensanforderungen unterwerfen zu müssen.

Natürlich geht auch der Weg umgekehrt, indem ich mich aufgrund einer affektiven Motivation mit einer Sache oder einer Person identifiziere. Deshalb muss ich ihr nicht (auf Dauer) ausgeliefert sein. Durch Selbstreflexion kann ich mich alternativ verstehen oder selbst aufklären, und dadurch können sich Übertragungssituationen auflösen, oder ich kann mich von meiner Identifikation situativ lösen. Ich beschreibe hier in kurzer Form einen möglicherweise langen und tiefgründigen, von ambivalenten Gefühlen begleiteten Prozess. Darüber kann es gelingen, statt (vorschnell) zu bewerten oder gute von schlechten Gefühlen unterscheiden zu müssen und damit mein Innenleben aufzuspalten, mir freieres Denken zu ermöglichen.

Ich weiß, womit ich mich identifiziere und auch warum. Ich fühle es auch, und dies muss ich nicht als Widerspruch betrachten. Ob ich möglichst Gutes tue und deshalb als guter Mensch angesehen werde/werden möchte, oder ob ich ein guter Mensch sein mag und deshalb versuche, möglichst Gutes zu tun, bleibt sich von den Folgen aus betrachtet gleich. Der Punkt ist vielmehr, dass sich ethisches oder moralisches Handeln nicht aus einem rein normativen Bewertungskonsens ergibt, sondern aus der Reflexion über die Sache selbst. Auch eine Überzeugung, und gerade eine, von der ich begeistert bin, braucht immer wieder ein (selbst)kritisches Überdenken. Die Überprüfung eines Sachstandes dagegen bedarf immer einer Kontrolle von außen, so unabhängig wie möglich.

Nüchternheit oder Coolness, wenn sie nicht eitel daherkommen, eignen sich als Form von Selbstdisziplin, schützen Begeisterung und Hingabe vor Fanatismus. Indem die Identifikation stärker und nachhaltiger wirkt als beispielsweise eine Motivation für eine Sache, sollte der Zweifel, das Überdenken und Anzweifeln niemals allzu weit aus dem Blickfeld geraten. Identifikation mit und Macht über eine Sache sollten unbedingt zwei verschiedene Paar Schuhe bleiben.

Manchmal habe ich den Eindruck, ich sollte mich politisch mehr betätigen und auch politische Verantwortung in Gremien übernehmen. Das Erstgenannte beschäftigt mich weiterhin, indem ich über Handlungsperspektiven und -alternativen nachdenke, mit dem Zweiten kann ich mich schwer identifizieren. Ich befürchte, das Bewusstsein der Macht könnte Macht über mich erlangen. Ich könnte geneigt sein, das politische Geschehen und die Lösungen, welche zu suchen und zu finden sind, als Matheaufgabe betrachten. Es gäbe nur eine Lösung, alternativlos, und die gelte es, durchzusetzen. Aber ich muss meinen Part ja nicht so bedeutungsvoll denken, ein Mandat bei einer Stadtteilarbeit oder einem gemeinnützigen Verein wäre auch schon gut als praktizierte Demokratie.

Politisches Denken ist leider mehr von Glauben und Irrationalitäten als von Wissen geprägt. Ich weiß nicht, ob dies besonders unseren antiaufklärerischen Zeitgeist widerspiegelt oder schon immer so gewesen ist. Vermutlich haben sich zyklische Phasen von Aufklärung mit ideologisch oder supernormativ geprägten abgewechselt. Politisches Denken neigt oft zu Einseitigkeiten und falschen Schlüssen, weil die Realität nicht umfänglich erfasst wird. Was aufgrund der politischen Einstellung nicht sein soll oder darf, wird bezüglich dessen Realitätsgehalts verleugnet, klein geredet oder schlicht nicht wahrgenommen.

So werden gegenwärtig für die Menschheit existenzielle Themen wie Klima- und Umweltschutz überwiegend als eine Art Mathematikaufgabe einer an einseitigem Wachstum orientierten Ökonomie und einer auf Mehrwert fixierten Geldpolitik verstanden. Das Gebet der Zukunftsfähigkeit durch permanentes Wirtschaftswachstum hört sich an wie die Formel eines Pharao, der den Eintritt zum ewigen Leben herunterbetet. Dafür ist es gar nicht nötig, ein großartiges theologisches Gebäude zu errichten, die kontinuierlich wiederholte Formel, verbunden mit unendlichem Konsumversprechen genügt. Wolkenkratzer aus Glas und Beton sind die Dome der Neuzeit, Demonstration und Ausdruck einer Pseudoreligion, die auf ihre Weise immer die Kirche im Dorf zu lassen betont. Dieser entwicklungsmäßige Rückschritt in Verbindung mit einer Aushöhlung demokratischer Errungenschaften wird als Fortschritt formuliert. Sprache wird in ihr Gegenteil verkehrt, indem sie das als solches bezeichnet, was es gerade nicht ist, oder um das es sich nicht handelt. Sobald Fake, also Nicht-Fakt, als solcher bezeichnet wird und in die Interaktion einfließt, ist es ein Fakt, aber ein anderer. George Orwell lässt grüßen. Gerade das, was Intelligenz nicht ist, wird als solche bezeichnet, wenn auch als eine künstliche. Deren Gefahren werden benannt, jedoch als unrealistische Ängste abgetan, wie Priester eines altertümlichen Glaubens das herannahende Unheil erkannten und es mit einem Gegenzauber zu bannen suchten. Die Schäden, welche durch Technik verursacht werden, sollen durch noch mehr Technik beseitigt werden. Unverträgliche Medikamente sollen durch noch mehr Medikamente als Gegenmittel beseitigt werden. Diese erzeugen weitere Nebenwirkungen und so setzt sich der Kreislauf fort. A hard rain's gone fall. Aber kein alttestamentlicher Gott kündet damit seine Rache an, es ist die Natur selber, die den Frevel an ihr – nein – nicht rächt, sondern auszugleichen versucht.

Dieser kalte Rationalismus, der sich nur solche Matheaufgaben herauspickt, die in sein Weltbild passen, hat wissenschaftlich längst abgedankt. Inzwischen arbeiten vernetzte Teams unterschiedlicher Disziplinen zusammen, um wissenschaftliche Aufgaben zu lösen. Aber triviale Denkmuster scheinen sich immer wieder durchzusetzen. Womöglich deutet dies auch auf mögliche Lösungsansätze oder Konsequenzen hin. Wir sind zu viele Menschen auf dieser Erde. Wir nehmen allen und alles anderen den Lebensraum. Wenn Männer über das Wissen um ihre Beteiligung an menschlicher Fortpflanzung an die Macht gekommen sind, womöglich endet diese mit einer Einschränkung derselben, denn es gibt nicht nur die künstliche Fortpflanzung, sondern das Klonen von Tier und Mensch ist möglich.

Wissenschaftliches und politisches Denken entwickeln sich womöglich gegensätzlich. Das Erstgenannte wird immer differenzierter, Vielfältigkeiten und Mehrkausalitäten in ihr Forschen mit einbeziehend, während das andere durch Führungsstärke eindimensionale Lösungen herbei zu manipulieren sucht. Dies entlarvt sich auch an der Sprache. Dazu muss erklärt werden, dass globalisierte Vorgänge in ihren diffizilen, wechselseitigen Abhängigkeiten kaum noch wahrgenommen, geschweige denn eine differenzierte Sprache zu ihrer Beschreibung gefunden werden kann. Dieses Phänomen scheint sich aber – eine Form psychischer Abwehr – in ihr Gegenteil zu verkehren, indem Sprache verroht und vornehmlich nicht beschreibend, sondern in einem strategischen Sinn bewertend und aburteilend genutzt wird. Wahrnehmung verkümmert oder das Wahrgenommene wird nicht weitergedacht. Information wird durch Vorauswahl oder Unvollständigkeit oder Einseitigkeit zu Manipulation. Wo Meinungen den Diskurs anregen sollten, erfolgen einseitige Behauptungen. Eine These wird zur Theorie erklärt, ohne weitere Thesen auch nur gehört zu haben, nachgewiesene Fakten werden ignoriert. Menschen glauben etwas, das sie besser wissen sollten, andererseits stellen sie ohne Begründung fachlich belegte Deutungen, die ihnen nicht passen, infrage. Das Netz behandelt jede Äußerung, unabhängig von ihrem faktischen Gehalt, als einen Beitrag zu Big Data. Im Umkehrschluss erfolgt eine primitive, sprachliche Einteilung in »richtig« oder »falsch«, »gut« oder »schlecht«; ein Sprachniveau, das schon im Neolithikum überwunden schien. Selbstverständlich wird das eigene Handeln von vornherein als richtig, das des politischen Gegners als falsch bewertet. Die technische Digitalisierung fördert damit direkt oder indirekt die Eindimensionalisierung in den Köpfen. Entwicklung erfolgt, wie bereits erwähnt, nicht linear, sondern in Schüben. Von daher lässt sich die Jetztzeit als eine kulturelle Regression beschreiben, und es ist schwer einzuordnen, welchen Einfluss technische Entwicklung weiter nimmt, diese Regression zu beschleunigen oder ihr entgegen zu wirken.

Politisches Handeln wird durch die faktische Alleinherrschaft des Marktes, konkret gesagt, der Beherrscher dieses Marktes, nicht nur seiner demokratischen Grundlage, sondern seiner eigentlichen Aufgabe beraubt: Abwägen durch Debatte, Entscheiden, in Handeln umsetzen. Sicher, es wird nach wie vor überlegt, entschieden und gehandelt, alles ist politisch oder alles hat auch politische Ursachen und wirkt sich politisch aus. Die Welt ist wie nie zuvor in der Geschichte dermaßen von ständigem Wandel geprägt. Aber sind diese Entscheidungen noch politisch zu nennen, indem sie von einer und für eine Gemeinschaft geprägt sind?

Kehrt nicht der von den Griechen Chaos und von den Israeliten Tohuwabohu genannte Zustand zurück, wenn wir ihm nicht durch gemeinschaftliches, politisches Handeln entgegentreten?

Dies kann gelingen, wenn wir ein vermeintliches Paradoxon auflösen. Ich betrachte es deshalb als ein vermeintliches, weil es Identität allzu häufig mit Egoismus verwechselt. Indem ich mich selbst immer wieder neu zu erkennen versuche – nicht zu verwechseln mit dem sich ständig neu erfinden wollen – kann ich selbst- und verantwortungsbewusst handeln. Dies ist kein Widerspruch. Der Idealismus mag eine Richtschnur sein, sollte aber nicht die verantwortungsbewusste Ich-Leistung ersetzen. Nicht nur wo Es war, sollte Ich werden, sondern auch das Über-Ich sollte seinen Spielraum nicht überschreiten. Eine solidarische Summe von Ich, also von Individuen, ergibt ein Wir. Solidarität kann natürlich nicht quantitativ, also mathematisch erfasst werden. Weiterzudenken und aus diesem Denken heraus zu entscheiden und zu handeln ist unser menschlicher, evolutionärer Auftrag.

Alle Menschen sind vor dem Gesetz gleich?

Alle Menschen sind vor dem Gesetz gleich – so lautet das Grundgesetz. Das Grundgesetz ist das wichtigste, die Basis der Gesetze der Bundesrepublik Deutschland. Leider wird es nicht so behandelt. Da die Aussagen im Grundgesetz für eine ethische Überordnung stehen – man könnte sie auch eine Art Leitkultur nennen –, sind sie deshalb wenig speziell formuliert, stehen über Detailfragen und Zeitgeistthemen. Dies macht sie anfällig für juristische Spitzfindigkeiten und Winkelzüge. Es verhält sich ähnlich wie bei der Demokratie selbst, in die es eingebettet ist; sie lebt von der Toleranz, der Solidarität und dem guten Willen.

So kam es seinerzeit, dass das Recht auf Kriegsdienstverweigerung zwar im Grundgesetz verankert ist (Art. 4, Abs. 3), man wurde aber zur Bundeswehr einberufen, die im Grundgesetz keine Erwähnung findet, denn sie wurde erst 1953 gegründet, wenn man den Kriegsdienst nicht verweigerte. Dazu musste man einen Antrag stellen und seine Haltung schriftlich begründen. Anschließend musste man vor ein spezielles Gericht, dass einen womöglich nicht als Kriegsdienstverweigerer anerkannte. Im Grunde genommen hat der Gesetzgeber, die Bundesrepublik Deutschland, eine Rechtsbeugung begangen – man könnte es auch Betrug nennen –, indem sie ein nachgeordnetes Recht über ein Grundrecht stellte.

Menschen sind vor dem Gesetz gleich, aber sie werden nicht so behandelt. Das Beispiel von der Kassiererin im Supermarkt, die verurteilt wurde, weil sie ein Flaschenpfand einbehalten hatte, ist mittlerweile hinreichend bekannt. Autokonzerne haben Milliardenbetrug begangen und sind zudem mitverantwortlich dafür, dass Menschen durch Autoabgase erkranken oder gar daran sterben, weil sie die Software an Autos manipuliert haben, sodass diese mehr Schadstoffe, als erlaubt, ausstoßen. Zuerst einmal passierte nichts. Die Chefs der Betrüger, möglicherweise als Auftraggeber die Oberbetrüger, setzten sich mit der Kanzlerin an einen Tisch und stellten Forderungen, um für ihre Konzerne noch größere Profite zu erzielen.

Ein aktuelles Beispiel für eklatante, menschenverachtende Rechtsverstöße begehen der griechische Staat und die EU. Frontex und griechisches Militär weisen Flüchtlinge, sogar mit Waffengewalt, an der griechisch-türkischen Grenze zurück. Dies verbieten sowohl die Genfer Flüchtlingskonvention als auch EU-Recht. Jeder Flüchtling an der Grenze hat ein Recht auf ein Asylverfahren. Vor dem Gesetz sollte es kein Wenn und auch kein Aber geben. Sie haben einen Rechtsanspruch! Frau von der Leyen, die neue Kommissionspräsidentin der EU, sagt Griechenland ihre volle Unterstützung zu. Dies ist ein Aufruf zum weiteren Rechtsbruch. Damit begibt sie sich auf die Stufe all der Halb-, Voll- und Möchtegerndiktatoren. Natürlich begehen auch Erdogan, Assad oder Putin andauernd schlimme Rechtsbrüche. Aber schon im Sandkasten versuchten Erwachsene Kinder davon zu überzeugen, dass es sich bei »… der hat ja auch …« nicht um ein überzeugendes Argument handelt.

Leider gewöhnen wir uns an solche Art Rechtsbrüche. Es geschieht so viel Unrecht, herrscht so viel Krieg und Not, dass wir allmählich die Einfühlung in unsere Mitmenschen verlieren. Oder wir sehen sie gar nicht mehr als solche an. Die Gleichheit sehen wir nicht mehr vor dem Gesetz oder bezüglich der Menschenwürde, sondern als Gleichheit des Konsums oder als Gleichheit der Konsumenten. Wir bevorzugen bestimmte Markenprodukte, gehen in bestimmte Restaurants, mögen bestimmte Musik oder andere Kunstprodukte. Wir gehören zu bestimmten

Gruppen, die digital verbunden sind. Damit scheint nicht nur definiert, wer zu uns gehört oder zu wem wir gleich sind, sondern wer nicht dabei ist, also draußen bleiben muss.

Man müsste die Gleichheit vor dem Gesetz wieder neu denken – und vor allem einfühlen. Es passiert nicht eben selten, dass Menschen sich ungerecht behandelt fühlen. Sie erleben, dass andere etwas haben oder bekommen, was ihnen verweigert wird. Die Orientierung erfolgt zumeist an dem, was wir Wohlstand nennen. Da der Wohlstand immer ungleichmäßig verteilt ist, das ganze Wirtschafts- und Finanzsystem nur funktioniert, indem der Reichtum der einen, die Armut der anderen ist, herrscht permanente Unzufriedenheit. Wenn erst einmal in diesen Kategorien gedacht wird, kann eine Gleichheit vor dem Gesetz nur noch als abstraktes Theoriegebäude ohne praktische Folgen gedacht werden. Es ist doch selbstverständlich, dass beispielsweise ein russischer Oligarch, der aus seinem Land flüchtet, eher eine Chance hat, Asyl zu erhalten, als ein syrischer Habenichts, möglicherweise noch kriegstraumatisiert, allein schon, weil der zweitgenannte gar nicht erst die Chance hat, einen Asylantrag zu stellen. Aber genau an solche Menschen, die vor Krieg und Not flüchten, wurde gedacht, als die Genfer Flüchtlingskonvention verkündet wurde.

Ein Denken in Rechtszusammenhängen setzt ein Einfühlungsvermögen und eine Mitmenschlichkeit voraus, sonst verkommt das Recht zur bloßen Formalie. Wenn andere Haltungen und Einstellungen prägen, die gerne Regeln genannt werden, hat das Recht wenig Chancen, wenn es schon Regierungen leichtsinnig beugen oder einflussreiche Konzerne auf großer Ebene Rechtsbrüche begehen. Das ist wie bei der Mafia. Indem es vermeintlich um Regeln geht, ist eine Meinung bereits zur Hoheit geworden, jedenfalls wird so getan als ob, und eine Regel bezüglich bestimmten Handelns oder Verhaltens, also in diesem Sinne, legitimiert. Die globale Politik der letzten Jahre wendet oft Gesetze gar nicht mehr an oder unterminiert deren Ausführungsbestimmungen, um stattdessen Deals auszuhandeln oder Pakte zu schließen. Bei Einwänden gegen diese für Räuberbanden, Drogenhändler und Kriegstreiber üblichen Verfahren wird gern argumentiert, die Ausführungsbestimmungen seien zu bürokratisch. Besonders Konzerne wehren sich mit diesem Vorwurf gerne gegen Fremdkontrolle.

Von einem Arbeitslosen wird selbstverständlich gefordert, lange bevor er, wenn überhaupt, gefördert wird. Es ist auch selbstverständlich, Minderheiten mit wenig Lobby zu gängeln und zu kontrollieren, dagegen wird einflussreichen Konzernen, Banken und mächtigen Lobbygruppen gegenüber schnell von Regierungen eingeräumt, man vertraue auf deren Selbstkontrolle, und selbstverständlich sei man keine Verordnungspartei. Wenn der Druck zu groß wird, behilft man sich mit abstrakten Wortschöpfungen, die sich im Zweifel definieren lassen wie die Klebrigkeit von Kaugummi. Als Beispiel für diese Wortschöpfungen können Stresstest, Controlling oder Evaluation genannt werden. Auch Zertifizierungen, die sich kaum auf Konzepte, Inhalte oder praktische Durchführungen beziehen, sind sehr beliebt, denn ein Zertifizierungsunternehmen verdient sich schnelles Geld durch Einführungen von formalen, zu dokumentierenden Regelwerken, die sich leicht, also am Computer oder durch Akteneinsicht, kontrollieren lassen. Was tatsächlich gearbeitet wird und in welcher Weise, dies ist eine andere Realität, die gar nicht oder nur am Rand erfasst wird. Da die Ressourcen grundsätzlich zu knapp bemessen sind, wird die Verantwortung für Missstände, sollten diese tatsächlich einmal aufgedeckt werden, einfach nach unten weitergereicht.

Bei der derzeitigen Corona-Krise (März 2020) lässt sich gut ablesen, dass selbst große Unternehmen nur so wenig nachhaltig und ressourcenorientiert arbeiten, dass sie schon nach wenigen Tagen Produktionsrückgang existenziell bedroht sind. Es kann doch nicht angehen, dass der Staat, beziehungsweise die Bürger, bei jeder Krise – oft sind sie durch falsches Management künstlich herbei geführt – einstehen müssen, während Gewinne ausschließlich von Besitzenden einbehalten und oft nur geringfügig versteuert werden. Außerdem bleibt abzuwarten, ob die Corona-Krise kleine Firmen in den Ruin treibt, die dann von großen, die mehr finanzielle Reserven haben, die nicht als Ressourcen ausgewiesen wurden, billig aufgekauft werden. Unser Wirtschaftssystem ist wie geschaffen für Kriegs- und Krisengewinnler.

Die Skrupellosigkeit im Gewinnstreben hat eine Ursache in dem Wunsch nach Eindeutigkeit, dem auch an moralischen Prinzipien orientierte Menschen gerne unterliegen. Wenn die Einsicht gewonnen wurde, dass es nicht umzusetzen ist, dass alle Menschen vor dem Gesetz gleich sind, verabschieden sie sich grundsätzlich von diesem Prinzip. Das Ideal weiterhin anzustreben und damit zu erreichen, dass die Schere zwischen Gerechtigkeit und Ungerechtigkeit oder auch Armut und Reichtum sich nicht weiter öffnet, erscheint ihnen zu wenig konsequent, beziehungsweise, sie möchten nicht zu denjenigen gehören, die sich aus ethisch-moralischen Gründen Geschäfte entgehen lassen, während sich andere damit skrupellos bereichern.

Auch ist Vorsicht geboten, wenn der Rechtsstaat von Leuten im Munde geführt wird, die ihn sonst nicht be- oder sogar verachten. Meist soll er sich in seiner ganzen Härte zeigen, wenn politisch Andersdenkende das Recht gebrochen haben oder auch nur im Verdacht dazu stehen.

Eine Grundlage der Demokratie ist die Trennung von Macht und Recht. Um diese Trennung auf Dauer aufrecht zu erhalten, ist es notwendig (aus demokratischer Sicht im wahrsten Sinn des Wortes), die Macht Ausübenden regelmäßig und von unabhängiger Stelle aus zu kontrollieren. Dies muss beispielsweise auch und gerade für Geheimdienste gelten. Auch müssen Machtbefugnisse, nicht nur in Regierungen, sondern auch in anderen Organisationen, immer wieder neu aufgeteilt werden, damit Konzentrationen von Macht und Einfluss vermieden werden.

Es wird gerne als Wettbewerbsvorteil hingestellt, und leider wirkt es sich kurzfristig auch so aus, wenn nicht demokratisch organisierte Staaten wie zum Beispiel China Macht konzentrieren und zentralisieren, um somit schneller und flexibler auf den Markt einwirken zu können. Dies ist nur deshalb möglich, weil Ökonomie zu eng gedacht wird. Raubbau und einseitige, nicht auf Regeneration bedachte Produktion schaden Menschen, Natur, Umwelt und Klima. Überhaupt hat diese Art ökonomischen Handelns die Umwelt- und Klimakatastrophe derart beschleunigt. Es fördert die Ungleichheit zwischen den Menschen und treibt sie in einen von oben konstruierten Klassenkampf. Wozu dieser führen kann, lehrt uns die Geschichte. Man stelle sich vor, ein junger Mao würde die heutige Situation in China erleben. Orwell's »Farm der Tiere« lässt grüßen.

Indem wieder mehr Demokratie gewagt würde, fände das Recht wieder seinen ursprünglichen, unabhängigen Platz zurück. Demokratische Verhältnisse lassen sich nicht festschreiben. Der Entwicklungsprozess bleibt nicht stehen. Reformen sind immer wieder notwendig und nach ihrem Gehalt zu deuten. Nicht jede Form ist im ethischen Sinn ein Fortschritt, ganz im Gegenteil wird heute jegliche Änderung als Reform bezeichnet. Formalrechtlich ist die Präsidentschaft von Herrn Putin ordnungsgemäß gesichert, tatsächlich bleibt er so lange im Amt, wie er will. Eine solche Macht haben lupenreine Demokraten nicht, sondern ausschließlich Diktatoren.

Zu anderen Zeiten, als der Einfluss von Religion und Kirchen noch größer war, waren wir Menschen (arme) Sünder. Heute sind wir strauchelnde Demokraten. Dessen sollten wir uns bewusst sein. Auch wenn es sich strukturell nicht so verhält, geht Demokratie von der Haltung her nicht von oben runter, sondern von unten rauf. Diesen Widerspruch gilt es auszuhalten. Demokratie bedeutet auch, Ursachen, die zu Ungleichheit führen, immer wieder aufzuklären und anzuprangern, und sie zugleich tendenziell auszuhalten. Eine Diktatur ist immer absolut, jedenfalls ist das Absolutistische ihr Markenzeichen. Eine Demokratie dagegen bleibt unvollkommen, weil der Mensch, der sie lebt, unvollkommen ist. Das Recht mag in seinem Urteil, genauer gesagt im Urteilsspruch, Eindeutigkeit für sich in Anspruch nehmen, der Prozess, welcher dahin führt, bleibt mehrdeutig.

Meine stille Heiterkeit als Frevler

Manchmal, wenn ich alleine durch den Wald stöbere, vergesse ich mich für eine Weile. Es gelingt mir nicht, nur zu sehen, zu riechen, zu empfinden, denn ich denke es zugleich, was ich wahrnehme und wie mir dabei zumute ist. Trotzdem denke ich nicht »ich«, sondern »es«, mein Denken und Empfinden wird zum Teil der Landschaft, die ich durchwandere. Meine Vorfahren, die Vorfahren aller jetzt noch auf der Erde lebenden Menschen waren einmal ein Teil der Natur, die sie in kleinen Gruppen auf der Suche nach Nahrung durchstreiften. Populären Leuten wird in meiner Wochenzeitung ein Fragebogen vorgelegt. Darin geht es unter anderem auch um das Thema, in welcher Zeit sie einmal probeweise leben möchten. Ich würde mich für die Frühzeit des Menschen entscheiden, als er noch in dieser Art Gleichgewicht mit der Natur lebte. Meine Entscheidung ist nicht nur eine ideologische, ich stelle mir die Verfassung des Geistes und der Seele auch als eine andere vor, jedenfalls unbeschwert von der Tatsache und folglich der Erkenntnis, aus diesem natürlichen Kreislauf herauskatapultiert zu sein, dieser Natur etwas zu nehmen, das ich ihr nicht wieder zurückgeben oder allenfalls ersetzen kann.

Beim Wandern habe ich oft den Eindruck, die verklebten Poren meiner Wahrnehmung öffnen sich allmählich. Meine Sinne schärfen sich, während mein Bewusstsein sich zurückzieht. Auch das Darübernachdenken geschieht scheinbar wie das Wahrnehmen ohne Bewusstheit. Ich bin vorübergehend – oder auch für eine Weile stehen bleibend unbeschwert – und selbstvergessen. Während ich ein Insekt auf einem Pilz betrachte, werde ich selber klein, um nicht nur möglichst detailliert wahrzunehmen, sondern um mich unscheinbar zu machen, denn dies ist das

Paradies, aus dem ich schon vor langer Zeit vertrieben wurde. Die Erbsünde besteht nicht erst darin, ein Mörder zu sein, sondern das Bewusstsein erlangt zu haben, auch über die Existenz des Todes, der mich mein Leben lang begleitet. Wenn etwas als göttlich bezeichnet werden kann, so ist es das Leben selber. In der Natur ist der Tod ein Teil des Lebens, denn auf einem verrottenden Baumstamm erwächst aus dem Abgestorbenen das neue Leben.

In den letzten Jahren dachte ich oft auf meine älteren Tage, dass ich noch einmal nach Afrika fliegen möchte, um die großen Herden in der Savanne zu sehen. Damals wachte ich morgens um fünf Uhr auf, trat vor die Lodge und beobachtete, wie eine Herde Wasserböcke durch die Dämmerung wanderte. Im Hintergrund türmte sich der Kilimandscharo mit seiner weiß leuchtenden Schneekappe aus der weiten Ebene auf. Aber ich bin mir nicht mehr sicher, ob ich jemals noch einmal in ein Flugzeug steigen werde. Zu Hermann Hesses Zeiten, die ich in meiner Jugend noch als Nostalgiewelle, als Flower-Power erlebte, war das Glück erfassbar als das Augenblicksblinken eines Schmetterlings. Heute ist es das Sichtbarwerden einzelner Exemplare am Rande eines Monsanto verseuchten Getreidefeldes. Und um diesen Glücksmoment empfinden zu können, muss ich während dieser kurzen Zeit vergessen, was wir Menschen angerichtet haben. Ein schlechtes Gewissen empfinde ich nicht, denn es ist mir längst verdorben durch eine verblödete, positivistische Weltanschauung, als könnte ich durch eine konsumistische Symbolhandlung das schlechte durch ein gutes ersetzen. Eine echte Reue ist kaum möglich, denn ich werde bald Hunger bekommen und werde kaum noch Nahrung finden, die keinen ausbeuterischen Frevel an der Natur begeht. Kann ich mich mit der Nachhaltigkeit, dem wenig Faktischen, das über den Glauben an sie hinausgeht, trösten?

Mit meiner Wahl, das Leben eines Jägers und Sammlers zu führen, hätte ich mir ein Schicksal gesucht, das unmittelbar dem Existenziellen gegolten hätte, in einer Weise, welche meine Fantasie kaum zu erfassen vermag. Hätte ich mir bei der Jagt einen Arm oder ein Bein gebrochen, wäre ich womöglich dem Tode geweiht gewesen. Hätte mich die Gruppe, einen unnützen Fresser, weiter ernährt, auf ihren Wanderungen mitgeschleppt? Entfernen wir uns immer weiter vom Zwischenmenschlichen oder gehen wir mit zunehmendem sogenannten Fortschritt auf dieses zu? Wahrscheinlich keines von beiden, weil Entwicklung zyklisch vonstattengeht, mal rauf, mal runter. Dies hängt mehr von den Lebensumständen der Umwelt als von denen des menschlichen Geistes ab. Aber dieser Geist, der weht, wo er will. Ist er außerhalb oder innerhalb von uns? Und wenn er innerhalb ist: Mag er zu erfassen, dass das Existenzielle etwas anderes ist als die pervertierte Form des Jagens und Sammelns, also einseitiges Wachstum und Ausbeutung? So betrachtet sollte ich, ein Mensch in meinem Alter kurz vor dem Ruhestand, bald von dieser Erde verschwinden. Mit diesem Gedanken verbinden sich Faschismus, Kapitalismus und Evolution zu dem, was Sozialdarwinismus genannt wird, freilich mit dem entscheidenden Unterschied, dass ich es auf mich selbst und mein Leben beziehe. Aber wie schon Brassens über den Landarbeiter gesungen hat, gräbt dieser brav sein eigens Grab. Sogenannte Sterbehilfe wird in absehbarer Zeit zum Massenkonsum.

Als sicher kann jedenfalls angesehen werden, dass wir Menschen existenziell gefährdet sind. Die Frage ist, ob unsere Jäger- und Sammlerhirne, welche den Existenzkampf sehr wohl kennen, fähig sind, zu transzendieren oder zu abstrahieren, worauf sich dieser bezieht. Um auf eine evolutionäre Entwicklung zu warten, ist die selbst geschaffene Zeit zu kurz. Das reflektierende Denken muss sich gegen den Affekt durchsetzen. Das Handeln muss die Folge eines Denkprozesses sein, nicht umgekehrt.

Mein antrainiertes Eventbedürfnis reduziert sich auf eine Art Yogaübung, die darin bestehen kann, statt nach Afrika zu fliegen, durch den Wald zu wandern, womöglich jeden Tag durch denselben. Eine Sehnsucht kommt auf, dahin zurückzukehren, wo ich ursprünglich hergekommen bin. Der Mutterschoß der Natur liegt dort irgendwo in den dichten Verästelungen eines Urwalds. Er ist Inbegriff von Geborgenheit und zugleich der Angst, auf ewig verschlungen zu werden.

Die Protagonisten in den Romanen von Samuel Beckett können sich kaum noch bewegen. Ist es Molloy, der nur noch über einen Stock, einen Bleistiftstummel und ein Blatt Papier verfügt? Verlöschen – ist dies anders als Sterben? Das Denken in Leben und Tod ist der existenzielle Teil des Schwarz-Weiß-Denkens, des Entweder-oder, Kapitalismus oder Kommunismus, des Extremistischen, das gerade deshalb zwanghaft vorgeben muss, in der (politischen) Mitte zu stehen.

Heute Nachmittag werde ich durch den Wald wandern. Wenn ich denn das Denken, das an mein Ich, nicht lassen kann, werde ich versuchen, es klein zu denken, mit den Pilzen, den Algen, den Moosen, den Baumrinden und Insekten.

Warum ich Sozialdemokrat bin – Einige grundsätzliche Überlegungen während der Corona-Pandemie

... dass der Scharfsinn dem Menschen wohl gegeben sei,
damit er sich in Krisen Gestalten und Klänge schaffen möge,
mit denen er sich vor der Wahrheit schützen könne.
William Faulkner »Licht im August«

Vielleicht wiederhole ich mich, gerate beim Nachsinnen über dieses Thema immer wieder in dieselben, schon so oft assoziierten Denkbahnen. Es kann auch sein, dass ich meiner Empörung über die gegenwärtige Politik nicht Herr werde und deshalb nicht gelassen meine Gründe nennen kann, die ich zu diesem Thema zu sagen habe. Auch möglich, dass mich die Komplexität überfordert, die sich mir in diesem Zusammenhang stellt. Dadurch laufe ich Gefahr, zu sehr abzuweichen, oder das Thema gar zu verfehlen.

In den USA gibt es bekanntlich nur zwei große Parteien, die Demokraten und die Republikaner. Die banale Frage beschäftigt mich schon lange, ob sich denn Demokraten nicht zur Republik bekennen beziehungsweise Republikaner keine Demokraten sind, obwohl sie doch in einer Demokratie leben und für deren Werte in Kriege zogen? Jedenfalls behaupten sie das.

Selbstverständlich behauptet auch die FDP, sie sei liberal, die CDU, sie sei christlich, oder die SPD, sie sei sozialdemokratisch. Dies sind plakative Aussagen, die mit der Realität leider oft wenig zu tun haben, beziehungsweise sollen uns zeitgeistgeprägte Definitionen suggerieren, was wir unter liberal, christlich oder sozialdemokratisch zu verstehen haben. Hier sind wir schon mit einem grundsätzlichen, geradezu antidemokratischen Vorgang konfrontiert, indem wir nämlich glauben oder darauf vertrauen sollen, dass die für uns getroffene Definition die richtige sei. Ein Forum, im alten Griechenland war dies ein Marktplatz, auf dem um jeweilige Definitionen, auch um feine Unterschiede und Folgewirkungen, gerungen wurde, so will es jedenfalls die Überlieferung, findet kaum noch statt. Sicher, ich muss nicht glauben, was beispielsweise ein Herr Lindner zu Liberalität sagt oder wie er sie versteht, aber ich werde kaum eine Gelegenheit haben, mit ihm darüber zu diskutieren. Falls doch, würde er mir kaum zuhören wollen beziehungsweise sich in die Enge getrieben oder zumindest missverstanden fühlen und etwas aus seiner Sicht zu rechtfertigen oder klar zu stellen suchen, denn ich verstehe unter Liberalität etwas völlig anderes als er.

Bei den Reden in den Parlamenten handelt es sich weniger um Debatten, um Auseinandersetzungen in dialogischer Form, sondern eher um aneinandergereihte Statements. Dies trägt auch zu dem Eindruck bei, ein Ergebnis oder eine Lösung seien immer nur eindimensional wie die Charaktere in einem Märchen. Das Vielschichtige eines Themas, welches sich natürlich auch in der Lösungssuche bezüglich Problemen widerspiegelt, wird allzu häufig geleugnet, um einem kurzsichtigen Pragmatismus das Wort zu reden, als gäbe es immer nur eine Lösung, und diese berge nicht auch Nachteile in sich. Oft scheint es gar, bestimmte Parteien versuchten bestimmte Ergebnisse oder Lösungsansätze durchzudrücken, und erarbeiteten erst danach Herleitungen oder Begründungen für diese, welche, wie kann es bei diesem Vorgehen anders sein, häufig fadenscheinig ausfallen. Eine wissenschaftliche Unterstützung wird nur dann eingefordert, wenn sie dem eigenen Vorhaben dienen, oder zweifelhafte Expertenmeinungen oder sogenannte Gutachten sollen dieses untermauern.

Zurzeit, während der Corona-Pandemie, werden Wissenschaftler, in diesem Fall Virologen, geradezu als Staatenlenker vorgeschickt und zu Themen befragt, die weit über ihre Fachkompetenz gehen, während noch vor Kurzem fundierte, wissenschaftliche Beiträge zur Klimaforschung schlicht ignoriert wurden.

Je länger ich lebe, umso durchlässiger und sanfter versuche ich, mein Leben zu gestalten, und desto mehr überzeugt mich das Wesen der Demokratie, dem ich in dieser Weise zu entsprechen suche. Das Risiko, mit diesem Satz missverstanden oder in die Schublade gepackt zu werden, riskiere ich, wird doch oft mutwillig nicht zwischen Sanftmut und falscher Nachgiebigkeit unterschieden. Es handelt sich um eine Art Auftakt zu meinen folgenden Ausführungen. Eine solche Haltung habe ich nicht immer eingenommen. Heute verteidige ich die Demokratie und ihre Errungenschaften nicht selten gegen ihre Vertreter, während ich in jungen Jahren ihre tatsächlichen oder vermeintlichen Schwächen aufzudecken suchte. Umgekehrt zu meinen Vorstellungen gewahre ich, dass Demokratie oft nur mehr als formale Hülle begriffen wird, um eigentlich in seinem Wesen Undemokratisches brutalstmöglich und grobschlächtig zu legitimieren, das so gut wie ausschließlich Profitinteressen gilt. Wie Profit in seinen Grundzügen funktioniert, zeigt das Monopolyspiel, das viele von uns als Kinder mit Begeisterung gespielt haben. Der Gewinner besitzt zum Schluss alle Hotels. Die Mitspieler haben alles verloren. Dies kann doch nicht demokratisch sein, ganz im Gegenteil.

Sozialdemokratische Politik orientiert sich, wie der Name schon sagt, in erster Linie an der sozialen Situation von Menschen. Ich betrachte diese Priorität des Zusammenlebens in einem Staat am ehesten mit einer demokratischen Verfassung vereinbar, weil eine Demokratie sich über die öffentliche Verteilung von Macht und Gütern definiert. Dies kann nur gewährleistet sein, indem Menschen möglichst sozial zusammenleben und diese Verteilung von Gütern sich fair vollzieht. Diese Fairness in ihrer aktuellen Situation und Lage ist nicht objektiv definierbar, weshalb sie immer wieder einer demokratisch geführten Auseinandersetzung bedarf, um eine Feinjustierung zu erreichen, die sich zwar auf einer Basis rechtlicher Grundlagen vollzieht, aber in ihrer Erfassung der sozialen Situation weit darüber hinausgeht.

Die Diskussion darüber bedarf fachlicher und wissenschaftlicher Begleitung, auch Betroffene einer bestimmten Situation oder Berufsgruppe sollten mit einbezogen sein. In ihrer Ausrichtung bleibt sie politisch, will sagen, Fachleute sollten nicht als solche Politik machen beziehungsweise unmittelbar vertreten, sondern Politiker; das ist ihre Aufgabe. (Ich möchte diesen Standpunkt kurz erläutern: Leider verstehen Politiker*innen oft zu wenig von dem Fachgebiet, das sie zum Beispiel als Minister*in vertreten. Auch entscheiden sie oft nicht nach fachlichen, sondern nach parteipolitischen Interessen. Dies scheint mir jedoch mehr ein Rollen- und Haltungsproblem zu sein, denn ein fachliches, worauf ich später ausführlicher zu sprechen komme, denn sie könnten sich informieren oder adäquat beraten lassen.) Die Ergebnisse der Diskussion in unterschiedlichen Foren sollten sich jedenfalls in Beschlüssen von Regierungen wiederfinden. Entscheidungen in Hinterzimmern sollten stattdessen unterbleiben und solche, die im Vorfeld von Lobbyisten einseitig manipuliert oder gar als Beschlussvorlagen erstellt wurden, gehören nicht zu einer Demokratie.

Da jegliche Regierung im machtpolitischen Handeln quasi von oben nach unten geschieht, bedarf es einer dringenden, legitimierten Kontrolle von außen und einer Gegenkraft von unten. In einer Demokratie nutzt es nur bedingt, an die Einsicht Regierender zu appellieren, da sie fast automatisch oder zwangsläufig von oben nach unten denken, denn sie sind ja an der Macht. Demokratie lebt von der Gegenkraft, zum Beispiel von Demonstrationen, Lobbyverbänden für Randgruppen, wissenschaftlichen Foren, die sich politisch überparteilich engagieren. Diesen die Gemeinnützigkeit abzusprechen und abzuerkennen, wie dies in jüngster Zeit mit Attac und anderen Verbänden geschehen ist, die sich für eine Entwicklung von Demokratie engagieren, bedeutet, ihr wesentliche Stützpfeiler wegzuschlagen.

In diesem Zusammenhang ist unbedingt auf die Aufgabe von Gewerkschaften hinzuweisen. Ihre Rolle sollte grundsätzlich so verstanden werden, dass sie als Gegenüber von Arbeitgeberverbänden agieren, damit sie ihr Klientel vertreten und nicht Profitinteressen in dem Sinn, dass genug Brosamen vom Tisch der Reichen fällt.

In diesem Zusammenhang möchte ich auf die Möglichkeit von Räten als demokratisch integrierte Foren hinweisen. Sie könnten eine fachliche Alternative zu dem oben beschriebenen Modell sein, die, im Gegensatz zu diesem, Fachlichkeit und Expertentum unmittelbar vertreten.

Es könnte nun auch jemand behaupten, eine sozialdemokratische Ausrichtung, wie ich sie geschildert habe, mache keinen Sinn, denn um etwas zu verteilen, müsse man erst etwas erwirtschaften, das verteilt werden kann. Deshalb sei die Priorität auf eine wirtschaftliche Ausrichtung statt einer sozialen zu legen. Dazu zwei Gegenargumente: Indem Menschen arbeiten und etwas in gemeinsamer Tätigkeit erwirtschaften, ist ein Verteilungsmodus evident. Zum Zweiten zeigt die Erfahrung, dass Konzerne in einer priorisierten Wirtschaftspolitik zu viel Macht und Einfluss gewinnen, zum Bespiel indem sie über Arbeitsplätze und deren Verteilung und Ausrichtung entscheiden, und dadurch das demokratische Gleichgewicht allzu sehr ins Wanken bringen. Natürlich ist dies auch von Gewerkschaften und ihrem jeweiligen Einfluss abhängig. Es zeigt sich jedenfalls immer deutlicher, dass politische Weichenstellungen immer weniger in den Parlamenten, als viel mehr in den Chefetagen von Konzernen getroffen werden. Diese Tendenz kann sich zu einer regelrechten Demokratiefeindlichkeit auswachsen, die von den Machern gerne trivial mit dem Argument überflüssiger Bürokratie abgetan wird. Sicher mag manche EU-Entscheidung, zum Beispiel über die Form von Salatgurken und deren Verpackung, lächerlich sein, aber sie erschüttert eine Demokratie nicht in ihren Grundfesten.

An dieser Stelle gibt mir ein geschichtliches Faktum zu denken, nämlich, dass moderne Demokratien immer schon in der Gründungsphase der Ökonomie einen besonderen Stellenwert zusprachen oder anders gesagt, der Kapitalismus seine häufig unsauberen Finger im Spiel hatte. Diese Hypothek wirkt sich in Krisenzeiten besonders hart aus, indem versucht wird, Bürgerrechte und Kapitalinteressen gegeneinander aufzuwiegen.

Die Digitalisierung und das Internet tragen ein Weiteres dazu bei, Parlamente zu schwächen oder ihre Bedeutung auszuhebeln. Sie produzieren Unübersichtlichkeit, unterscheiden zu wenig zwischen Fakt und Fake und allzu häufig setzen sie den Handlungsaufruf vor die Information.

Politik definiert sich in ihrem Ursprung als ehrbare, sagen wir ruhig auch ehrliche Sache, Politiker demnach als solche, die um das Soziale, das Faire, eine gerechte Verteilung ringen. Ihr Handeln sollte ihnen zur Ehre gereichen. Ich weiß, dies entspricht zumeist ganz und gar nicht den Realitäten und klingt von daher naiv. Aber eigentlich zeigt dies auf, wie weit wir uns von einer ursprünglich demokratischen Haltung entfernt haben. Dafür ist nicht die Demokratie verantwortlich zu machen oder eine Schwachstelle im demokratischen System, es liegt an einer nicht verinnerlichten Haltung von Menschen, wie sie Demokratie … nein … nicht praktizieren, sondern, wie sie dieselbe leben. Möglicherweise haben sie den Kern nicht begriffen und verstehen Demokratie nur als Hülle, die auf technokratische Weise genutzt werden kann. In der allzu abgedroschenen Diskussion um Fähigkeiten (zukunftsfähig, konkurrenzfähig, wettbewerbsfähig) zeigt sich dieser Impuls, etwas zu leisten, zu produzieren, statt zuerst einmal eine Haltung dazu zu entwickeln, also etwas zu begreifen. Und dieses Geleistete, so redet man sich und anderen ein, zeige dann die Zukunftsfähigkeit auf beziehungsweise spiegele quasi aus der Zukunft heraus wieder zurück auf die Gegenwart. Außerdem suggeriert diese Denkweise, die Zukunft so kennen und beherrschen zu können, dass sie aufgrund von Fähigkeit zu bewältigen sei, bevor sie angebrochen ist. Wenn sie dann anders reagiert als erwartet, zum Beispiel mit einem Virus, steht man etwas unvorbereitet da. Unter Prävention stelle ich mir etwas anderes vor als diese vollmundig sogenannte Zukunftsfähigkeit, nämlich nicht alle vorhandenen Ressourcen in der Gegenwart auszuschöpfen, um einen möglichst hohen Profit zu erzielen, sondern Spielräume zu lassen, die in der Not genutzt werden können. Dies wird gerne mit dem verschleiernden Fremdwort Resilienz beschrieben, um auch diesen Vorgang zu beherrschen, ohne ihn wirklich zu praktizieren.

Ironisch ließe sich in dieser verkappten Diskussion um Fähigkeiten einwenden, der Mensch sei nicht demokratiefähig, denn ist doch laut Hobbes, quasi zur Untermauerung dieser These, der eine des anderen Wolf. Hobbes war Philosoph und kein Biologe, weshalb er den Wolf als soziales Wesen nicht erkannt hat. Aber dies ist ein anderes Thema.

Demokratie ist eine Regierungsform, zugleich aber eine Lebensweise, eine durchaus anspruchsvolle, und ebenso bleibt sie ein Ideal, denn sie ist nie fertig oder endgültig. Sie bedarf immer wieder der Reform. Auch dieser Prozess verläuft zurzeit in umgekehrter Richtung, indem Grundrechte nicht verfeinert werden, sondern immer wieder versucht wird, sie Profitinteressen unterzuordnen und deren Tragweite hinsichtlich Menschenrechten zu schmälern. Unter einer Reform stelle ich mir etwas anderes vor. Dass es keine ideale Staatsform gibt, somit auch keine ideale Demokratie, sollte nicht als Spekulationslücke verstanden werden, sondern als Aufforderung zur Sensibilisierung demokratischer Willensbildung.

Mut machen können in diesem Zusammenhang Organisationen wie beispielsweise Fridays for Future, Attac, Greenpeace, Campact oder Amnestie International, die nicht nur wertvolle Lobbyarbeit betreiben, sondern auch ein Beispiel für gelebte Demokratie geben.

In »Der Fänger im Roggen« von J.D. Salinger gibt es den Satz: »Als ich jung war, wollte ich für eine große Sache sterben, jetzt will ich für eine kleine Sache leben.« Die Demokratie halte ich für eine ganz große Sache, die sich nur mit Leidenschaft überzeugend leben lässt, zugleich ist sie von alltäglichen, von einer Summe vermeintlich kleiner Sachen und kleiner Ereignisse geprägt, vermeintlich deshalb, weil die politischen Entscheidungen, die ihnen vorausgegangen sind oder ihnen folgen, oft große, bedeutende Auswirkungen zeigen, oder, um es mit einem neudeutschen Ausdruck zu beschreiben, sie wirken nachhaltig. Auch der Klassenkampf von oben nach unten verläuft nachhaltig und nach dem Motto: Jeder Tropfen höhlt den Stein. Neben dem gewerkschaftlich orientierten Arbeitnehmer, der nach Tarif bezahlt wird, gibt es den Billiglöhner, den bei einer Zeitarbeitsfirma beschäftigten, den 1-Euro-Jobber. Die Zusammenhänge, dass das Wohl des einen, das Wehe des anderen ist, sollen natürlich nicht auffallen. Mir liegt nicht daran, diese Gruppen gegeneinander auszuspielen, sondern ganz im Gegenteil sollte es um Solidarität gegen diejenigen gehen, die den großen Profit einheimsen und die zulassen, dass solche Preschen in demokratische Systeme geschlagen werden.

Nachhaltigkeit wird dabei immer mehr zur Kompromissformel, die einen sparsameren Umgang mit Ressourcen herbeiführen oder auch für Hartz-4 Empfänger menschenwürdigere Daseinsfürsorge erreichen will, aber sich nicht traut, das weitere Aushöhlen des Sozialstaats rückgängig zu machen beziehungsweise ein an Wachstum orientiertes Wirtschaftssystem, das Ressourcen willkürlich ausbeutet, durch ein Nachhaltiges zu ersetzen. Mit solch mächtigen Gegnern will man sich nicht anlegen.

Politik stellt sich – bei manchen Regierungen oft, bei anderen fast immer, in einer Diktatur grundsätzlich – als schmutziges Geschäft heraus. Die Instrumente von Ethik und Moral, um undemokratische Zustände anzuprangern, bedürfen sachlich-fachlicher, auch wissenschaftlicher Unterstützung und vor allem der Deutung und Analyse. Diese gelingt, je überzeugender die Argumente und je unabhängiger ihre Rollenträger sind. Diese Deutung wirkt nicht unmittelbar machtpolitisch und kaum je kurzfristig. Trotzdem sollten wir uns diese Instrumente nicht abnehmen lassen. Da es sich nicht um Waffen handelt, gibt es auch kein legitimes Recht zur Entwaffnung. Was das Gute im demokratischen Sinn ist, sozial und zwischenmenschlich, sollten wir schon durch Reflexion wissen, besser wissen als die Gegner und Verachter des Gutmenschentums. Die Stirn bieten meint doch, verbal gut vorbereitet zu sein, schlagkräftig zu argumentieren, möglichst ohne auf Norm oder auf durch Quantität oder Hoheit herbeigeführte Behauptungen angewiesen zu sein, sondern es zählt das reine Argument und die Überzeugungskraft. Eigene Affekte sind zu reflektierende, nicht zu agierende. Ein Gefühlsausbruch ist immer dann als Affekt anzusehen, wenn er genutzt wird, um den anderen abzuwerten. Die politische Ausnutzung des Affekts und der Angst gilt es anzuklagen, indem sie nüchtern oder mit Leidenschaft enttarnt wird. Demokratie ohne den Willen zur Aufklärung verkommt zum leblosen Strukturgebilde.

Demokratie stellt sich nicht nur als empfindlich und verletzbar heraus, sondern auch als anspruchsvoll. Zudem bedarf sie ständiger Pflege. Dass sie auch wehrhaft sei, wird zur Phrase, wenn ihre gewählten Verteidiger nicht ihre Gegner erkennen oder erkennen wollen, aber vor allem sich nicht adäquat wehren. Dazu bedarf es keiner neuen Mittel, sondern die vorhandenen sollten wirksam genutzt werden.

Ökonomische Argumente oder solche, die dafür gehalten werden, genießen in der politischen Diskussion fast immer den Vorrang. Dies ist nicht demokratiewürdig. Dass eine Demokratie nur möglich sei, wenn der Rubel rollt, was so nicht behauptet, aber indirekt immer anklingen lassen wird, gehört zu den populistischen Falschmeldungen. Zurzeit, während der Corona-Krise, zeigen sich Menschen solidarisch und oft existenziell erstaunlich gut aufgestellt. Es sind die großen Konzerne, die sonst eine so frei fließende Wirtschaft propagieren, die laut nach dem Staat, den sie sonst so verachten, und nach staatlicher Unterstützung schreien. Wer ökonomische Abhängigkeit durch ständiges Wachstum schafft und festzurrt, wer keine Rücklagen bildet oder bilden kann, weil alles, um des Profits willen zu knapp kalkuliert ist, wer Krisen und Prävention außer Acht lässt oder glaubt, sie sich nicht leisten zu können, handelt ökonomisch nicht nur alternativlos, sondern dumm. Das Argument »Globalisierung« und »Wettbewerbsfähigkeit« ist einer Art ökonomischen Denkens geschuldet, das wie ein Pokerspieler auf die Trumpfkarte ständigen Wachstums schielt.

Aber der Reihe nach: Jetzt in der Krise erwischt es die kleinsten Unternehmen am härtesten, weil sie schließen mussten oder nicht genug Rücklagen bilden konnten. Staatliche Unterstützung ist gut gemeint, hilft aber oft nicht. Eine kleine Buchhandlung beispielsweise wird niemals die Marktanteile, die sie während der Krise an Amazon verloren hat, wiedergewinnen. Gerade Amazon oder Supermarktketten sind Krisengewinnler, nicht nur, weil sie weiterhin geöffnet haben, sondern weil sie finanzstark sind und weiter Gewinne erzielen und auch nach der Krise kleinere Player auf dem Markt schlucken oder unterbieten können, bis diesen die Luft ausgeht. Zudem erhalten Konzerne wesentlich höhere staatliche Unterstützung als kleinere Unternehmen, nämlich 600 Milliarden Euro, während für Selbstständige nur 50 Milliarden vorgesehen sind. Wenn trotzdem große Unternehmen ohne staatliche Unterstützung pleitegehen sollten, handelt es sich doch um einen Skandal, der dieses Wirtschaftssystem als eines auf tönernen Füssen stehendes entlarvt. Wenn die Natur pleitegehen würde, weil im Winter nichts wächst, das man ernten kann, ginge sie regelmäßig pleite. Wenn ich als Freiberufler darauf angewiesen wäre, ständig Geld einzunehmen, könnte ich mir keinen Urlaub leisten oder dürfte nie krank werden.

Der Kapitalismus kann nicht überwunden werden, jedenfalls nicht kurzfristig, da er sich seit dem Neolithikum, seit der Bildung von Staaten und der Erfindung von Geld, breitgemacht hat. Aber demokratisch gesprochen kann er in einen möglichst engen Rahmen gefasst werden. Beim illegitimen Überschreiten drohen

Sanktionen. Eine Demokratie darf nicht nur, sie muss streng und unabhängig kontrollieren und gegebenenfalls sanktionieren. Eine ökonomisch oder machtpolitisch beeinflusste Justiz ist Gift in den inneren Organen der Demokratie. Mit dem Finger auf Polen, die Türkei oder Ungarn zu zeigen ist, innenpolitisch betrachtet, ein billiges Ablenkungsmanöver.

Aber ich wollte ja über Demokratie und nicht über Kapitalismus und Neoliberalismus schreiben. Die Argumentationsketten sind leider so auf den Kopf gestellt, dass ich, um den Sinn der Demokratie zu erläutern, den Unsinn dieses Wirtschaftssystems aufklären muss. Trotzdem kann dies nur als bedingt überzeugend empfunden werden, weil sich der rigoros implementierte Neoliberalismus aus sich selbst heraus begründet, als sei er quasi ein Naturgesetz.

Noch einmal zurück zur Verhängung von Strafen: Bei Konzernen wie beispielsweise der Automobil- oder Lebensmittelindustrie reden Politiker*innen immer wieder der freiwilligen Selbstkontrolle das Wort, obwohl es mengenweise Belege dafür gibt, dass diese sich nicht daran halten, mehr noch, sie betrügen in einer Weise, dass Menschen an den Folgen dieser Verbrechen erkranken oder gar sterben. (In den Nachrichten ist noch immer von einem Dieselskandal die Rede, obwohl es sich um einen Betrugsskandal handelt.) Trotzdem fixiert sich das Strafen, sehen wir mal von Gewaltverbrechen ab, weiterhin auf Individuen, die Vorschriften nicht beachtet haben oder auf staatliche Unterstützung angewiesen sind, weil sie keine Arbeit haben. In der Corona-Krise wird das Strafen damit begründet, dass Menschen nicht einsichtig oder unbelehrbar seien. Ein Bußgeldkatalog für Krankenhaus- und Altenheimbesuche, offene Geschäfte und Gruppenzusammenkünfte wurde schnell aufgestellt. Stellen wir uns vor, ein alter Mann würde versuchen, seine demente oder pflegebedürftige Frau zu besuchen, die in einem Pflegeheim lebt. Könnte man ihn nicht einfach an der Pforte abweisen? Wenn sich dies als schwer durchführbar herausstellen sollte, könnte kurzfristig Wachpersonal angestellt werden. (Abgesehen davon hätte sich das Problem erst gar nicht gestellt, wenn rechtzeitig für genügend Schutzkleidung gesorgt worden wäre.) Gruppen in Parks könnten von der Polizei aufgelöst werden. Warum, zumal in solch einer Situation, in der Menschen ihrer Freiheitsrechte beraubt sind, auch noch strafen wollen, die Situation dadurch leichter eskalieren lassen? Wir sind doch keine Untertanen und müssen auch nicht als solche behandelt werden. Und außerdem: Wie sollen Menschen Einsicht zeigen in einer Gesellschaft, deren Mandatsträger allzu häufig selbst kaum Einsicht zeigen. Die Klimakatastrophe ist sicherlich, langfristig betrachtet, eine größere Bedrohung für die Menschheit als das Virus. Viele Politiker*innen zeigen sich in Bezug auf dieses Thema unbelehrbar und uneinsichtig. Sollten sie deshalb bestraft werden? Doch wohl nicht. Wenn der Gewinner in diesem perfiden Wirtschaftssystem alles nimmt, ohne Rücksicht auf andere, ist dies auch eine Einsicht, eine bittere, eine andere, die hier nicht gemeint war. Der Markt kennt keine Einsicht. Sie wird mit einseitiger Anpassung und Unterwerfung unter gegebene Verhältnisse verwechselt. Dem Bürger als Untertan wird die Regel im Mund geführt, an die er sich halten soll oder muss – und es wird ihm gedroht, wenn er sich nicht daran hält. Die Mächtigen machen Deals. Sie tun so, als verhandelten sie, debattierten sie, stritten sie sich, um der Sache willen, als ginge es um Ethik und Moral, aber sie schachern nur aus, dealen eben, wie der Name sagt.

Daraus lässt sich eher schließen, dass die Verrohung der sozialen Sitten dafür verantwortlich ist, dass sanktioniert werden muss. Je ungerechter und unnachgiebiger es zugeht, umso mehr verliert eine Demokratie ihr inneres Wesen, nicht nur das der Gleichheit, sondern auch das der Verhältnismäßigkeit und das des Lebens auf Augenhöhe. Strafen ist nicht nur eine Machtdemonstration, sondern überschreitet die Grenze von Machtausübung und wird zur Herrschaft, wenn die Relationen des Strafens oder Strafenwollens aus den Fugen geraten sind. Am Wochenende demonstrierten Menschen in Frankfurt gegen die Zustände im Flüchtlingslager Moria auf der griechischen Insel Lesbos. Die Menschen dort können gar keinen Mindestabstand einhalten, weil das Lager total überfüllt ist. Es herrschen unmögliche hygienische Zustände. Wenn sich das Virus dort ausbreitet, droht eine Katastrophe. Die Demonstrant*innen bildeten eine Menschenkette, indem sie zwei Meter Abstand voneinander hielten. Sie unterliefen keine Anordnung, die während der Corona-Krise gilt, damit Menschen sich nicht mit dem Virus anstecken. Trotzdem wurde die Versammlung aufgelöst, weil jetzt ein Demonstrationsverbot herrscht. Von einigen Leuten wurden die persönlichen Daten aufgenommen, und sie wurden angezeigt. Eine Journalistin wurde abgeführt wie eine Verbrecherin. Die Polizei, die natürlich nicht den Mindestabstand einhielt, lässt sich zum Büttel autoritärer Politik machen und wundert sich hinterher, dass eben diese, ihre Autorität und ihre politische Neutralität infrage gestellt werden. Das meine ich, wenn ich von fehlender Sensibilität und von mangelndem Feingefühl für die Situation spreche. Die oder der Gestrafte ist immer unterworfen, einer Ebenbürtigkeit beraubt. Die Frage sei erlaubt, ob sich Strafen mit demokratischen Formen des Zusammenlebens vereinbaren lassen. Mit Ländern, in denen die Todesstrafe gilt, Saudi-Arabien, China, Iran, einzelne Staaten der USA, sollten Demokratien keine diplomatischen Beziehungen pflegen und keinen Handel treiben, geschweige denn Waffen dorthin liefern. Menschen waren an

Sklaverei und Leibeigenschaft gewöhnt. Oft hatten sie wenig menschliche und sozial zu bezeichnende Möglichkeiten des Zusammenlebens erfahren. Sie sollten glauben, das Leben sei so unfrei, weil sie kein anderes kannten.

Inzwischen sind wir weiter. Menschen haben es gelernt, sich als gleichberechtigte Bürger zu fühlen. Ich befürchte, mit der weiter zunehmenden Radikalisierung des Marktes und Ausnahmesituationen wie dieser gerät dieses Bewusstsein ins Wanken, zumindest wird es desensibilisiert und entwickelt sich nicht weiter. Dazu kommen Ängste, dem Virus schutzlos ausgeliefert zu sein. Eine solche Situation belebt Formen von Autoritätshörigkeit und den Glauben an Führungsfiguren, die durchgreifen und strafen. Schon lange großer Beliebtheit erfreuen sich Politiker, die sich als sogenannte Landesväter gerieren. Offenbar nehmen sie diese Übertragungsrolle gerne an, sehen uns folgerichtig als ihre Landeskinder und machen uns freundlich darauf aufmerksam, was jetzt, in Zeiten der Krise, leider sein muss, da sie wissen, was gut für uns ist und Entsprechendes bestimmen. Die Herren Söder und Kurz sind beste Beispiele für diesen durchaus freundlichen und smarten, aber autoritären Charakter. Der Letztgenannte erklärte gestern sinngemäß: Wenn ihr brav seid und euch weiterhin an die Regeln haltet, könnten wir bald die Auflagen lockern.

Möglicherweise täusche ich mich aber auch und gar manche*r hat eine Haltung als gleichberechtigter Bürger niemals wirklich verinnerlicht und sieht sich lieber als Teil einer Masse, und nur dort fühlt er sich mächtig. Im alten Rom wurde in Krisen- und Kriegszeiten ein Diktator bestimmt, der die zwei gewählten Konsuln so lange vertrat, bis wieder normale Zustände herrschten. Bei diesen heute vorpreschenden, sich entscheidungsfreudig gebenden Polit-Machern muss man Zweifel haben, ob sie nach der Krise auf einen besonnenen, sozialen, letztendlich demokratischen Modus zurückfinden. Hatten sie diesen je verinnerlicht? Da neoliberale Politik, sprichwörtlich gesagt, grundsätzlich auf Kante genäht ist, jagt ein größeres Übel das nächste. Wir sollen uns genötigt sehen, nicht besonnene und langfristig denkende Politiker*innen zu wählen, die nicht jede Frage mit einem vorher zurechtgelegten Statement beantworten, sondern der Typ des Krisenmanagers, des hemdsärmeligen, grobkörnigen Machers mit dem smarten Charme eines idealen Schwiegersohns ist dauerhaft gefragt, eine Art fürsorglicher, deshalb freiwillig gewählter Diktator. Dieser bleibt natürlich nur so lange gutmütig, wie wir seine Regeln, einer allzu häufig leichtfertig herbeigeführten Not geschuldet, befolgen. Tun wir dies nicht gehorsam, wird gestraft.

Gewöhnt ein Ausnahmezustand wie dieser an Unfreiheiten und Zwänge? Oder ist es genau umgekehrt und der Wert der Freiheit wird deutlich? Freiheit ist nicht nur eine gemeinschaftliche, gegebene, strukturierte, sie ist auch und vor allem eine individuelle und individuell empfundene. Um diese zu erkennen, muss der Mensch sich als Individuum fühlen (können). Dies mag selbstverständlich klingen, aber in Zeiten von Konsumrausch und sogenannten sozialen Netzwerken, in denen Menschen sich nicht primär an der Natur, sondern an toten Gegenständen wie Smartphones orientieren, wird dieses Konsumentendasein oft mit der Freiheit des Individuums verwechselt. Ich konsumiere, also bin ich. Individuelle Einsichten in Zeiten der Krise, die nicht mit Normen der Masse übereinstimmen, werden schnell als Egoismen, mangelnde Solidarität oder gerade als unterlassene Einsicht gebrandmarkt, vor allem wenn diesen Normen und Anordnungen bedingungslos und brav Folge geleistet wird. Es geht immer sofort um richtig oder falsch, selbst dann, wenn man sich noch keinen klaren Standpunkt gebildet hat. Ausgangssperren und härtere Strafen werden gefordert, und es wird denunziert. In Baden-Württemberg gingen am Wochenende an die 3000 Anzeigen bei der Polizei ein. Dies klingt nicht mehr nur nach einem Bedürfnis nach Schutz, sondern eher um eine Sicherheit gebende Spaltung in gut und böse, die natürlich nur von starken Männern, sogenannten Führungspersönlichkeiten, wie oben beschrieben, durchgesetzt werden können. Diffuse Ängste schreien nach der Unfreiheit anderer, um sich selbst sicher zu fühlen und die anderen nicht im Vorteil zu wähnen. In einer Sendung, ich glaube in der freundlichen Hessenschau, wurden Menschen, die in einem Park spielten, vom Kommentator übel beschimpft, weil sie den Mindestabstand nicht einhielten. In derselben Sendung wurde eine Pfarrerin gezeigt, die mit einer Kindergruppe bastelte. Das Projekt wurde gelobt, obwohl auch hier offensichtlich der Mindestabstand nicht eingehalten wurde. In einer Nachrichtensendung wurden Arbeiter gezeigt, die in Berlin nach Feierabend dicht an dicht aus den Fabriktoren strömten. Ein Mensch darf dort nicht allein auf einer Parkbank sitzen, aber die U- und S-Bahnen sind ständig überfüllt. In normierten Freiräumen scheint das Bedürfnis nicht besonders groß, anderen etwas zu gönnen, dass man sich selbst untersagt.

Obwohl ich mich als Sozialdemokraten bezeichne, habe ich nur selten SPD gewählt. Indem sich die SPD seit den späten 70er Jahren von einer sozialdemokratischen Politik mehr und mehr entfernt hat, verwaisten diese Alternativen.

Möglicherweise muss ich noch weiter in die Geschichte der Sozialdemokratie zurückgehen, um das Dilemma der SPD annähernd zu begreifen. Zuallererst war die Sozialdemokratie eine kämpferische, eine revolutionäre Bewegung. Bismarck stufte sie als gemeingefährlich ein. Erst nach 1890, als eine von einer absoluten Kaisermacht geduldete, wurde die SPD zu einer Massenpartei. Dies, das für damalige Verhältnisse großzügig Geduldete, hat sie womöglich in ihrer Konsolidierungsphase korrumpiert. Sie schwankte von da ab zwischen sogenannten staatstragenden Kompromissen und der Umsetzung sozialistischer Ideen. Während des 1. Weltkrieges erfolgten zahlreiche Abspaltungen in unterschiedliche Lager. In der Weimarer Republik stellte die SPD mit Friedrich Ebert den ersten demokratisch gewählten Staatspräsidenten. Immer wieder lassen sich Tendenzen feststellen, den Kapitalismus nicht zu sehr herauszufordern, das heißt, ihm seinen extravaganten, nicht zu einer Demokratie gehörenden Platz streitig zu machen. Diese Tendenz, auch einer Art Minderwertigkeitskomplex oder der latenten Bedrohung geschuldet, als radikal oder gefährlich zu gelten, gipfelte in der militärischen Niederschlagung des Spartakusaufstandes auf Befehl des damaligen Volksbeauftragten für Heer und Marine, Gustav Noske, bei dem auch Rosa Luxemburg und Karl Liebknecht ermordet wurden. Der für die Morde verantwortliche Offizier, Waldemar Pabst, wurde niemals für diese Verbrechen angeklagt. Andererseits waren die Sozialdemokraten die Einzigen, die sich Hitlers Ermächtigungsgesetz, das heißt der Selbstauflösung des Parlaments, widersetzt haben. Otto Wels in seiner Rede: »Das Leben könnt ihr uns nehmen, aber die Freiheit nicht.« Vielen von ihnen wurde das Leben genommen. Auch wenn sich die SPD in der neu gegründeten Bundesrepublik Deutschland von Grund auf reformiert hat, wirken die prägenden Ereignisse ihrer Geschichte bis in die Gegenwart fort. Mir geht es nicht um eine Schuldzuweisung oder eine Absolution, sondern um eine kontinuierliche Auseinandersetzung mit der eigenen Geschichte, um einen reflektierten Standpunkt damit zur gegenwärtigen politischen Situation zu finden. Oft kommt es mir vor, als finde sich die SPD immer wieder als Oppositionspartei, aber sobald sie an die Regierung kommt, wirkt der alte Anpassungsdruck wieder neu.

Die Versäumnisse sozialdemokratischer Politik und die Aushöhlung des Sozialstaats setzen sich bis heute fort und die Liste dieser Mängel wird immer länger. Statt mehr wurde immer weniger Demokratie gewagt. Inzwischen ist nicht nur das Soziale, sondern das Demokratische selbst gefährdet. Indem schon der Nutzen oft nicht begriffen wird, kann der Sinn schon gar nicht erfasst werden. Ich beziehe mich als Nachkriegsgeborener in dieses Thema mit ein, muss ich mir doch immer wieder vergegenwärtigen, nicht nur, wie ich Freiheit definiere, sondern auch, was sie mir bedeutet und wie ich sie im Alltag empfinde. Sozialdemokratie sollte, nicht nur aufgrund der Lage der SPD oder der Krise der Sozialdemokratie weltweit, immer wieder neu gedacht und gefühlt werden. Jeder kann selbst reflektieren, was ihr oder ihm das Fühlen und Einfühlen bedeutet und wie es sich definiert, denn wir nutzen nicht nur einseitig unsere Ratio, sondern lassen uns auch von reflektierten Gefühlen leiten. Leute, die sich selbst als Rationalisten bezeichnen, denken und handeln oft gar nicht vernünftig, indem sie Gefühle verdrängen und verleugnen. Da sie dieselben kaum verstehen, wenn sie nicht unten gehalten werden und sie in ihr Denken nicht mit einbeziehen können, werten sie Argumente, die sich nicht ihrer vermeintlichen Logik beugen als aus dem hohlen Bauch herauskommend ab.

Soziale Politik, Umwelt- und Klimapolitik gehören zusammen, denn weitere Klimaveränderungen prägen unser soziales Leben grundsätzlich, mindestens ebenso wie diese Pandemie. Dies wirkt sich auch auf unser demokratisches Bewusstsein aus. Ich meine dies nicht in dem Sinn, wieviel Demokratie wir uns leisten können, sondern wie wir uns als Demokraten darauf einstellen. Wir betrachten die Gestaltung unseres Alltags häufig als eine gegen gängige Politik gerichtete, weil wir uns als hilflos, gar ohnmächtig erleben, immer wieder in Situationen geraten, das kleinere Übel wählen zu müssen, um größeren Schaden von der Demokratie, zum Beispiel durch Faschisten und Neo-Nazis, zu verhindern. Trotzdem gehört uns die Demokratie und selbstverständlich unser Alltagshandeln und unsere persönliche Freiheit. Dies prägt unser politisches Handeln. Mit unserer Solidarität jetzt, in Krisenzeiten, leben wir Demokratie als Haltung, obwohl in einem Zustand, in dem unsere Freiheiten eingeschränkt sind. Diese Haltung ist beispielgebend. Wir sollten sie nach der Krise nicht wieder vergessen. Wenn Solidarität wieder umdefiniert wird als die der Märkte und Handelsabkommen, als Solidarität der Europäer zur Abwehr von flüchtenden Menschen an der griechischen Außengrenze, sollten wir auf unserer Definition von Solidarität bestehen. Ertappen wir uns dabei, dass uns das Schicksal der Flüchtlinge nicht mehr interessiert beziehungsweise wir unser Schaffen wieder einseitig in den Dienst des während der Krise ausgefallenen Wachstums stellen, können wir doch innehalten, wie wir dies taten, als wir dazu aufgrund unserer Unfreiheit gezwungen waren, um uns zu fragen, warum wir so fühlen, denken und handeln, wie wir dies tun. Demokratie beginnt mit Selbstreflexion. Es geht nicht um Schuld oder Unschuld, ein reines oder schlechtes Gewissen, es geht darum, als wer wir uns in dieser Welt selbst definieren. Eine Diktatur scheidet die Herrschenden von den Beherrschten. In einer Demokratie ist dies nicht möglich, auch wenn wir in unserem Alltag ständig Formen des Beherrschtwerdens erleben. Aber es gilt, immer wieder über die Nuancen zwischen Macht und Herrschaft nachzudenken. Auch rigide Machtausübung muss noch nicht Herrschaft sein. Zwischen geringer Macht, Hilflosigkeit und Ohnmacht (ohne Macht) gibt es gewaltige Unterschiede. Als Demokrat versuche ich, sie zu erfassen und auszuloten. Dies gilt für jegliches soziale Leben. Demokratie wird im Kindergarten, in der Schule, am Arbeitsplatz, in Vereinen, in Familien, in Zweierbeziehungen gelebt. Dafür möchte ich feinfühlig bleiben, mich nicht aufgrund äußerer Umstände verhärten lassen. Und dafür lohnt es sich, sich zu solidarisieren, zu organisieren und auf die Straße zu gehen.

Ich betrachte dies als ganz normale, demokratische Verhältnisse. Sobald ich mich in die Öffentlichkeit und in den politischen Diskurs begebe, sind diese ganz normalen politischen Verhältnisse infrage gestellt. Wenn EU-Staaten und die EU selber sich nicht mehr an die Genfer Flüchtlingskonvention halten und Menschen mit Waffengewalt von ihren Außengrenzen fernhalten, wenn in Flüchtlingslagern wie Moria auf Lesbos unmenschliche Lebensbedingungen herrschen und eine Katastrophe droht, wenn Menschen sich dort mit dem Corona-Virus anstecken, herrschen alles andere als normale, demokratische Verhältnisse. Diese Politik entlarvt sich ständig als eine unverhältnismäßige und für demokratische und zwischenmenschliche Prozesse unsensible, und sie widerspricht ihren eigenen menschenrechtlichen Grundsätzen. Aber meine Dünnhäutigkeit bestimme ich noch immer selber. Und ich leiste sie mir.

Wir gewöhnen uns an Unmenschlichkeit. Leider ist dies so, vor allem wenn das Unmenschliche weit weg geschieht. Auch dies ist Globalisierung. Die Unmenschlichkeit gefährdet das demokratische Bewusstsein zuerst in uns selber. Retten kann uns nur die Liebe und die Bereitschaft, unseren Hass zu reflektieren, oder, wer diese leidenschaftlichen Gefühle nicht kennt, andere Formen von Bosheit oder Egoismus. Bescheidenheit ist eine Tugend, die auch für demokratisches Bewusstsein in Anspruch genommen werden kann. Vollmundigkeit, Leidenschaft und Visionen für die Zukunft sind im demokratischen Diskurs durchaus sinnvoll, selbst das Bekenntnis, was Ärger verursacht oder wütend macht. Demokratie und wohlfeiles Verhalten sind dagegen wesentlich schwieriger zu vereinbaren.

Demokratie bedeutet für mich auch, nicht nur Waffen abzurüsten, sondern auch Einstellungen und Haltungen. Ich habe mich einmal als einen Pazifisten bezeichnet, aber Menschen gehen oft so rigoros, so brutal, so feindlich miteinander um, dass ich meinen Pazifismus in Situationen äußerster Bedrohung nicht durchhalten könnte. Wie weit Selbstverteidigung geht oder wo sie anfängt, wage ich nicht grundsätzlich zu beantworten, was mich nicht daran hindert, immer wieder darüber nachzudenken. Dies sollte immer wieder auch, je nach Sachlage, in demokratischen Foren diskutiert werden.

Nach einer Zeit schneller, politischer Entscheidungen in der Krise sollte wieder eine der Auseinandersetzung, des sachlichen Streits, des kritischen, wohl-überlegten Abwägens folgen. Auch das ist Krisenprävention. Und diese ist wesentlich für eine Demokratie.

Ich bin kein Sozialist. Zum einen sind bisher alle praktizierten Formen von Sozialismus fehlgeschlagen, was weniger an der Theorie, sondern an der Umsetzung in die Praxis lag, zum anderen waren sie mir zu autoritär in ihrer machtpolitischen Ausrichtung. Ich könnte auch behaupten, ein wirklicher Sozialismus, der diesen Namen verdient, ist nie praktiziert worden. Oft wurden Anfänge wie beispielsweise in Chile brutal niedergeschlagen und im Keim erstickt. Somit widerspreche ich mir womöglich und ich bin Anhänger eines Sozialismus, der noch auf seine Verwirklichung wartet, beziehungsweise das, was ich hier erläutere, ist eine Form von Sozialismus oder der Weg dahin.

Eine Demokratie verfügt über die nötigen Mittel, für mehr Gleichberechtigung und ein sozialeres Leben zu sorgen. Es ist Geld genug da. Dazu ist es notwendig, undemokratische und unsoziale Machenschaften zu bekämpfen – selbstverständlich auf demokratische Weise. Wir werden das Haben und das Habenwollen abrüsten müssen, eine neue Form von Wohlstand finden oder wiederfinden müssen. Womöglich geht es auch gar nicht um Wohlstand, sondern um ein gelingendes Leben in größtmöglicher Freiheit. Dazu gehören sauberes Wasser und saubere Luft, eine intakte Natur und Artenvielfalt, gesunde Nahrungsmittel, Freiheit des Denkens, Empfindens und Handelns, gemeinschaftliches Leben und Handeln, eine differenzierende, aufklärende Sprache, auch das Bewusstmachen und die Bewältigung von Ängsten.

Ganz praktisch sollten bestimmte Berufsgruppen, auf deren Fachlichkeit und Engagement wir in der Krise so angewiesen sind, in Zukunft besser bezahlt werden und zu besseren Bedingungen arbeiten. Keine Boni oder Zulagen, keine Wertschätzung, die nichts kostet, sondern eine bessere Bezahlung! Womöglich müssen Organisationen, die dem Gemeinwohl dienen, verstaatlicht werden, Konzerne gezwungen werden, ihre Steuern da zu bezahlen, wo sie ihre Gewinne erzielen, Zockerbanken mit hohen Transaktionssteuern gedämpft werden, um nur einige Beispiele zu nennen.

Wie es keine fertige Demokratie gibt, betrachte ich mich als Demokratiegesellen auf dem Weg zu weiteren Einsichten. Diesen Weg gilt es, gemeinsam und in Einmütigkeit zu gehen.

Rückkehr zur Normalität –
Einige Einfälle während des weiteren
Verlaufs der Corona-Krise

In den letzten Tagen, in denen klar wird, dass die durch Corona hervorgerufenen Freiheitsbeschränkungen immer länger andauern werden, was es noch schwieriger macht, sie auszuhalten, womöglich auch, sie zu befolgen, wird dieser Ruf immer deutlicher und vehementer. Aber ich bin mir sicher, dass es diese Rückkehr nicht geben wird, auch wenn es gelingt, formal wieder alles so herzustellen, wie es vorher gewesen ist. Diese Krise wird Einstellungen und Haltungen, und damit auch Normen verändern.

Und das Adjektiv normal leitet sich ja von Norm ab. Aber in all den Jahrzehnten neuzeitlicher Anwendung hat es einen Bedeutungswandel erfahren. Normal zu sein, ist längst kein rein statistischer Wert mehr – war es womöglich niemals –, sondern das Normale sei das Erstrebenswerte, dem das Ab- oder Unnormale entgegengestellt wird. Da nicht genau definiert wird, was dies sei, lässt es sich als Beschimpfung für Unterschiedliches, Nonkonformistisches bis Verrücktes benutzen.

Aber zu welcher Normalität wollen wir denn so dringend zurückkehren? Womöglich geht es uns wie dem jungen Mann aus der DDR, der kurz vor der Wende nach seinen Wünschen und Erwartungen gefragt wurde und der unbedingt einen VW-Golf haben wollte. Der Reporter war natürlich darauf aus, von ihm etwas zur neu gewonnen Freiheit in der BRD zu hören, und als dies ausblieb, verlor er schließlich die Geduld und fragte direkt danach. Der junge Mann merkte schließlich, worauf der Interviewer hinauswollte und antwortete, es ginge ihm um die Freiheit, also die Freiheit, sich einen VW-Golf kaufen zu können.

Zu welcher Normalität wollen wir denn zurückkehren? Indem wir während der Krise Solidarität mit unseren Mitmenschen gezeigt haben, sozusagen unmormalerweise, kehren wir dann nachher wieder zur üblichen Ellenbogengesellschaft zurück? Zurzeit bleiben die meisten Flugzeuge auf dem Boden. Die Luft ist spürbar sauberer, der Himmel klarer. Werden wir nach der Krise wieder die Luft verpesten, werden wieder mehr Menschen an den Folgen von Umweltgiften, Abgasen, Feinstaub in der Luft sterben? Werden wir wieder Sinnloses produzieren aus dem Grund, den Markt zu beleben und Arbeitsplätze zu sichern und dabei wertvolle Ressourcen ausbeuten und verschleudern? Werden weiterhin die Maßnahmen zur Verbesserung des Klimas auf die Zukunft verschoben? Werden Dürrejahre weiterhin das Normale sein?

Zu den Ersten, welche die Rückkehr zur Normalität lautstark einfordern, gehören die Arbeitgeberverbände. Und sie meinen genau diese Rückkehr zu rauchenden Schornsteinen und Wachstum um jeden Preis. Dafür setzen sich ihre sogenannten Weisen in Szene und eine eigene Ethikkommission versucht, das Feld zu ebnen. Damit der Arbeitsmarkt, ihr Arbeitsmarkt floriert, soll die Gesellschaft bis auf Weiteres gespalten werden, die sogenannten Risikogruppen der Pandemie sollen weggeschlossen bleiben, während die anderen die sprichwörtlichen Ärmel aufkrempeln. Um dies ethisch zu begründen, musste nicht der Teufel an die Wand gemalt, aber ein Szenario des darbenden Mangels ausgerufen werden. Eigentlich braucht in dieser Gesellschaft nur irgendein Konzernvertreter nebenbei zu erwähnen, unser Wohlstand könnte in Zukunft gefährdet sein – wer traut sich schon, ein Gefährder des Wohlstands zu sein? – und schon geht die Panik los. Interessant ist in solchen Situationen, dass in Krisenzeiten immer von unser aller Wohlstand die Rede ist, während in

Zeiten, wenn saftige Gewinne erzielt werden, mit der Umverteilung nach unten geknausert und einer fragwürdigen Konkurrenzfähigkeit das Wort geredet wird, die es auf keinen Fall zulassen kann, denen, die den Gewinn in der Hauptsache erarbeitet haben, etwas mehr davon abzugeben. Zudem wird dieser Wohlstand immer in dieselbe Richtung definiert, dahingehend, für was auch immer Geld ausgeben zu können. Ach, diese Norm mit all ihren gewohnten Reflexen und abgedroschenen, gebetsmühlenartig wiederholten Vokabeln!

Gestern Abend (27. 4. 2020) forderte eine Sprecherin von Greenpeace, jetzt sei der richtige Zeitpunkt, um Investitionen zu fördern, welche helfen, die Wirtschaft wieder in Gang zu bringen unter besonderer Förderung derjenigen Unternehmen, welche klimafreundlich produzieren und nachhaltig wirtschaften. Dies macht doch Sinn, wenn die Regierung entsprechende Anreize, wie sie so gern genannt werden, schafft und zugleich etwas für das Klima und gegen weitere Erderwärmung getan wird. Dem widersprach ein Arbeitgebervertreter und meinte, damit müsse bis 2030 gewartet werden, und dann brauche es intelligente Lösungen. Von diesen »intelligenten Lösungen« ist auf Konzernseite ständig die Rede, als würden diese das allein schon deshalb, weil man sich die Wortkombination zu eigen macht. Solche Art Unverfrorenheiten am Rande der Debilität müssen wir uns ständig in Nachrichtensendungen anhören und finden dies aufgrund der ständigen Wiederholung normal.

Menschen haben Angst, in Krisenzeiten besonders. Entweder sie haben Angst, sich mit Corona anzustecken, oder sie haben Angst, ihre Arbeit zu verlieren, ihren Besitz oder ihr Erspartes. Oder sie haben alle diese Ängste auf einmal. Dies macht sie empfänglich auch für triviale Lösungsansätze oder für eine Sehnsucht nach einer Rückkehr zu einer fragwürdigen Normalität.

Aber die Forderung, Krankheit gegen Geschäft auszuspielen, war nun doch etwas zu vorschnell und zu deftig. Selbst die Kanzlerin hob mahnend den Zeigefinger, ließ dafür aber ihren Möchtegernnachfolgern die ermächtigenden Zügel locker, damit an die Moral gedacht, und die Geschäfte gemacht werden können.

Die in der Krise um die Grundrechte Besorgten wurden lange schroff abgemeiert, wenn sie vorsichtig ihre Stimme erhoben, denn Nebenwirkungen waren nicht nur bei den strengen Regeln nicht aushaltbar, sie sollten nicht mal benannt werden, denn nur Eindeutiges zählte, schließlich ging es um Gutes (sich an die Vorschriften halten) und Böses (dies eben nicht zu tun). Nein, die Grundrechte, die auch sonst gerne wie die flapsigen Einlassungen von Demokratieillusionären angesehen werden, sollten nicht nur nicht gelten, ihre Befürworter sollten das Maul halten.

Nun, da die Macher wieder mit den sprichwörtlichen Hufen scharren, und das Karussell der Gewinnmaximierung wieder in Gang setzen wollen, kommen die Grundrechtler mit ihren Bedenken gerade passend. Auf geht's in den von BILD ausgerufenen Freiheitskampf. Man schämt sich auch nicht, die Stimmen der Alten zu missbrauchen, die sich gegen wochenlange Bedingungen wie in einer Einzelhaft wehren. Vereint ziehen sie in den Kampf, Hauptsache, die Schornsteine rauchen wieder.

Nun wird also – ich schreibe dies einige Tage später – die Wirtschaft wieder hochgefahren, wie es so produktiv heißt. Es zeigt sich von Tag zu Tag deutlicher, indem wir in Beugehaftung für die vergangenen Verlustgeschäfte genommen werden, dass die Mitverursacher dieser Krise – ich sage bewusst nicht, die Schuldigen – indem sie jeden Winkel dieser Welt für ihre ausbeuterischen Geschäfte genutzt haben und weiter nutzen und so die in ihrer Existenz gefährdeten Einheimischen noch fernere Nischen gesucht haben, um das Nötigste zum Leben zu besorgen, nun wieder in die alte Vormachtstellung zurückdrängen, während die üblichen Verlierer wieder zu denen gemacht werden, welche die Verluste mit Körper und Seele bezahlen. Es wird so getan, als habe das Virus selbst quasi kapitalistische Interessen, indem die Alten weiterhin Angst haben müssen, sich mit dem Virus zu infizieren und zusätzlich unter einer menschenunwürdigen Isolation leiden müssen. Ähnlich die Gruppe der besonders Gefährdeten, die Kinder, hauptsächlich die ganz Kleinen, ihre Eltern, besonders natürlich, wie üblich, die Mütter, die sich in Multitasking-Stress aufreiben, unter ihnen besonders die Alleinerziehenden, auch die Wohnsitzlosen, die Kleinunternehmer und all diejenigen, welche unter besonderen Risikobedingungen in dieser Krise extrem hart arbeiten müssen und dafür schlecht bezahlt werden. Das Virus trifft alle Menschen gleichermaßen, die Folgen der aus ihr resultierenden Beschlüsse und Vorgehensweisen fallen selbstverständlich zu Lasten derer, die auch die vorherigen Krisen zuerst geschultert und dann auch noch bezahlt haben.

Nun könnte ich zynisch sagen: Das ist normal. Aber wollen wir wirklich zu dieser Normalität zurück? Wollen wir diese Krise und alle, die auf sie folgen werden, behandeln, als seien sie nicht, in ihren Ursachen und Auswirkungen, direkt oder indirekt von Menschen gemacht? Wenn die sogenannten intelligenten Lösungen für die Geschäfte genutzt werden, kann es doch nicht sein, dass zur zukünftigen Vermeidung und Beseitigung der Kollateralschäden nur dumme übrigbleiben.

Indem wir in der Krise stillhalten, die Regeln befolgen, weil wir möglichst niemanden gefährden wollen, erlauben wir uns jetzt, vorsichtig darauf hinzuweisen, dass es noch eine Klimakrise, um nicht zu sagen -katastrophe gibt, und fordern neue und nachhaltigere Kompromisse. Wir sehen ja ein, dass es ohne schaffe, schaffe, Wirtschaftswachstum nicht geht, aber unser Gegenüber,

Wirtschaftsbosse, Konzern- und Arbeitgebervertreter, Lobbyisten und Politiker, die sich in erster Linie als Wirtschafts- und Finanzpolitiker betreffender Couleur verstehen, scheinen diese Botschaft nicht zu verstehen und uns für schwach und nachgiebig zu halten. Sie stellen sich immer wieder vor Fernsehkameras und fordern, fordern von uns, fordern vom Staat, fordern von der EU, von allen, außer von sich selbst. Den Preis, Arbeitsplätze zu erhalten, nachhaltig und klimafreundlicher zu wirtschaften, zahlen sie am Ende nicht. Wir werden so immer wieder provoziert, die Mittel zu wechseln, zu radikaleren, gewalttätigeren zu greifen, um uns dann umso leichter durch legitimierte staatliche Gewalt sanktionieren und kaltstellen zu können. Sie haben nichts aus der Geschichte gelernt, kriegen weiterhin den Hals nicht voll, obwohl die Weiden weitgehendst abgegrast sind. Täglich wird uns der Kampf angesagt, in dieser Krise besonders. Nun zahlen wir auch noch für das Atmen, indem wir hinter unseren Schutzmasken nach Luft schnappen. Ist gut, für die Gesundheit zahle ich den Preis, aber für unsere verquaste Wohlstandsideologie ist mir inzwischen jeder Cent zu viel. Und jetzt das Recht auf Heimarbeit! Das Recht, auf einen Arbeitsplatz und darauf, nach acht Stunden nach Hause gehen zu können, haben wir verwirkt. Nun dürfen wir uns freiwillig mit Arbeit die Nächte um die Ohren schlagen. Wir werden bald nicht mehr nach geleisteten Stunden, sondern nach Erfüllung vorher formulierter Ziele entlohnt. Die SPD fordert bereits ein Recht auf Heimarbeit, es brauche nur entsprechende Regeln. In diesem Land wird größenwahnsinnig geglaubt, dass sich alles verregeln lässt. Und unsere Gesellschaft spaltet sich weiter, indem die einen sich an diese Regeln halten (müssen), die anderen sie umgehen, es für die einen strenge gibt, für die anderen lasche, die sie natürlich selber kontrollieren dürfen.

Es fällt auf, dass Krisen inzwischen zyklisch auftreten. Was sie bei allen Unterschieden gemeinsam haben, ist die Tatsache, dass Konzerne, Banken usw. bedroht sind und vom Staat Geld zur Behebung fordern. Damit generieren sie neues Wachstum, welches schon vorher gehemmt, nun durch die Krise noch mehr geschädigt oder ganz zum Stillstand gekommen war. Indem dieses Wirtschaftssystem immerwährendes Wachstum braucht, um sich selbst aufrechtzuerhalten, benötigt es ebenso Krisen, nicht selten selbst herbeigeführte, um nachher wieder in den alten Modus zu kommen. Früher wurden zu diesem Zweck Kriege geführt (heute auch noch in anderen Teilen der Welt). An den Schulden, welche Staaten machen müssen, um die Wirtschaft zu retten, verdienen diese wieder pauschal, zum Beispiel Banken. Die Bürger, denen diese Steuergelder gehören, zahlen somit mehrfach. Der Vergleich mit der Natur ist nicht abwegig, dass nach einer Dürre, wenn kräftig Regen fällt, die Erträge im Vergleich umso höher sind. Feuer bewirkt Ähnliches. Allerdings ist es hoch gefährlich, die Ressourcen für die Regeneration auch zunichte zu machen. Wenn erst einmal Wüsten entstanden sind, ist es mit der Fruchtbarkeit vorbei. Und ein abgeholzter Dschungel braucht hunderte von Jahren, um in den vorherigen Zustand zurückzukommen.

Der Radikalität der Märkte und ihrer zugleich bunten und smarten Verführbarkeit durch Konsum gilt es, ein radikales Denken entgegenzusetzen. Dieses darf auch über das Ziel hinausschießen. Denken ist nicht Handeln und richtet keine Schäden an, im Gegenteil lotet es alternative Zukunftsperspektiven aus. Da die innerparlamentarische Opposition schwächelt und zudem ständig von der Korrumpierbarkeit der Macht bedroht ist, braucht es die außerparlamentarische, gerade in krisenhaften Zeiten. Wenn die Radikalisierung von Machthabern und Märkten bereits fortgeschritten ist, wird es immer schwerer, sie auf demokratischem Weg zu stoppen. In der Türkei landen ganz normale Demokraten schnell im Gefängnis und werden dort ohne Verfahren festgehalten.

Die Frage wird sein, wie zerstört und marode das Wirtschaftssystem schon vor der Krise war beziehungsweise welchen Schaden an Ressourcen die Krise dem noch hinzugefügt hat. Eine neue Bescheidenheit, nicht eine, bei dem die üblichen Verdächtigen den sprichwörtlichen Gürtel enger schnallen sollen, ist angesagt, sondern eine des grundsätzlichen Wirtschaftens, eine Normalität, die sich um ein umwelt- und klimafreundlicheres, gesünderes und solidarischeres Haushalten kümmert.

Der Kreis schließt sich

Das Paradies war von zwei entscheidenden Fakten geprägt: Der Löwe lag beim Lamm, und die Menschen durften nicht vom Baum der Erkenntnis essen.

Als meine verstorbene Frau und ich vor vielen Jahren einmal an einem frühen Morgen durch die Savanne Namibias fuhren, entdeckten wir Löwen. Sie hatten in der Nacht gejagt, ihre Mäuler waren noch blutig. Jetzt kamen sie gerade von der nahen Tränke. Sie gähnten einige Male, trotteten dann zu einer Schirmakazie, die ihre Äste weit ausbreitete, legten sich müde in deren Schatten und dösten vor sich hin. Nach einiger Zeit kam ihnen eine Herde Zebras recht nahe. Diese spürten, dass sie von den satten Löwen nichts zu befürchten hatten. Ich empfand die Szene als einen paradiesischen Zustand.

Der alttestamentarische Gott erwartete selbstverständlich, dass die Menschen ihm gehorchten. Heute ist nicht nur der Fakt, sondern das Wort aus der Mode gekommen. Zugleich wählen überall auf der Welt Menschen Egomanen und Diktatoren an die Macht, denen sie freiwillig gehorchen oder die sie zum Gehorsam zwingen.

In vorgeschichtlichen Zeiten, lange vor der Entstehung von Religionen, glaubten die Menschen an eine beseelte Natur. Jede Pflanze, jedes Tier waren beseelt, und wenn der Mensch sich etwas nahm, musste er Abbitte leisten, den Geist des Baumes, den er gefällt, den des Tieres, das er gejagt hatte, besänftigen, denn er selbst, war ein Teil dessen, dem keine besonderen Rechte zustanden, und der nicht mehr wert war als eine Blume oder eine Ameise. Obwohl Menschen hart arbeiten mussten, um zu überleben, kannten sie weder den Begriff Arbeit, noch diese selbst. So könnte man das Leben im Einklang mit der Natur oder als einen Teil dessen als paradiesischen Zustand beschreiben.

Hätten also Eva und Adam nicht vom Baum der Erkenntnis essen sollen? Und worin bestand die Erkenntnis? Sie würden sein wie Gott, und weil dieser die Erde nach seinem Willen erschaffen habe, würden sie unabhängig sein von deren Gesetzen. Dies erwies sich auf etwas längere Sicht als Trugschluss.

Hat die Erkenntnis uns also geschadet? Die Antwort auf diese Frage nützt uns kaum, denn früher oder später wären wir, ob unserer geistigen Fähigkeiten nicht um die Erkenntnis herumgekommen. Das ist das eine, das andere ist, dass wir in dieser Art der Erkenntnis ungeübt waren und entweder das Erkannte falsch deuteten oder die falschen Schlüsse daraus zogen.

Sigmund Freud beschrieb in *Totem und Tabu* beispielhaft die Entwicklung des Über-Ich. Wenn wir in der Evolution noch einige Schritte weiter zurückgehen, brauchte der Mensch nicht erst zum Kannibalen oder Vatermörder zu werden, denn da er im paradiesischen Zustand Teil der Natur selber war, konnte er es gar nicht vermeiden, keine Schuld auf sich zu laden, er beging Frevel an ihr, indem er sich täglich von ihr ernährte. Von da ab waren die Pforten des Paradieses verschlossen. Ich bin sicher, dass der Mensch von Anfang an an die Wiedergeburt glaubte, sodass ihn der Tod nicht schrecken konnte, weil nichts in der Natur wirklich stirbt, indem alles immer wieder neu entsteht. Diese Erkenntnis wird durch moderne Wissenschaft bestätigt. Der frühe Mensch musste ein genauer Beobachter sein, um zu überleben. Nichts verging wirklich oder vollständig, solange es nicht aus dem natürlichen Gleichgewicht geriet. Sich selbst mutete er niemals zu, die Natur aus dem Gleichgewicht zu bringen. Diese Fähigkeit ging ihm im paradiesischen Zustand ab.

Mit der Erkenntnis kam die des eigenen Schicksals, der Verantwortung und damit auch des Schuldbewusstseins. Götter und ihre Vertreter auf Erden versuchen, das Über-Ich auszulagern beziehungsweise die Erkenntnisse auszuwählen und zu steuern. Der Mensch könnte mit der Aufgabe der Steuerung überfordert sein. Heute haben diese Aufgabe Regierungen übernommen. Diese sind mittlerweile dabei, sie an einflussreiche Konzerne oder ihre diktatorischen Protagonisten abzutreten, welche suggerieren, die Verantwortung gelte nur dem Ego und die Schuldfrage, wenn es denn überhaupt eine gäbe, beziehe sich nur auf den eigenen Erfolg oder Misserfolg.

Die Natur rächt sich nicht für unsere Verantwortungslosigkeit ihr gegenüber, dies wäre eine schamanistische Vorstellung. Auch alttestamentarische Fantasien, ein rächender Gott schickte uns eine neue Sintflut, zeugen von Aberglauben. Aber das Wissen, in Einklang mit der Natur zu leben, ist uns Menschen bis heute nicht verloren gegangen, oder wir nähern uns vorsichtig dieser Erkenntnis wieder an, wenn wir zum Beispiel von Nachhaltigkeit sprechen oder uns mit Recycling beschäftigen.

Lange Zeit bescherte uns die Aufklärung Erkenntnisse, die uns befreiten und als Individuen unabhängiger machten, im Denken und Handeln. Heutzutage sind die Erkenntnisse vorwiegend bitter, und dies wird auch noch lange so bleiben, selbst wenn wir grundsätzlich umdenken und anders handeln. Wir haben zu lange an der Natur gefrevelt. Von daher werden wir es selbst nicht mehr erleben, ob eine Abkehr aus der Sackgasse möglich ist, statt diesen Planeten kahl zu konsumieren. Aber es könnte ein Trost sein, ganz egoistisch gedacht, wenn der Mensch überlebte.

Die Zuversicht

Sich zusätzlich mit etwas versehen, ist es das? Es ist mehr als Hoffnung. Diese stirbt bekanntlich zuletzt. Zuversicht hat somit, im Gegensatz zu Hoffnung, (noch) einen sozialen Bezug, denn ich glaube an etwas, das ich oder andere Menschen, eine Gesellschaft in Zukunft tun oder besser machen werden. Für einige Menschen hat Zuversicht auch einen religiösen Charakter, indem sie daran glauben, dass Gott es richten wird. Ausrichten meint, den Geschehnissen eine Richtung geben, aber es steckt auch darin, über eine Tat, den oder die Menschen zu richten, der oder die sie begangen haben.

»Oh Herr, du bist meine Zuversicht«, pflegte meine Mutter zu beten. Aber sie verwendete diesen Ausruf auch, wenn sie in eine desolate Situation kam, zum Bespiel in eine unaufgeräumte Wohnung. Statt zu sagen. »Hier sieht es aus wie bei Hempels unterm Sofa«, rief sie Gottes Zuversicht an. In einem patriarchalischen Sinne könnte dieser Satz ironisch-gotteslästerlich gemeint sein, indem Gott ein solches Durcheinander durchgehen ließe. Tatsächlich drückte diese weibliche Art der Beziehung zu Gott eine emanzipiert-partnerschaftliche aus, denn mit seiner Hilfe würde sie schon Ordnung in diese Bude bekommen. Möglicherweise sollte ich nicht »weiblich«, sondern in einem engeren Sinne »mütterlich« sagen, denn das Muttersein bedingte ihr Selbstbewusstsein, so, quasi auf Augenhöhe mit Gott zu reden. Es nimmt den falschen, patriarchalischen Mythos auseinander und fügt ihn neu zusammen. Maria ist nicht das Gefäß für das göttliche Kind, sondern sie ist die Mutter Gottes. Sie entscheidet, ob sie ein Kind mit diesem Kerl will, der großspurig einen Engelsboten schickt und sich »Heiliger Geist« nennen lässt. Er hält sich für göttlich, aber er ist es nicht. (Zuweilen kommen sie – die Geister – auch aus Flaschen.) Ursprünglich waren sie einmal personifizierte Naturphänomene, die es zu besänftigen galt. Er gibt sich noch nicht einmal damit zufrieden, heilig zu sein. Der Gewinner nimmt eben – als vermeintlicher Gott – alles. Er will mit dieser Frau kein heiliges Kind zeugen, sondern es als Gefäß benutzen, als Leihmutter, sodass dies göttliche Kind allein ihm gehöre.

Aber wenn es denn schon göttlich zugehen muss, ist die Frau göttlich deshalb, weil sie neues Leben schenkt. Damit sind wir wieder bei der Zuversicht. Ich habe sie bezüglich des Menschen verloren, denn diese politischen Verhältnisse zerstören mehr Leben, als dass sie es erhalten. Arten sterben massenweise in kurzer Zeit aus, Landschaften verdorren, Stürme toben. Meine Zuversicht bezieht sich auf das Leben grundsätzlich, das von Gräsern und Bäumen, von Pilzen und Schwämmen, Delfinen, Krähen oder Gottesanbeterinnen.